Systemische Organisationsentwicklung

D1724872

Europäische Hochschulschriften
Publications Universitaires Européennes
European University Studies

Reihe V
Volks- und Betriebswirtschaft
Série V   Series V
Sciences économiques, gestion d'entreprise
Economics and Management

Bd./Vol. 1087

PETER LANG
Frankfurt am Main · Berlin · Bern · New York · Paris · Wien

Walter Häfele

Systemische Organisationsentwicklung

eine evolutionäre Strategie
für kleine und mittlere Organisationen

3., korrigierte Auflage

PETER LANG
Europäischer Verlag der Wissenschaften

Die Deutsche Bibliothek - CIP-Einheitsaufnahme

Häfele, Walter:

Systemische Organisationsentwicklung : eine evolutionäre
Strategie für kleine und mittlere Organisationen / Walter
Häfele. - 3., korrigierte Aufl. - Frankfurt am Main ; Berlin ; Bern ;
New York ; Paris ; Wien : Lang, 1996
(Europäische Hochschulschriften : Reihe 5, Volks- und
Betriebswirtschaft ; Bd. 1087)
ISBN 3-631-30320-3

NE: Europäische Hochschulschriften / 05

ISSN 0531-7339
ISBN 3-631-30320-3

© Peter Lang GmbH
Europäischer Verlag der Wissenschaften
Frankfurt am Main 1990
3., korrigierte Aufl. 1996
Alle Rechte vorbehalten.

Printed in Germany 1 2 3 4 6 7

Vorwort zur dritten Auflage

Als LeserInnen der dritten Auflage möchte ich Sie warnen, weil ich hier wie in meiner Arbeit als Organisationsentwickler das Wort nicht nur zu Aussagen "über" die verschiedenen Elemente der Organisationsentwicklung benützen werde, sondern auch dazu, Ihr Handeln als entwicklungsorientierte Führungskraft, BeraterIn, PersonalentwicklerIn zu beeinflussen. Dies versuche ich trotz der Überzeugung, daß Sie ob Ihrer individuellen Freiheit unmöglich vorhersagbar beeinflußbar sind, so wie übrigens all die von Ihnen geführten MitarbeiterInnen oder beratenen Klienten. Und dennoch gibt es eine stete gegenseitige Beeinflussung zwischen allen an einem sozialen System teilhabenden Menschen.

OE – Kontakt und Begegnung

Der Bedarf an entwicklungsorientierter Beratung und Führung in Unternehmungen und Institutionen ist ob ihrer umfassenden Herausforderungen stets im steigen. Ich möchte Ihnen deshalb Mut machen, daß Sie sich auf diesen Weg der Entwicklung einlassen, denn Sie lassen sich damit auf das eigene Menschsein und auf das Menschsein ihrer Klienten bzw. MitarbeiterInnen ein. Organisationsentwicklung setzt an die Stelle des Ohne-Einander, Neben-Einander oder Gegen-Einander das Mit-Einander. (vgl. Reinhold Dietrich, Hilfen für Beziehung, Beruf und Alltag, Eigenverlag, S 64 ff) OE bedeutet, im Kontakt, in der Begegnung mit anderen Menschen zielorientiert Aufgaben zu lösen, Lebensfähigkeit zu erarbeiten. Kontakt und Begegnung beruhen dabei auf der grundsätzlichen Annahme, daß bei der Entwicklung von Organisationen unter Mitgestaltung der darin arbeitenden Menschen grundsätzlich autonome, gleichberechtigte, mit je eigenen Wirklichkeiten ausgestattete, auf ein gemeinsames Ziel ausgerichtete Personen zusammenwirken. (vgl. Otto Friedrich Bollnow, Existenzphilosophie und Pädagogik, 6. Auflage, Verlag Kohlhammer, S 88 ff). Ausgehend von diesen Annahmen, die gleichzeitig auch übergeordnete Ziele der Entwicklungsberatung sind, werden im Kontakt und der Begegnung dem jeweiligen Unternehmen die Potentiale, Fähigkeiten, Kenntnisse und Kräfte aller MitarbeiterInnen für die Bewältigung der anstehenden Aufgaben zugänglich und laufend erweitert und entwickelt. Damit wird die Entwicklungsberatung zu einem Lebenselixier für MitarbeiterInnen,

1

für Unternehmungen und für die EntwicklungsberaterInnen selber; nur noch einsame, in ihrer Kontaktlosigkeit verschlossene, und in diesem Sinne vor allem gegen sich selbst harte, durch ihren Panzer dem Leben abgewendete Menschen, wenden sich gegen so eine lebensfördernde Form der Organisationsgestaltung.

Dennoch fordert Organisationsentwicklung als Prozeß der Begegnung mit Menschen unternehmerische Risikofähigkeit und Kraft von Ihnen als EntwicklungsberaterIn, also das Eingehen verschiedener Wagnisse:

Zunächst ist es das Wagnis, in dem bedingungslosen und rückhaltlosen Einsatz der eigenen Persönlichkeit bei der Beratung bzw. Führung im Kontakt mit ebenso autonomen Persönlichkeiten der Klienten bzw. MitarbeiterInnen zu scheitern. Denn im Kontakt, in der Begegnung hat der andere Mensch jeweils die Freiheit des Nein, der Ablehnung, der anderen Meinung und ist in seiner Freiheit ein grundsätzlich unberechenbares Wesen.

Damit eng zusammen hängt das Wagnis des Konflikts, der Auseinandersetzung. Im Kontakt autonomer Persönlichkeiten setzt sich die aktive Konfliktaustragung an die Stelle patriarchalischer, positionsbezogener und auch vernunftreklamierender Gewalt. In der Begegnung zählt die natürliche, auf funktionsbezogenes (Fach-)Wissen und persönlicher Kraft ruhende Autorität.

Weitere Wagnisse beim Beraten bzw. Führen mit Kontakt sind: das Wagnis des Vertrauens und Zutrauens, das Wagnis von anderen beeinflußt zu werden, sowie das Wagnis, in der Begegnung berührt, bewegt, eventuell auch verletzt zu werden.

Den Wagnissen gegenüber stehen Chancen: da ist vor allem die Chance, der laufenden Steigerung der Anforderungen am Markt zu entsprechen, weil viele Menschen im Unternehmen ihr Potential und Wissen für die anstehenden Aufgaben und Ziele einsetzen; weil die menschliche Energie nicht für das kraftraubende Aufrechterhalten und Pflegen von Problemen verschwendet wird, sondern für ein kraftvolles Aufrechthalten und Weiterentwickeln der Aufgabenbewältigung.

Das Sandkorn im mechanischen Getriebe ist eine Störung; das Sandkorn in der Muschel ist der Ausgangspunkt für das Entstehen einer Perle. Das Sandkorn im Apparat des kontaktlosen Nebeneinander im Unternehmen bedroht das Überleben vieler Unternehmen. Das Sandkorn der (Organisations-)Entwicklung durch Kontakt und Begegnung sichert langfristig die Lebensfähigkeit der Unternehmen und Institutionen.

Lassen Sie mich noch einen Leitgedanken für die Arbeit als OrganisationsentwicklerIn herausstreichen; es ist die Erhöhung der Wahlmöglichkeiten der Klienten bzw. der Klientensysteme, also von Foersters ethischer Imperativ: "handle stets so, daß weitere Möglichkeiten entstehen". Dementsprechend sollen in einem OE-Prozeß Klienten und Klientensysteme zu den in der Vergangenheit und Gegenwart bekannten und praktizierten Denk-, Gestaltungs-, Einstellungs- und Handlungsformen zusätzliche Möglichkeiten für die Zukunft entwerfen. In diesem Sinne hoffe ich, daß Sie beim Lesen des einen oder anderen Gedankens zusätzliche Möglichkeiten für Ihr Tun entdecken.

Getragen wird das Tun als EntwicklungsberaterIn (und ebenso als Führungskraft) von der bedingungslosen Verantwortung für den Anderen, denn "die Bindung zum *Anderen* bahnt sich nur als Verantwortung an, wobei es im Übrigen einerlei ist, ob diese akzeptiert oder abgelehnt wird, ob man sie zu übernehmen weiß oder auch nicht, ob man für den *Anderen* etwas Konkretes tun kann oder auch nicht." (E. Lévinas, Ethik und Unendliches: Gespräche mit Philippe Nemo, Wien 1992, S 74).

Walter Häfele   Röthis, im April 1996

3

Vorwort zur zweiten Auflage

Teil I

Zwischen dem Vorwort zur ersten Auflage und diesen Zeilen hat meine Arbeit als Organisationsentwickler wieder neue Farben bekommen. Durch die bereichernde Zusammenarbeit mit meinen Kollegen und Freunden im Management Center Vorarlberg, Dr. Irene Baumgartner, Mag. Manfred Schwarz und Dr. Kuno Sohm und durch eine intensive Weiterbildung in systemischer Beratung bei Dr. Gunthard Weber vom Heidelberger Institut für systemische Forschung sind neue Landkarten, Modelle und Formen nützlicher Interventionen in die Entwicklungsberatung eingeflossen. Dementsprechende Erweiterungen systemischer Beratungsarbeit wurden in diese neue Auflage integriert. Zudem ist die Freundschaft mit Dr. Peter Gruber und Dr. Waldefried Pechtl eine laufende Quelle für mein Interventionsrepertoire – manche ihrer Ideen und deren praktische Bedeutung in der Entwicklungsarbeit mit Menschen und Organisationen werden mich noch lange beschäftigt halten. All diese und weitere Kontakte mit Menschen machen mir zunehmend deutlich, daß neben allen begreifbaren Modellen und Ansätzen Entwicklungsarbeit in Organisationen auf Ebenen stattfindet, die zwar unbegreifbar aber deshalb nicht weniger wirksam lebendig sind. Eine Entsprechung dieser Sicht findet sich in dieser Auflage in eingeschobenen Texten "anderer Art".

Parallel zur Erweiterung dieser Arbeit entstand die Überarbeitung des Aktionshandbuches "OE-Prozesse systemisch initiieren und gestalten" im Management Center Vorarlberg. Ich habe dadurch von der intensiven und ideenreichen Arbeit meiner Kollegin Dr. Irene Baumgartner besonders profitiert, wofür ich mich von ganzem Herzen bedanken möchte.

Teil II

Entwicklungsberater arbeiten mit den Informationen, mit den Bildern und den Vorstellungen, die ihnen zur Verfügung stehen, und diese sind das Ergebnis ihrer Wahrnehmung. Aufgrund der Annahme, daß unsere Bilder von der Wirklichkeit, die letztlich unser Handeln anleiten, ein Ergebnis eines langen Auseinandersetzungsprozesses (menschheitsgeschichtlich wie indi-

5

viduell) zwischen den unterschiedlichsten von uns registrierbaren Anregungen aus unserer Umwelt ist und dem, was unser Nervensystem letztlich daraus gemacht hat bzw. immer wieder von neuem daraus macht (Wimmer R., Der systematische Ansatz, in: Schmitz C. u.a., Managerie, Heidelberg 1992, S. 87), aufgrund dieser Annahme müssen wir uns von der Vorstellung einer objektiven, nach der Regel der Logik und der Vernunft folgenden Welt verabschieden. Statt dessen gilt es zu akzeptieren, daß jeder Mensch aufgrund seiner subjektiven Wahrnehmung zu seinem Bild von der Wirklichkeit kommt. Und in weiterer Folge ist es günstig, wenn Sie bei der Arbeit mit Menschen neben dem Inhalt berücksichtigen, daß alles Gesagte mit den Überzeugungen, der persönlichen Geschichte, mit den Wahrnehmungen der Person zusammenhängen, die das sagt – und keinesfalls mit objektiven Tatbeständen. Selbstverständlich bezieht sich das auch auf diesen Text und auf die Aussagen in diesem Buch. Dies gibt Ihnen die Möglichkeit, Ihre kurz aufgeflammten Zweifel an der Objektivität wieder zu verwerfen und zu Ihrem Bild einer doch existierenden Objektivität zurückzukehren – aber das ist wiederum ein Ergebnis Ihrer subjektiven Wahrnehmung und Wirklichkeitskonstruktion.

Die Basis beim Arbeiten mit Menschen: Wertschätzung und Selbstannahme

"Die wertschätzende Akzeptanz als selbst erworbene menschliche Grundeinstellung beinhaltet die Liebe und das Brauchen ohne zusätzliche Verpflichtungen und Bedingungen. Sie ist als Haltung SELBST-bezogen und SELBST-los zur gleichen Zeit. Sie ist nicht abhängig von Situationen, Handlungen und Verhaltensweisen, sondern ist eine Lebenseinstellung, die lebenslang geübt und praktiziert wird ... Es geht bei dieser Haltung nicht um reine Harmonie oder "es soll doch allen gut gehen", sondern es ist einfach ein akzeptieren des Bekannten, des Unbekannten und des Unerkennbaren. Jemand ist, wie er geworden ist" (Pechtl W., Zwischen Organismus und Organisation, Linz 1989, S. 197) oder das Akzeptieren von: *was ist ist.*
    Der Ausgangspunkt der wertschätzenden Haltung ist die Annahme und Aktualisierung des Wertes der eigenen Person – also unabhängig von Funktionen und Rollen, die die Menschen im Klientsystem und wir als Entwicklungsberater wahrnehmen, es geht um die Annahme des Wertes der eigenen Individualität. Im Vorbeilavieren an sich selbst ist nämlich der Tyrannei der beste Boden bereitet. Denn Machthaber, die sich selbst ständig in den Hintergrund drängen, wollen Menschen in ihrer Umgebung, die demütig das selbe tun. "Wird aber das Personale vernachlässigt oder gar abgewertet, dann ver-

6

ödet auch alles gemeinschaftliche Leben zu einer konturlosen Masse." (Funke G., Wider die Tyrannei der Werte, in: Wurst F. u.a., Wofür lohnt es sich zu leben, Salzburg 1991, S. 116). Es geht also nicht um falsche Bescheidenheit unter dem Motto, andere sind wichtiger als ich oder als Organisationsentwickler habe ich nur für andere, die Kunden und deren Ziele da zu sein, sondern zunächst um die *Selbstannahme.* Denn die Annahme des eigenen Selbst ist die Basis des Selbstwertes, und darin wiederum liegt die Freiheit des Menschen verborgen – eine Freiheit, nach der sich der Mensch einerseits sehnt und vor der er sich andererseits ängstigt. Viele Entwicklungsberater weichen sich selbst als Wert aus und kompensieren dies durch das Greifen nach Werten außer sich. Dabei kann weder Weltverantwortung, noch Verantwortung für Kunden oder ein Unternehmen und die darin arbeitenden Menschen an die Stelle der Selbstverantwortung treten. (Funke G., a.a.O., S. 117). Vielmehr ist die Selbstverantwortung, die Wertschätzung der eigenen Person die Voraussetzung für die Wahrnehmung von Verantwortung und Wertschätzung anderen gegenüber.

Der Weg hin zur Annahme des eigenen Selbst ist ein Weg der bewußten Übung, ein Weg der Disziplin, ein Weg der Auseinandersetzung mit sich selbst, wobei es Wegstrecken geben kann, auf denen ein persönlicher Wegbegleiter sehr hilfreich ist. Dies ist für Entwicklungsberater umso wichtiger als sie in ihrer Funktion selbst Wegbegleiter für andere sind.
Vor diesem Kontext hoffe ich, daß die dargestellten Landkarten und Modelle Ihnen wertvolle Hilfe sein können und Sie nicht vom Wesentlichen ablenken, sondern Sie dorthin begleiten.

Walter Häfele   Röthis, im Oktober 1992

Vorwort zur ersten Auflage

Ganz am Schluß des Schreibens,
ganz kurz vor dem Loslassen,
stehen die Freude über das Gelingen
mit der Gewißheit, daß die Zeit der Reifung
weiterhin im Gange ist,
Hand in Hand.

Das zu diesem Zeitpunkt
zu schreibende Vorwort
gleicht dem Entlassungsschein,
der mir das Tor
der Schreibstruktur öffnet und
an dieser Grenze deutlich
auf die Fortsetzung meines Weges
hinweist.

Zudem ist das Vorwort
Antwort an die vielen Begleiter
auf dem Weg zum Heute:

meinem Vater, der mir
Lernen durch Tun und Entwicklungswerte
erlebbar machte, meiner Mutter;

meiner lieben Frau Renate
und meinen Kindern
ist es Gewißheit eines Endes
und Dankwort
für die vielen Kräfte,
die ich von ihnen erhielt;

Freunde, Kollegen und Lehrer
werden ihre Gedanken
und Gespräche mit mir
unverschämt oft wiederfinden;

denn vielfach bin ich
der Futterverwerter
ihrer Ideen, ihres Wissens,
ihrer Erfahrungen und Fähigkeiten,
die sie mir so freigiebig
zur Verfügung stell(t)en;

noch einer lebendigen Quelle
meiner Entwicklung
möchte ich im Vorwort ein Wort
der bescheidenen Dankbarkeit sagen:
meinen Kunden.

Und für Sie, liebe/r Leser/in,
ist dieses Vorwort
Einladung zur Auseinandersetzung,
Aufforderung, auf dem Weg der Entwicklung,
die in sich stets dem Leben dient,
mitzugehen und
Ausdruck meines Wunsches,
mit Ihnen in Kontakt
zu sein oder zu kommen.

Walter Häfele

Inhaltsverzeichnis

Einleitung

Betrachtet man die Geschichte und Gegenwart der Organisationsentwicklung anhand der Entwicklungsgesetzmäßigkeiten von Organisationen[1], scheint ihre Position am Ende der Differenzierungsphase zu sein: Versuche, die Organisationsentwicklung als geschlossenes System klar und eindeutig darzustellen, Grundlagen, Modelle und Interventionstechniken zu standardisieren, sowie die Theorie im Rahmen der Wissenschaften auszudifferenzieren, haben sich als wenig zielführend für die Gestaltung von Entwicklungsprozessen in Organisationen herausgestellt[2]. Dagegen gibt es Anzeichen, die die Integrationsphase der Organisationsentwicklung andeuten bzw. fordern: ein solches Anzeichen ist die Erweiterung des Zielsystems der Organisationsentwicklung, das in dieser Arbeit besondere Berücksichtigung findet; ein weiteres Anzeichen ist die Integration der für die Erfassung humaner/sozialer Systeme relevanten Wissenschaften im Rahmen der Organisationsentwicklung. Schließlich wird die Organisationsentwicklung im selben Maße von dem in den westlichen Gesellschaftssystemen stattfindenden Paradigmenwechsel - vom mechanistischen zum systemisch-evolutionären Paradigma - erfaßt, wie dies die Organisationen werden, in denen Organisationsentwicklung stattfindet.

Während also Organisationsentwicklung selbst diesen Integrationsprozeß zu vollziehen hat, muß sie sich andererseits auf das ihr zugrunde liegende Wertesystem und ihren Identitätskern besinnen. Zu diesem Identitätskern gehört unter anderem das Bewußtsein, daß Organisationsentwicklung der Veränderungsansatz ist, der die Entwicklungstrategie (normativ-reedukative Veränderungsstrategie nach Chin/Benne, Mentalitätsveränderungstrategie nach Glasl) durchgängig anwendet. Das bedeutet im Unterschied zu anderen Ansätzen der Gestaltung von Organisationen, die die Veränderungstrategien durch Macht, durch Experten / rationale Strategien und durch Entwicklung situationsspezifisch anwenden, daß Organisationsentwicklung *jede* Intervention auf der Grundlage der Entwicklungstrategie vollzieht. Dies beinhaltet die Grundauffassung, daß Menschen, Gruppen und Organisationen im Rahmen vorhandener Fähigkeiten, grundsätzlich für das eigene Denken, Fühlen und

---

1 vgl. Lievegoed, B.C.J. "Organisationen im Wandel". Bern 1974 - S. 43 ff
2 vgl. Zauner, A. "Die Gestaltbarkeit administrativer Organisationskulturen", Habilitation. Wien 1985 - S. 14 ff

Wollen und Handeln verantwortlich sein können und dementsprechend in der Lage sind, Entwicklungen nach eigenen Vorstellungen und Werten, im Sinne eines größeren Ganzen, zu vollziehen.

Diese Arbeit soll ein Beitrag zur Entwicklung der Organisationsentwicklung in Richtung Integration sein. Zudem soll sie Grundlagen für die Gestaltung von Organisationen durch Organisationsentwicklung darstellen, praxeologische Interventionsformen aufzeigen, die den systemisch-evolutionären Grundauffassungen entsprechen und anhand eines Modells die Anwendung systemisch-evolutionärer Organisationsentwicklung in kleinen und mittleren Organisationen darstellen.

Dementsprechend wird im Folgenden zunächst die dieser Arbeit zugrunde liegende Auffassung von Organisationsentwicklung sowie ein umfassendes Zielsystem der Organisationsentwicklung dargelegt. In weiterer Folge werden die Organisationstheorie und die Systemtheorie als umfassende Basis-Systeme für die systemisch-evolutionäre Organisationsentwicklung aufgezeigt. Im Anschluß daran wird der familientherapeutische Ansatz als dem systemischen Ansatz entsprechendes Interventionssystem beschrieben.

Am Schluß wird in dieser Arbeit ein Modell systemisch-evolutionärer Organisationsentwicklung dargestellt und anhand von Beschreibungen durchgeführter Organisationsentwicklungs-Prozesse verdeutlicht.

Der Standpunkt des Autors - als bestimmende Struktur für das Erkennen von Phänomenen[3] - ist durch die wissenschaftliche Beschäftigung mit Organisationsentwicklung, durch die Begleitung von Organisationsentwicklungs-Prozessen in verschiedenen Organisationen (Klein- und Mittelbetriebe) als externer Entwicklungsberater und durch die Mitarbeit und Führungsarbeit in einer kleinen professionellen Organisation bestimmt.

Dementsprechend soll hier auch die Organisationsentwicklung im Kontext kleiner und mittlerer Organisationen stehen, wobei sich diese Klassifizierung an der Anzahl der Menschen in einer Organisation orientiert (bis zu 1000 Mitarbeitern). Die dieser Arbeit zugrunde liegenden Organisationsentwicklungs-Prozesse sind gleichzeitig mit ihrer Entstehung abgelaufen, wodurch

---

3 "Die Erfahrung von jedem Ding 'da draußen' wird auf eine spezifische Weise durch die menschliche Struktur konfiguriert, welche 'das Ding', das in der Beschreibung entsteht, erst möglich macht."
Diese Zirkularität, diese Verkettung von Handlung und Erfahrung mündet in zwei Kernaphorismen von Maturana und Varela, zu denen auch in der vorliegenden Arbeit gestanden wird. Nämlich:
a) "Jedes Tun ist Erkennen und jedes Erkennen ist Tun."
b) "Alles Gesagte wird von jemandem gesagt." (Maturana, H./Varela, J. "Der Baum der Erkenntnis", a.a.O. - S. 31 f)

eine gegenseitige Beeinflussung von praxeologischem Agieren in Organisationen und wissenschaftlichem Tun und Erkennen stattfand.

Weiters soll diese Arbeit Gelegenheit bieten, Ansätze für systemisches Denken, Handeln und Fühlen bei Menschen, die von Organisationsentwicklung als Wissenschaft oder als praxeologischem Prozeß betroffen sind, zu entwickeln.

ruhig und kraftvoll
nicht alles erklären und
nicht mit allem verstanden, geliebt werden wollen

ruhig und kraftvoll
wahrnehmen was sich der Neugierde zeigt
handeln ohne Netz.

1 Das Problemfeld Organisationsentwicklung

Die derzeitige Situation der OE als angewandte Wissenschaft macht es notwendig, zunächst den Rahmen abzustecken, der der OE in dieser Arbeit zugrunde gelegt wird. Die Notwendigkeit zur Klärung des Begriffs OE - wie er in dieser Arbeit verwendet wird - und der mit OE verfolgten Ziele ergibt sich aus folgenden Schwierigkeiten, mit denen die OE-Praxis konfrontiert ist:
- "Viele Aktivitäten, die unter der Bezeichnung OE durchgeführt werden, sind in Wirklichkeit nur auf eine Entwicklung von Personen abgestellt, ohne dies auf organisatorische Elemente wie Aufgaben oder Situationen zu beziehen,
- es gibt eine Menge von Leuten in Organisationen, die zu deren Entwicklung beitragen. Es scheint falsch zu sein, diesen Titel nur für eine besondere Art von Verhaltensexperten zu reservieren,"[1]
- wenn die Realität in der OE von Bedeutung ist und nicht die Veränderung als Wertvorstellung allein dominiert, dann müssen die historischen, strukturellen und technischen Faktoren ebenso in Betracht gezogen werden wie das "hier und jetzt".[2]
- OE wird als Marketing-Instrument von klassischen Organisationsberatern, Verhaltenstrainern und Therapeuten gebraucht, um von einer gewissen Modeerscheinung zu profitieren.[3]
- Unternehmen verwenden intern OE für aufoktruierte Mitarbeiterbesprechungen, Fragebogenaktionen und für Führungs- und Kommunikationstrainings, kommunizieren diese Aktivitäten als OE in ihrer Öffentlichkeits-arbeit[4], verunsichern dadurch an OE ernsthaft interessierte Manager - und verhindern dadurch tatsächliche OE-Projekte.
- Management-Institute bzw. -Berater und Wissenschaftler, die Veränderungen in Organisationen nach den theoretischen und praktischen Ansätzen der OE durchführen, kreieren für diese Beratungsarbeit neue Begriffe[5] und verhindern auch damit die Klärung der OE in der OE-Praxis.

---

1 Klein, L., in: Trebesch, K. "OE in Europa", Bd. 1B. Bern-Stuttgart 1980 - S. 29
2 vgl. Klein, L., in: Trebesch, K., a.a.O. - S. 29 f
3 vgl. Trebesch, K. "OE in Europa", Bd. 1B, a.a.O. - S. 26
4 vgl. z.B. OE in der Fa. Rossmann, BRD
5 z.B. systemische Unternehmensberatung, Unternehmensentwicklung, Organisationsberatung udgl.

Neben diesen Schwierigkeiten der OE-Praxis mit dem OE-Begriff erfordern auch die in der Literatur teilweise widersprüchlich diskutierten Definitionen der OE (z.b. bei Gebert D.[6], Rehn G.[7], Kirsch/Esser/Gabele[8]) die Klärung des OE-Begriffes, wie er dieser Arbeit zugrunde gelegt wird. Wir orientieren uns an den Umschreibungen von OE, wie sie von Trebesch K. beim "1. Europäischen Forum für OE" in Aachen 1978[9] zugrunde gelegt wurden und zum zweiten an der Auffassung von OE, wie sie von Glasl F.[10] und dem NPI vertreten wird, weil dabei zum einen die Gestaltungsprinzipien für den Prozeß des Veränderns in den Mittelpunkt gestellt werden und zum anderen die Mehrdimensionalität von Organisationen Berücksichtigung findet (vgl. Pkt.: 7 Wesenselemente der Organisation, Seite 136 ff).

Unter OE versteht Trebesch K. "Änderungen von Organisationen, die dadurch bewirkt werden

- daß die *betroffenen* Personen und Gruppen in möglichst großem Umfang eben diese Änderungen *selbst* aktiv einleiten und betreiben,
- daß die Änderungen den Zweckerfordernissen der Organisation, d.h. den Anforderungen ihrer Umgebung und ihrem Leistungszweck sowie den menschlichen und sozialen Bedürfnissen der Betroffenen entsprechen,
- daß durch die Art der Änderung die interne Funktionstüchtigkeit der Organisation und der Mitarbeiter so verbessert wird, daß sie die Anforderungen besser erkennen und verarbeiten und darauf besser reagieren und agieren können,
- daß die Umgestaltung der Organisation auf eine evolutionäre Weise erfolgt, die den Betroffenen Raum zum Lernen und Umlernen, zum Bewußt-werden der sozialen Tatbestände und zum Neukonzipieren gewährt, mit der Folge, daß die Änderungen von den Betroffenen getragen und gestützt werden können,
- daß die Betroffenen insgesamt an der praktizierten Art des Vorgehens bei der Organisationsänderung die Möglichkeit zur aktiven Umgestaltung der Organisation erhalten, also einen Zuwachs der Fähigkeit des sozialen Innovierens erfahren".[11]

---

6 Gebert, D. "OE". Stuttgart-Berlin-Köln-Mainz 1974 - S. 9 ff
7 Rehn, G. "Modelle der OE". Bern-Stuttgart 1979 - S. 149 ff
8 Kirsch, W./Esser, W.M./Gabele, E. "Aktionsforschung und Echtzeitwissenschaft", in: Bierfelder, W. "Handwörterbuch des öffentlichen Dienstes - Personalwesen". Berlin 1976 - S. 70 ff
9 Trebesch, K. "OE in Europa", a.a.O. - S. 24 ff
10 Glasl, F. "Verwaltungsreform durch OE". Bern-Stuttgart 1983 - S. 26 ff
11 Trebesch, K. "OE in Europa", a.a.O. - S. 24 f

Besonders hervorgehoben werden soll hier der evolutionäre Charakter der Organisationsentwicklung im Vergleich zu machtorientierten Ansätzen der Veränderung von Organisationen, wie sie vor allem im patriarchalisch/familiären Klein- und Mittelbetrieb noch häufig anzutreffen sind.

Ergänzen werden wir den von Trebesch nur ansatzweise dargestellten systemischen Charakter der OE, den French und Bell als eine der Grundlagen der OE betrachten.[12]

Neben der Umschreibung von OE von Trebesch K. liegt dieser Arbeit die OE-Definition von Glasl F. zugrunde:

"Unter OE verstehen wir einen Veränderungsprozeß der Organisation und der in ihr tätigen Menschen, welcher von den Angehörigen der Organisation selbst bewußt gelenkt und aktiv getragen wird und somit durch Erhöhung des Problemlösungspotentials zur Selbsterneuerungsfähigkeit dieser Organisation führt, wobei die Angehörigen der Organisation gemäß ihren eigenen Werten und Vorstellungen die Organisation so gestalten, daß sie nach innen und nach außen den wirtschaftlichen, sozialen, humanen, kulturellen und technischen Anforderungen entsprechen kann."[13]

Bei den Anforderungen, denen Organisationen, die langfristig überleben wollen, genügen müssen, muß die ökologische Dimension den oben angeführten dazugefügt werden. Durch das so verstandene Anforderungssystem wird deutlich, daß praxeologische OE der Organisation übergeordnete Systeme miteinbeziehen muß.

Aus der Definition von Glasl F. ergibt sich eine Erweiterung der klassischen OE-Ziele, der Effektivität und der Humanisierung[14] [15] [16], durch das Hauptziel der OE, nämlich der Befähigung der Organisation und ihrer Angehörigen zur Selbsterneuerung[17], das Ziel der Authentizität, das bei auftretenden Zielkonflikten in und zwischen den Zielsetzungen den eigenen Werten das Primat einräumt und – aufgrund systemtheoretischer Erkenntnisse – durch das Ziel der Förderung von Selbstorganisation (s. Abb. S. 22[18]).

---

12 French, W.L./Bell, C.H. jr. "OE, Sozialwissenschaftliche Strategien zur Organisationsveränderung". 2. Auflage. Bern-Stuttgart 1982 - S. 79

13 Glasl, F. "Verwaltungsreform", a.a.O - S. 26

14 vgl. Gebert, D. "OE", a.a.O - S. 11

15 Rehn, G. "Grundlagen und Problemstellung der OE". In: Koch, U./Meuers, H./Schuch, M. "OE in Theorie und Praxis". Frankfurt a.M.-Bern-Cirencester U.K. 1980 - S. 23

16 vgl. Rehn, G. "Modelle der OE", a.a.O. - S. 144 f

17 Glasl, F. "Verwaltungsreform", a.a.O. - S. 26

18 ebenda S. 27

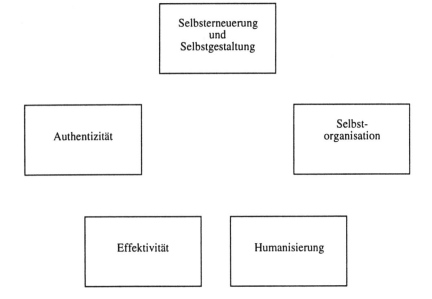

Prozeßbezogene Ziele der OE

Diese Zielerweiterung der OE erfährt bei Klein- und Mittelbetrieben besondere Bedeutung (vor allem dann, wenn sie patriarchalisch dominiert sind):

a) Befähigung zur Selbsterneuerung als Primärzielsetzung der OE im Klein-
betrieb

Unsere OE-Praxis in Kleinbetrieben zeigt, daß sich die Kompetenz des Selbstentwurfs und der Selbstgestaltung der eigenen sozialen Umwelt der Organisation vielfach auf den Eigentümer beschränkt, weshalb bei den anderen Mitgliedern der Organisation weder die Motivation noch die Fähigkeit dazu entwickelt sind (s. Abb. S. 23). Dadurch wird Entfremdung[19] gefördert und die authentische Partizipation[20] verhindert.

19 vgl. Glasl, F. "Das Homo-Mensura Prinzip und die Gestaltung von Organisationen", in: Sievers/Slesina, "OE in der Diskussion: offene Systemplanung und partizipative Organisationsforschung", Arbeitspapiere des Fachbereichs Wirtschaftswissenschaft der Gesamthochschule Wuppertal, Heft Nr. 44. Wuppertal 1980 - S. 109 ff
20 vgl. Kirsch, W./Esser,W.M./Gabele, E. "Das Management des geplanten Wandels". Stuttgart 1979 - S. 298 ff

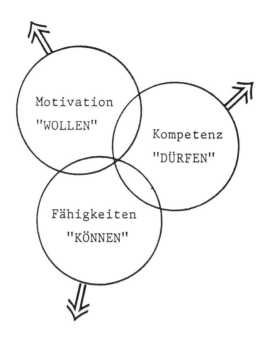

Das Zusammenwirken von Motivation, Kompetenz und Fähigkeiten

Während es in Kleinbetrieben bei uns vereinzelt Versuche zur authentischen Partizipation gibt[22], zeigt sich gerade dabei die Notwendigkeit eines OE-Prozesses, in dem diese Form der Partizipation bei allen Beteiligten entwickelt wird. Ansonsten bleibt es de facto bei der Partizipation im Sinne der Social-Values-Strategie[23] und ist permanent durch das Ausscheiden der sie tragenden (= sie erlaubenden und damit im strengen Sinne patriarchalischen) Führungsperson gefährdet, da sie kein Bestandteil der Organisation und der in ihr tätigen Menschen ist.

Andererseits zeigen Beispiele der Partizipation im Sinne einer Human-Ressources-Strategie[24] in Mittelbetrieben dieselbe Tendenz.

Da gerade diese Art der Partizipation wegen ihrer Wirksamkeit bei Füh-

21 vgl. Obmann, A. "Partizipation und Erfolgsbeteiligung am Beispiel des Lins-Modells", Diplomarbeit Prof. Laske. Univ. Innsbruck 1984
23 vgl. Kirsch, W./Esser, W.M./Gabele, E. "Das Management des geplanten Wandels", a.a.O - S. 299
24 vgl. Kirsch, W./Esser, W.M./Gabele, E. "Das Management des geplanten Wandels", a.a.O. - S. 299

rungskräften des öfteren mit OE gleichgesetzt wird, erleben wir derzeit eine eher skeptische Haltung der Arbeitnehmervertretungen gegenüber der OE.[25]

Während also einerseits im Klein- und Mittelbetrieb besonders günstige Voraussetzungen zur authentischen Partizipation und damit zur Befähigung der Selbsterneuerung der Organisation möglichst vieler in ihr tätigen Menschen gegeben sind, ermöglichen patriarchalische Führung und der daraus resultierende Hang zur Einführung und Handhabung der Partizipation mit empirisch-rationalistischen - und Macht-Strategien[26] in günstigsten Fällen nur Partizipation im Sinne des Social-Values und der Human-Ressources-Strategien.

Darin zeigt sich die Notwendigkeit für OE im Klein- und Mittelbetrieb, verbunden mit dem Anspruch, daß die Organisation langfristig erfolgreich - im Sinne der Erfüllung wirtschaftlicher, sozialer, humaner, kultureller, technischer und ökologischer Anforderungen - überleben soll. Begünstigt werden OE-Prozesse dieser Art in Kleinbetrieben, in denen es keinen Eigentümerunternehmer gibt. Beispiele dafür finden sich vorwiegend in professionellen Organisationen, die für ihr Überleben auf authentische Partizipation unmittelbar angewiesen sind.[27]

b) Das Ziel der Authentizität im Klein- und Mittelbetrieb

Zum Wesen der OE zählt die Auffassung, daß Zielkonflikte ein Bestandteil jeder Organisation sind.

Dies betrifft zum einen die OE-Ziele der Effektivität und Humanisierung[28] [29] und zum anderen die verschiedenen Zielkonzeptionen der Interessenten an einer Organisation[30], wodurch es zu Zielkonflikten innerhalb der OE-Ziele kommt.

Diese Zielkonflikte entsprechend den Werthaltungen der Menschen in einer Organisation und entsprechend den organisationsspezifischen praktischen und sozialen Verhältnissen[31] - also authentisch - zu bewältigen, das soll mit dem Authentizitätsziel angestrebt werden.

25 vgl. Briefs, U. "OE im Spannungsfeld von Systembedingungen und Humanisierungs-anspruch", in: Trebesch, K. "OE in Europa". Bd. 1A - S. 90 ff
26 vgl. Rosenstiel, L./Molt, W./Rüttinger, B. "Organisationspsychologie". Stuttgart-Berlin-Köln-Mainz 1972 - S. 155 ff
27 vgl. S. 67 ff
28 vgl. Gebert, D. "OE", a.a.O. - S. 19 ff
29 vgl. Briefs, U. "OE im Spannungsfeld...", a.a.O. - S. 91 ff
30 vgl. Westerlund, G./Sjöstrand, S., "Organisationsmythen". Stuttgart 1981 - S. 54 ff
31 vgl. Glasl, F. "Verwaltungsreform ...", a.a.O. - S. 31

Besondere Bedeutung erhält das Authentizitätsziel im Kleinbetrieb (bis zu 12 Mitgliedern) durch die inhärenten Spannungsfelder zwischen Individuum - Gruppe - Organisation, wobei es in der Organisation Kleinbetrieb nicht um die arbeitsteilige Kooperation von deutlich voneinander abgegrenzten Gruppen im Dienst des Überlebens einer größeren Gemeinschaft geht[32]; im Kleinbetrieb entsteht die Organisation, indem die Gruppe zu den sie bestimmenden Elementen der Kohäsion, Ausdifferenzierung der Rollen, akzeptierte Verhaltensnormen und der spezifischen Gruppenstruktur[33] durch neue prozeß-, ziel-, struktur- und mittelbezogene Elemente einen neuen Systemcharakter bildet und damit, trotz der Erfüllung der Gruppenkriterien, die sozialen Beziehungen der Organisation mit denen der Gruppe in Konflikt geraten.

Bei der Bewältigung dieser Konflikte zeigt sich besonders in Kleinbetrieben mit überwiegender Produktorganisation[34] die Tendenz zu Formallösungen, die eher der Authentizität von Großbetrieben oder bürokratischer Authentizität entspringen, als der eigenen betriebsspezifischen Authentizität.

Die Fähigkeit zu entwickeln, ein Bewußtsein für die eigene Authentizität zu haben und dementsprechend zu handeln, ist ein Faktor für das langfristige Überleben von Kleinbetrieben und muß damit eine Zielsetzung der Organisationsentwicklung im Kleinbetrieb sein.

Neben den beschriebenen Zielen der Befähigung zur Selbsterneuerung und der Authentizität bleiben die "klassischen" OE-Ziele der Effizienzsteigerung und der Humanisierung im OE-Verständnis dieser Arbeit erhalten.

Während sich diese beiden Ziele in der Literatur einerseits schwerpunktmäßig auf das Ergebnis des OE-Prozesses beziehen[35] und andererseits vorrangig auf den OE-Prozeß selbst[36], verfolgen wir ergebnis- und prozeßorientierte Ziele gleichrangig und gleichwertig. Die praktische Anwendung dieser Interdependenz der ergebnis- und prozeß-orientierten Ziele trägt einerseits wesentlich zur Erreichung des Hauptzieles der OE, nämlich der Befähigung zur Selbstgestaltung der Organisation, bei; ist andererseits für die Akzeptanz der Betroffenen und damit für die Bereitschaft, den OE-Prozeß selbst bewußt zu lenken und aktiv zu tragen, Voraussetzung und schließlich fordert es den OE-Berater, Inhalt, Prozeß und Ergebnis in Einklang zu bringen. Verhindert wird dadurch für den OE-Berater ein Rückzug - je nach Bedarf - auf eine ra-

---

32 vgl. Pesendorfer, B. "Organisationsdynamik", Arbeitspapier des Hernstein-Instituts-Wien. St. Gallen 1983
33 vgl. Rosenstiel, L.v./Molt, W./Rüttinger, B. "Organisationspsychologie". Berlin-Köln-Mainz 1972 - S. 40
34 vgl. S. 70 ff
35 vgl. Sievers, B. "OE als Problem". Stuttgart 1977 - S. 12
36 vgl. Glasl, F. "Verwaltungsreform", a.a.O. - S. 28

tional-logische, machtorientierte[37] oder allein prozeßorientierte Haltung bzw. ein dementsprechendes Verhalten.

c) Selbstorganisation fördern[38]

Mit der Verbreitung systemtheoretischer Erkenntnisse und mit der Einsicht in die Komplexität selbst kleiner Systeme ist zunehmend klar geworden, daß Organisationen viel zu komplex sind, um bis ins Detail geführt, gestaltet und beherrscht werden zu können. (Teilweise könnte man bemerken, Organisationen funktionieren nicht wegen, sondern trotz des ausgetüftelten Planungs- und Steuerungssystems). Dementsprechend bedeutend – sonst gäbe es keine funktionierenden Organisationen – sind die Prozesse der Selbstorganisation, die das Geschehen in Unternehmen und Institutionen mitbestimmen. Unter Selbstorganisation werden alle Phänomene zusammengefaßt, in denen Ordnung und Strukturen in Organisationen spontan, ohne Lenkungs- und Eingriffsversuche von außen entstehen und nicht die Folge absichtsvoller Gestaltung sind.

Das Phänomen der Selbstorganisation ist selbstverständlich in Organisationen immer schon aufgetreten. Nur wurde es nicht als solches erkannt, weil es nicht in die allgemeine Vorstellung paßte, in der Organisationen als mechanische, maschinenähnliche Systeme betrachtet wurden: wenn Arbeiter das Fehlen von benötigtem Material oder Werkzeug mit Phantasie und Ideen wettmachen oder selbständig, womöglich quer zu, wenn sich innerbetriebliche Querverbindungen abseits der offiziellen Instanzenwege herauskristallisieren und dadurch unbürokratisch und ohne Zeitverlust nicht funktionierende offizielle Kommunikations- und Informationsstrukturen ersetzen, sind dies Beispiele von Selbstorganisation.

Strukturen, die sich in Organisationen laufend von selbst bilden, Gruppen, die sich selbständig formen und aktiv werden oder Neuerungen einführen, entstehen nicht nur aus rationaler Einsicht in die Zweckmäßigkeit einer bestimmten "Rollenverteilung", sondern auch aufgrund des Bedürfnisses des Menschen nach Ordnung und Sicherheit.[39]

Ein Metaziel in OE-Prozessen ist es, Rahmenbedingungen und Haltungen zu entwickeln, die dem Phänomen der Selbstorganisation und damit der Lebensfähigkeit der Organisation dienlich sind.

---

37 vgl. S. 15
38 vgl. Baumgartner, I. et al.: OE-Prozesse systemisch initiieren und gestalten, 2. Auflage. Dornbirn 1992 - S. 22
39 vgl. Ulrich, H. Unternehmenspolitik Bern. 1978 - S. 198

Prinzipien der Veränderung im Rahmen systemischer OE-Prozesse

1. Aktive Mitbeteiligung

Die Veränderung wird von den betroffenen Menschen in der Organisation selbst aktiv gelenkt und bewußt getragen, d.h. Mitglieder der Organisation werden in allen Phasen des Prozesses beteiligt: beim Klären der Ist-Situation, beim Erarbeiten von Veränderungszielen, bei der Erarbeitung und Umsetzung von Lösungen, bei der Entscheidung, wer vom Thema betroffen ist und in welcher Form und Phase mitarbeiten soll (z.B. als Informationsgeber, als Mitglied einer Projektgruppe, als Linienvorgesetzter und Verantwortlicher ... andere werden nicht unmittelbar mitarbeiten, aber durch regelmäßige Information am OE-Prozeß teilhaben). Wichtig dabei ist, daß auf vielfältige und adäquate Formen der Beteiligung geachtet wird.

Damit erhalten die Betroffenen aktiv die Gelegenheit, ihre Erfahrungen und Ideen zur Verfügung zu stellen, Antworten und Lösungen zu entwerfen, die aus ihrer Sicht machbar und sinnvoll sind und Mit-Verantwortung zu übernehmen, was Voraussetzungen sind für die Identifikation mit der eigenen Aufgabe, mit den Unternehmenszielen und eben auch mit notwendigen Veränderungen. Eine besonders exponierte Rolle spielen dabei Führungskräfte: Ihr persönliches Engagement, ihr Zeiteinsatz, ihre Prioritäten und Signale markieren im konkreten Tun oder Unterlassen die Bedeutung, die sie der geplanten Veränderung beimessen, dadurch werden sie zu Schlüsselfaktoren für den Erfolg oder die Begrenzungen des Prozesses.

2. Ausrichtung an Menschen und Organisationen – Respekt vor der Einmaligkeit jeder Organisation

Der Entwicklungsprozeß orientiert sich sowohl an den Zielen und Erfordernissen der Organisation und ihrer Umwelt (Markt, Technologie, Ökologie, Finanz-Politik ...) als auch an Zielen, Interessen und den Möglichkeiten der Mitglieder. In den Anfängen der OE wurde diese Erweiterung der klassischen Fachberatung hauptsächlich mit humanistisch-emanzipatorischen Werten begründet, dazu kommt die praktische Erfahrung, daß jede Art von Veränderung in Organisationen durch Menschen initiiert, umgesetzt, gefördert oder verhindert wird – ob es um die Erneuerung von Strukturen oder Abläufen, um die Entwicklung von Strategien oder um die Entwicklung der Führungsfähigkeiten ... geht. Jede Idee, Konzeption und Veränderung bleibt Papier und Theorie, wenn es nicht gelingt, bei den betroffenen Mitarbeitern und Führungskräften Bewußtheit und Energie dafür zu wecken und sie in ihrer konkreten Situation "abzuholen" und einzubinden. – Auch der Inhalt dieses

Buchs wird erst durch Sie als Person in Ihrer Organisation lebendig! Die Menschen machen Organisationen lebendig, einmalig und letztlich auch entwicklungsfähig. Daher sind auch Erfolgsstrategien anderer Unternehmen nur mit begrenztem Erfolg kopierbar. Anstelle der Haltung von Beratern und Führungskräften, die zu wissen meinen, wie etwas "richtig" sein oder funktionieren sollte, werden Neugier, Respekt vor der Einzigartigkeit und das Ankoppeln an das zu entwickelnde System zu zentralen Faktoren.

Diese zentrale und radikale Berücksichtigung des Einflusses der betroffenen Menschen auf jedwede relevante Frage der Gestaltung und Entwicklung von Organisation ist nicht zu verwechseln mit der einseitigen "Personalisierung" von Problemen unter Ausklammerung systemischer, technischer, struktureller ... Faktoren.

3. Angemessene Komplexität

Organisationen als lebendige soziale Systeme sind ihrem Wesen nach komplex und erfordern entsprechende Komplexität in den Steuerungs- und Veränderungsstrategien, um "schreckliche Vereinfachungen" zu vermeiden. Dies gilt für die Gestaltung und Variabilität der einzelnen Prozeßschritte, für die Einbeziehung der Betroffenen in vielfältigen Formen, für die Qualität verwendeter Modelle und Erklärungen, für das Interventionsrepertoire des Beraters ... (wir gehen auf diesen Punkt bei den Merkmalen sozialer Systeme auf S. 101 ff nochmals ein)

4. Ansatz: konkrete Anlässe im Organisationsalltag, zukunftsrelevante Herausforderungen

OE ist nicht themengebunden. Sowohl abgegrenzte, überschaubare und operationale Fragestellungen wie auch weitreichende Neuorientierungen oder zunächst diffuse Problemsituationen können und sollen unseres Erachtens entsprechend den OE-Prinzipien bearbeitet werden. Die Anlässe für OE in unserer Beratungspraxis sind vielfältig: eine Neustrukturierung mit dem Ziel, mehr Kundenorientierung und Autonomie selbständiger Einheiten zu erreichen, der bevorstehende Generationswechsel in einem Familienbetrieb, die Einführung von Beurteilungs- und Entwicklungsgesprächen unter Anpassung des Gehaltssystems, die Überarbeitung von Strategien, die Entwicklung einer kraftvollen Vision und eines lebendigen Leitbildes, die Bearbeitung der Zusammenarbeit bzw. aktueller Konflikte zwischen Unternehmensbereichen, ein EDV-Projekt, das sich nicht nur auf Programme des Betriebssystems beziehen soll, die Umstellung der Verkaufsorganisation von der Regional- auf eine Branchenstruktur, die Neu-Konzeption des Zusammenwirkens von

Zentral- und Dezentralbereichen, die Einführung einer neuen Produktionsanlage oder die Umstellung der Produktionstechnologie, die (Neu)Gestaltung von Abläufen und/oder Funktionsverteilungen, die Koordination verschiedener Funktionen, Abteilungen, Bereiche, SGE's usw.

5. Lernen statt "Revolution"

Gerade einschneidende Veränderungen einer Organisation fordern ein konsequent evolutionäres Vorgehen. Andernfalls ist die Wahrscheinlichkeit groß, daß die eingekaufte Fachexpertenlösung zu fremd oder radikal erscheint und aus vielen guten Gründen nicht umgesetzt wird, daß die blitzartige und eindrucksvolle Umstrukturierung im Alltag nicht greift, daß wichtige Neuerungen zu Angst, Abschottung oder Besitzstandsdenken führen statt zu Veränderungseinsicht und -bereitschaft. OE achtet auf stimmige, verkraftbare Entwicklungsschritte in einem den Betroffenen möglichen Tempo. Dennoch ist OE auch in Krisen- und Umbruchsituationen, die rasche, direktive Sofortmaßnahmen erfordern, ein hilfreicher Weg für die Umsetzung, Integration und Nachbearbeitung solcher Einschnitte.

Der Befürchtung, OE könnte in wichtigen Fragen einfach zu lange dauern, sind jene Beispiele entgegenzuhalten, wo eine scheinbar rasche und radikale Veränderung lange "Nachwehen" mit sich bringt (siehe aktuelle politische Umbrüche). Untersuchungen zwischen westlichen und japanischen Entscheidungsmustern zeigen die Tendenz, daß die aufgewendete Zeit für die Vorbereitung und Umsetzung in diesen Kulturen sich genau umgekehrt proportional verhalten und die anfangs "gesparte" Zeit später investiert werden muß.

6. Veränderung und Fließgleichgewicht statt Erstarrung

Traditionellerweise wurden Organisationen als eher statische Gebilde betrachtet; dies zeigt sich z.B., wenn es um Fragen der Aufbau- und Ablauforganisation geht oder generell an der Tendenz zur Erhaltung und Bewahrung des Bestehenden/Bekannten. Dieses Verständnis ist jedoch nur angemessen für Organisationen in relativ stabilen Umwelten. Organisationen in sich verändernden Umwelten müssen fähig sein, Veränderungen in der Umwelt rechtzeitig zu erkennen und flexibel und rasch darauf zu reagieren (bspw. veränderte Kundenbedürfnisse, neue technologische Möglichkeiten, veränderte Rahmenbedingungen wie das Verkehrschaos in Städten, das zur Entwicklung stadtfreundlicher Autos und anderer Fortbewegungsalternativen anregte ...).

Organisationen, denen die Fähigkeit fehlt, sich zu entwickeln, sich wechselnden Gegebenheiten anzupassen und solche vorwegzunehmen, werden Fossilien und "sterben".
Oft sind es gerade Erfolg und Wohlstand in Organisationen, die Stolz und Trägheit züchten. Gefährlicherweise wenden solche Organisationen Erfolgsrezepte aus einer zwar erfolgreichen, aber eben vergangenen Vergangenheit an und begegnen den aktuellen und künftigen Anforderungen mit bewährten, überholten Strategien bzw. Entscheidungsmechanismen.
Da Organisationen häufig stabilisierende, erhaltende Elemente gut entwickelt haben, fördert und betont OE in diesen Fällen Veränderungs- und Erneuerungsaspekte – ausgehend von der Grundidee, daß der Umgang mit der Ambivalenz von Stabilität und Veränderung eine bleibene Herausforderung für lebendige Organisationen ist. In einer tendenziell chaotischen, sich ständig in Bewegung befindlichen Organisation, bspw. der EDV- oder Werbe-Branche, wird OE mehr das Einführen stabilisierender Elemente zum Ziel haben (wie das Erarbeiten von sinn-stiftenden, verbindlichen Normen und Werten, die Einführung regelmäßiger Besprechungsstrukturen oder klarer Funktionsbeschreibungen).

7. Der Weg ist so wichtig wie das Ziel

Die Gestaltung des Prozesses an sich soll für die Beteiligten Lernmöglichkeiten fördern und die Prinzipien von OE unmittelbar erlebbar machen (dies geschieht u.a. sehr stark in der organisationsinternen Entwicklungsgruppe, dem "Hafen" des OE-Prozesses). OE hat über den konkreten Anlaß und die explizit formulierten Veränderungsziele hinaus den Anspruch, die Problemlösungsfähigkeiten und Entwicklungsmöglichkeiten der Beteiligten an sich zu steigern.
Mittel und Methoden sollen nicht nachträglich oder mit dem Verweis auf das Ziel gerechtfertigt werden, sondern für sich selbst vertretbar und zu verantworten sein und offen eingesetzt und reflektiert werden – jedoch nicht als Selbstzweck, sondern im Hinblick auf konsequente Orientierung an den formulierten Veränderungszielen.

8. OE ist ein kontinuierlicher Prozeß und eine Grundhaltung

Man kann nicht hin und wieder "ein bißchen" oder punktuell OE machen. Von OE kann man nur sprechen, wenn und solange ein Entwicklungsprozeß aktiv im Gange ist, und wenn die Prinzipien und Grundhaltungen der OE praktisch angewendet werden.

Das Entscheidende dabei ist die praktizierte Haltung ("Entwickler finden immer einen Entwicklungsweg"), die sich als roter Faden durch die manchmal aufsehenerregenden, manchmal beinahe unbemerkten Prozeß-schritte und Interventionen zieht: einmal eine Situationsklärungsklausur, bei der vielleicht erstmals die Führungskräfte außer Haus sich zwei, drei Tage mit neuen, überraschenden Methoden über die unterschiedlichen Sichtweisen und Ziele austauschen und erleben, welcher Unterschied allein durch dieses gemeinsame Arbeiten in anregender Atmosphäre entsteht; ein anderes Mal eine Einzelberatung in einer wichtigen Frage, die sich für eine betroffene Führungskraft akut aus dem Prozeß ergibt.

Anhand des Phasenmodells und der Ergebnisse der Orientierungsphase läßt sich der Grobablauf und der ungefährte zeitliche Rahmen planen (der sehr organisationsspezifisch ist), insgesamt muß der Prozeß jedoch rollierend, d.h. von Schritt zu Schritt geplant werden.

9. Ort der OE: der Arbeitsalltag

OE findet in der Arbeitszeit und am Arbeitsplatz statt. Es hat sich zwar bewährt, einzelne Schritte in Form von Klausuren abseits der Organisation durchzuführen, "aber es ist eine Sache, neue Konzeptionen zu entwerfen und eine andere, sie zu verwirklichen. OE bedeutet Veränderung durch gemein-same Problemlösung 'vor Ort' und ist somit keine Sonntagsveranstaltung, sondern integrierender Bestandteil der täglichen Zusammenarbeit. Die we-sentlichen Veränderungen finden entweder im betrieblichen Alltag oder gar nicht statt" (Lauterburg, 1980, 51 ff).

Es wäre eine gefährliche Verkürzung, aufgrund der beeindruckenden Wir-kung und Schilderungen von einzelnen Klausuren OE damit gleichzusetzen und darauf zu reduzieren. Sorgfältig geplante und geleitete Workshops, Klau-suren oder Projektgruppensitzungen fördern das Klima für Veränderung und es können dort Ziele erarbeitet und entscheidende Vereinbarungen getroffen und ungeahnte Möglichkeiten der Zusammenarbeit praktisch erlebt werden, aber dies geschieht immer im Hinblick auf den Organisationsalltag.

Damit zusammenhängend ist es ein Wesensmerkmal systemischer OE, daß zwischen solchen Schritten bewußt (auch längere) zeitliche Pausen geplant werden, damit das Neue eingeübt und umgesetzt werden kann.

10. Ressourcen- und Lösungsorientierung

In der Begleitung des Entwicklungsprozesses regt der OE-Berater durch ent-sprechende Fragestellungen immer wieder dazu an, auf Lösungen, Möglich-keiten und vorhandene Ressourcen zu fokussieren statt einseitig auf Probleme und Schwierigkeiten. Sehr früh wird schon nach den Zielen gefragt und quasi vom Ende her an notwendigen Maßnahmen gearbeitet. ("Angenommen, bis in einem Jahr ist ... erfolgreich erreicht, welche Schritte haben wir bis dahin unternommen? Wer war in welcher Weise beteiligt? Worauf können wir dann mit Stolz zurückblicken?" ...)

Statt einer ausgedehnten Ursachenanalyse wird die Auseinandersetzung mit derzeitigen und künftigen Chancen gefördert, statt einer vergangenheitsorientierten Betrachtung wird herausgearbeitet, was eine unbefriedigende Situation in der Gegenwart aufrecht erhält. (B. Schmid hat es etwa so formuliert: Nur weil man des langen und breiten erkundet hat, weshalb ein Karren im Dreck steckt, weiß man noch nicht, wie man ihn wieder herausbekommen kann – und hat auch noch keine Energie für den notwendigen Weg mobilisiert!)

2 Organisationstheorie, Systemtheorie und Familientherapie als Grundlage für die Planung und Gestaltung sozialwissenschaftlicher Entwicklungsprozesse in kleinen und mittleren Organisationen

Im folgenden soll zunächst die Organisationstheorie als System für die Gestaltung von kleinen Organisationen untersucht werden.

Dies erscheint uns deshalb besonders wichtig, weil zwischen dem Entwicklungsprozeß der Organisationsbedingungen und jenem der Organisationstheorie komplexe Zusammenhänge bestehen[1] und die Impulse der Organisationstheorie jeweils von Organisationsbedingungen großer Unternehmungen ausgegangen sind. Dementsprechend bietet die Organisationstheorie einerseits förderliche Ansatzpunkte für die Gestaltung und Entwicklung kleiner Organisationen, soweit es gelingt, einzelne Elemente systemisch-evolutionär auf den Kontext kleiner Organisationen anzuwenden. Zum anderen stellen einzelne Elemente der Organisationstheorie jedoch auch Gefahren für den kleinen Betrieb dar, wenn sie mit einer mechanistischen Ideologie auf kleine Organisationen aufgepfropft werden.

Im zweiten Abschnitt soll die Relevanz der Systemtheorie für die Gestaltung kleiner und mittlerer Organisationen untersucht werden.

Obwohl die Organisationstheorie den Systemansatz impliziert hat, möchten wir diesen in Hinblick auf die Organisationsentwicklung solcher Betriebe gesondert bearbeiten. Gerechtfertigt wird dies, indem der institutionale Organisationsbegriff in der Organisationslehre hier durch den Begriff "Organismus" eine neue Dimension erfährt und der instrumentale Organisationsbegriff dabei als "Entwicklungsarbeit" inhaltlich bestimmt wird.

Als drittes Element sozialwissenschaftlicher Entwicklungsprozesse in kleinen Organisationen soll die Familientherapie herangezogen werden.

Aus der klinischen Arbeit mit Familien haben Vertreter der Familientherapie[2] zentrale Faktoren der menschlichen Kommunikation dargestellt.

Diese finden zunehmend Eingang in die Führungstheorie[3]. Da sich - ähnlich der Organisationstheorie - auch die Entwicklung der Organisationsentwicklung vorwiegend am Bedingungsrahmen großer Organisationen orien-

---

1 vgl. Hill, W./Fehlbau, R./Ulrich, P. "Organisationslehre 2", 3. Auflage. Bern 1981 - S. 405

2 vgl. Bateson, G., Haley, J., Watzlawick, P., Selvini-Palazzoli, M., Satir, V., Weakland, J.H., Minuchin, S., Jackson, D.

3 vgl. Manella, J. "Führung und Kommunikation", in: Siegwart, H./Probst, G. "Mitarbeiterführung und gesellschaftlicher Wandel". Bern-Stuttgart 1983 - S. 249 ff

tiert, haben Erkenntnisse der Familientherapie nur vereinzelt und lückenhaft in der OE-Literatur - und auch der praxeologischen OE - Eingang gefunden[4].

"Die Familie ist ein System, das über die Begrenzungen der einzelnen Person hinausgeht, aber doch klein und eindeutig genug eingegrenzt ist, um als eine Einheit zu dienen, die untersucht werden kann. Wenn man einmal das Individuum beiseite läßt und die Familie als eine systemische Einheit betrachtet, die in noch größeren Bereichen existiert, dann beginnt man - wie beim Wetter - klare Überschneidungen und deutliche Muster zu erkennen[5]". Kleine Organisationen sind bei uns in Österreich zum einen noch sehr stark als Familienunternehmen tätig - es liegt für die Entwicklung dieser Betriebe also auf der Hand, diese Familienmuster zu berücksichtigen. Aber auch ohne verwandtschaftliche Beziehungen spielen in kleinen Organisationen die Elemente der Familie eine Rolle und werden dementsprechend in dieser Arbeit herausgehoben. Zudem gibt die Familientherapie die Möglichkeit systemischer Interventionen und ist damit Bestandteil systemisch-evolutionärer Organisationsentwicklung.

4 vg. Selvini-Palazzoli, M. "Der entzauberte Magier". Stuttgart 1978; und "Hinter den Kulissen der Organisation", 2. Auflage. Stuttgart 1985
5 Hoffmann, L. "Grundlagen der Familientherapie". Hamburg 1982 - S. 71

2.1 Organisationstheorie

Die Organisationstheorie umfaßt heute eine Vielzahl unterschiedlicher Ansätze[6], die sich sowohl durch ihre Terminologie als auch durch ihren Objektbereich voneinander abheben[7]. Dieser empfindliche Mangel im Begriffsystem führt zu einseitigen und unzulässigen (schrecklichen) Vereinfachungen in Hinblick auf die Gestaltung von Veränderungsprozessen in Organisationen[8].

Das Organisationsverständnis um 1700-1750 umfaßt mit dem Begriff Organisation die Begriffe Ordnung und Organismus und ist damit ein Phänomen von gesamtgesellschaftlicher Relevanz. (Organisation ist Ausführung von Herrschaft oder Ausführung von Produktion). "Organisation wird nicht gegen Gesellschaft und gesellschaftliche Funktionsbereiche differenziert und nicht als ein System eigener Typik, nicht etwa als 'Bürokratie' begriffen"[9]. Die Organisationsentwicklung knüpft heute an dieses offene Organisationsverständnis an, beschränkt ihren Objektbereich also nicht auf die interne Gestaltung der Organisation, und läßt sich auch nicht eindeutig betriebswirtschaftlichen, soziologischen bzw. psychologischen Fakultäten zuordnen[10].

6 - pragmatische Ansätze/aufgabenorientierte Ansätze (anglo-amerikanische Managementlehre und der größte Teil der betriebswirtschaftl. Organisationslehre)
   - entscheidungstheoretische Ansätze
   a) unipersonales Entscheidungsmodell wird ergänzt durch den Ansatz der Entscheidungsprozesse in multipersonellen Entscheidungseinheiten
   b) Elemente der Organisation sind Entscheidungen und Entscheidungsprämissen (N. Luhmann)
   - verhaltenstheoretische Ansätze
   Organisationstheorie als Problem der Soziologie, Sozialpsychologie und der Psychologie
   - informationstechnologische Ansätze
   Auswirkungen der Informationstechnologie auf Organisationsstrukturen und der organisatorischen Gestaltung von Informationssystemen
   - systemorientierte Ansätze
7 vgl. Grochla, E. "Entwicklungstendenzen der Organisationstheorie" in Bleicher, K. "Organisation als System". Wiesbaden 1972 - S. 112
8 vgl. Rehn, G. "Modelle der OE". Bern-Stuttgart 1979 - S. 14
9 Luhmann, N. "Soziologische Aufklärung 3". Opladen 1981 - S. 335
10 vgl. Malik, F. "Strategie des Managements komplexer Systeme, ein Beitrag zur Managementkybernetik evolutionärer Systeme". Bern 1984 - S. 20ff

Diese Sichtweise der Organisation als Rückseite des Spiegels der Gesellschaft hat die organisationstheoretische Forschung in den zwanziger Jahren verlassen und entsprechend eines mechanistischen Theorieverständnisses Organisation als Sachverhalt eigener Art gesehen und erforscht. Um die Relevanz der Organisationstheorie für die Entwicklung in kleinen Organisationen zu beleuchten, werden wir im folgenden die Ent-wicklungsstufen der Organisationstheorie jeweils auf dem Hintergrund der entsprechenden gesellschaftlichen Bedingungen darstellen. Besondere Be-achtung muß dabei das Menschenbild als intervenierende Variable zwischen dem allgemeinen Bedingungsrahmen und der Theorie der Organisation in der jeweiligen Epoche finden.

Das Menschenbild als implizite Theorie

"Menschenbilder sind Einstellungen von Personen (oder Gruppen) gegenüber anderen Menschen. Es sind Auffassungen bzw. Grundannahmen einer Person über andere Personen, es sind Meinungen, Erwartungen, Vermutungen"[11]. Diese Vor-Urteile über "den Menschen" erhalten in der Management- und Organisationsliteratur und in der praktischen Management-, Organisations- und Beratungsarbeit deshalb große Bedeutung, weil sie als implizite Theorien die Interaktionen und Handlungen von kommunizierenden Menschen beeinflussen und damit die Zusammenarbeit zwischen Organisation und Individuum zu einem erheblichen Teil bestimmen[12][13].

Menschenbilder als implizite, das Verhalten von Menschen beeinflussende Persönlichkeitstheorien entstehen als Wirklichkeit zweiter Ordnung[14][15] durch den Kommunikationsprozeß zwischen Individuen und ihrer Umgebung - Gesellschaft. "Demzufolge sind auch die Annahmen, auf denen Menschenbilder beruhen, äußerst vielschichtig und vielzweckhaft"[16]. So gesehen stellt die Reflexion der vorhandenen Menschenbilder bei den Organisationsteilnehmern einen wesentlichen Schritt in der Gestaltung der Organisation im

11 Schneider, D.J. "Implicit Personality Theorie: A review", Psychological Bulletin, 1973 Heft 5 - S. 294
12 vgl. Weinert, A.B. "Menschenbilder als Grundlagen von Führungstheorien" in: ZfO Heft 2/84 - S. 117
13 Diesen Zusammenhang zwischen den impliziten Persönlichkeitstheorien und dem Verhalten der Kommunikanten beschreibt auch das Andorra-Phänomen bzw. die self fulfilling prophecy (vgl. Neuberger, O. "Das Mitarbeitergespräch". München 1973 - S. 43)
14 vgl. Watzlawick, P. "Die erfundene Wirklichkeit". München 1981 - S. 192 ff
15 vgl. S. 62 ff
16 Weinert, A.B., "Menschenbilder ...", a.a.O. - S. 117

Innen- und Außenverhältnis dar. Ob dies ein Gestaltungselement von Organisationen ist, hängt wiederum vom Menschenbild der Machtpromotoren (intern und extern) ab. In kleinen und mittleren Organisationen beschränkt sich das meist auf die Mitglieder der Geschäftsleitung - externe Berater wirken dabei erst in zweiter Linie, weil sie ja meist entsprechend dem Menschenbild der Geschäftsleitung von einem Unternehmen angenommen oder abgelehnt werden.

In den Sozialwissenschaften entwickelte Theorien über die Natur des Menschen[17] zeigen zum einen ein sehr umfangreiches und zum anderen uneinheitliches Bild.

Wir werden deshalb bei den einzelnen organisationstheoretischen Ansätzen verschiedene Menschenbildklassifikationen zuordnen.

Den tragenden Hintergrund für die Gestaltung von Organisationen mit den in Punkt 1) formulierten Zielsetzungen der OE stellt das dreidimensionale christliche Menschenbild dar, wonach der Mensch ein Dreiklang aus Leib, Seele und Geist ist. Wir schließen uns damit der These von Fritz Glasl an, wonach "bei allen Gestaltungen im Sozialen diesen 3 Dimensionen, die im dreifältigen Wesen des Menschen grundgelegt sind, Rechnung getragen werden muß, wenn der Mensch nicht durch die geschaffenen sozialen Gebilde erstickt oder deformiert werden soll"[18].

Der Mensch als biologisches Wesen

Nach Brüll D.[19] ist der Mensch als biologisches Wesen anti-sozial, weil er dabei konsumierend vernichtet und es damit anderen entzieht. Bedingt durch diese Leiblichkeit ergeben sich für den Menschen vielfältige Abhängigkeiten (durch die Trennung von Produktion und Konsumtion) zur Deckung seiner Bedürfnisse. Mit anderen Worten, der Mensch ist als biologisches Wesen auf eine elementare Solidarität angewiesen, weil andernfalls die allumgreifende gegenseitige Abhängigkeit zu einem Kampf aller gegen alle führen müßte bzw. zu den krassesten Formen wirtschaftlicher Ausbeutung. Wo der Mensch überhaupt nur zu einem reinen Leistungstier oder Leistungsroboter gemacht wird und nicht mehr den Sinnbezug seines Arbeitens und Leistens erkennen

---

17 vgl. McGregor D., Schein E., Miles R.E., Porter L.W. und Craft J.A.
18 Glasl, F. "Das Homo-Mensura Prinzip und die Gestaltung von Organisationen" in: Sievers, B./Slesina, W. "Organisationsentwicklung in der Diskussion: offene Systemplanung und partizipative Organisationsforschung", Arbeitspapiere des Fachbereichs Wirtschaftswissenschaft der Gesamthochschule Wuppertal. Wuppertal 1980, Heft Nr. 44 - S. 106
19 vgl. Brüll, D. "Sociaal en onsociaal" zitiert bei: Glasl, F., a.a.O. - S. 106 f

kann"[20]. Für die Gestaltung von Organisationen gilt es zu fragen, wieweit es gelingt, diese elementare Solidarität als moderne Form der Brüderlichkeit zu gewährleisten, da die einseitige Ausbeutung der Bedürftigkeit anderer die Lebensfähigkeit sozialer Gebilde bedroht.

Der Mensch als geistiges Wesen:

Zum zweiten sieht D. Brüll den Menschen als geistiges Wesen, "das alles zur Entfaltung und Entwicklung bringen will, was in ihm als Möglichkeiten und Intentionen vorhanden ist"[21]. In dieser Dimension ist der Mensch a-sozial, weil er als geistiges Wesen das Bedürfnis hat, sich von der Gemeinschaft abzusondern, um über verschiedenes nachzudenken, zu forschen, zu beten, oder zu meditieren und an sich selbst zu arbeiten, zu lernen, sich zu entfalten und weiterzuentwickeln. Dieser Dimension des Menschen zu entsprechen bedarf der Freiheit des Denkens, der Meinungsäußerung, des Zugangs zu Entwicklungsmöglichkeiten (z. B. Bildungsmaßnahmen, Literatur usw.), die damit zu einem weiteren Gestaltungselement von Organisationen werden. Die Freiheit stößt dabei dort an ihre Grenze, wo sie nur noch für wenige gilt und andere der Meinung dieser Wenigen unterworfen werden.

Der Mensch als seelisch-soziales Wesen:

Als soziales Wesen sucht der Mensch Kontakte, Geborgenheit, Anerkennung, Achtung, er unterhält vielfältige Beziehungen zu unterschiedlichsten Menschen in Bezug auf Einstellungen, Fähigkeiten ...... Dabei entstehen Regeln und Normen, die das Zusammenleben unter Wahrung der Interessen und der Existenzfähigkeit der Betroffenen regeln. Dieser seelisch-sozialen Dimension des Menschen entspricht das Prinzip der Gleichheit, um trotz unterschiedlicher Interessen oder Werte willkürliche Machtausübung zu verhindern. Hoffmann[22] stellt unter 12 Kriterien für eine funktionierende Teamarbeit die Gleichrangigkeit und Gleichwertigkeit der Teammitglieder an erste Stelle.

Bei den einzelnen organisationstheoretischen Ansätzen gilt es zu überprüfen, wieweit dabei diese dreidimensionale Wesenheit des Menschen berücksichtigt wird. Denn wo immer eine oder zwei Dimensionen unberücksichtigt bleiben, tritt Entfremdung auf[23].

20 Glasl, F. "Das Homo-Mensura Prinzip ...", a.a.O. - S. 108
21 ebenda - S. 108
22 vgl. Hofmann, M. "Die 12 Kriterien gelingender Kooperation (Teamarbeit)", in: Management forum, Zeitschrift für Wirtschafts- und Verwaltungsführung, Nr. 1/82 - S. 14 ff
23 vgl. Glasl, F. "Das Homo-Mensura Prinzip ...", a.a.O. - S. 109

2.1.1 Entwicklungsstufen der Organisationstheorie

"Spricht man heute von *der* Organisationstheorie, so handelt es sich dabei (also) keineswegs um einen geschlossenen einheitlichen Ansatz, sondern um eine Vielzahl unterschiedlicher, teilweise konkurrierender Ansätze, die jeweils eine charakteristische Kombination von verwendeter Perspektive und berücksichtigten Einflußfaktoren darstellen"[24]. Dementsprechend ist die Beschäftigung mit den Entwicklungsstufen der Organisation kein geschichtlicher Rückblick. Wie zum Begreifen, Gestalten und Verändern von Organisationen das Sichtbar- und Fühlbar-machen der Lebensgeschichte der Organisation einen notwendigen Faktor darstellt, ist auch die Organisationstheorie aus heutiger Sicht Ergebnis eines Entwicklungsprozesses der Organisationstheorie, in dessen Verlauf Einflußfaktoren und Perspektiven ausgeweitet und differenziert wurden[25]. Da Dyllick den Beginn der organisationstheoretischen Entwicklung in Taylors Scientific-Management sieht, überspringt er die Pionierphase bzw. Globalauffassungsphase der Organisationstheorie des 18. und 19. Jahrhunderts [26]. Diese Phase ist charakterisiert durch die Auffassung der Organisation als Organismus. "Dieser Begriff des Organischen ist in diesem Zusammenhang sehr anschaulich, denn er drückt die Komplexität und die Wechselwirkungen in einer Gesamtheit aus, in der die Vielfältigkeit der Beziehungen zwischen den integrierten Teilen vielfach bedeutungsvoller ist, als die Teile selbst"[27].

Mit der "klassischen Organisationstheorie" tritt also der Entwicklungsprozeß der Organisationstheorie in die Differenzierungsphase ein[28]. So gesehen ist das Verständnis dieses Entwicklungsprozesses der Organisationstheorie für die praktische Anwendung der Organisationstheorie in den OE-Prozessen notwendige Voraussetzung. Zudem entspricht die Auseinandersetzung mit der Biographie der Organisationstheorie der Gleichrangigkeit von Weg (= Prozeß) und Ziel (= Ergebnis) und damit der Arbeitsweise in der Organisationsentwicklung.

24 Dyllick, T. "Organisationstheorie 1" in: Management Zeitschrift 10, Nr. 9/1981 - S. 442
25 vgl. Dyllick, T. "Organisationstheorie", a.a.O. - S. 442
26 vgl. Luhmann, N. "Soziologische Aufklärung", a.a.O. - S. 335
27 Rosnay, Joël de "Das Makroskop: neues Weltverständnis durch Biologie, Ökologie und Kybernetik". Stuttgart 1977 - S. 54 f
28 vgl. S. 203

I. Aufgabenorientierte Ansätze

Die aufgabenorientierten Ansätze stellen die sog. "klassische Organisationstheorie" dar. Sie umfassen zum einen das "Scientific Management" von F.W. Taylor , das sich auf die organisatorische Gestaltung des Fertigungsbereichs in Unternehmungen bezieht und die bürokratisch-administrativen Ansätze (Objektbereich ist dabei der Verwaltungsbereich von Organisationen) von Max Weber, Henri Fayol, L.H. Gullick und F.F. Urwick. Zum anderen gehört die deutsche betriebswirtschaftliche Organisationslehre mit F. Nordsieck, E. Kosiol und H. Ulrich dazu.

a) Problemauffassung in Hinblick auf Organisation

Hintergrund für die Arbeiten von Taylor und Fayol waren die Auswirkungen der industriellen Revolution[29]. "Die wissenschaftliche Betriebsführung entstand als folgerichtige Antwort auf die zu der damaligen Zeit bestehenden Angebotsüberhänge auf den Arbeitsmärkten, auf die gerade das Existenzminimum abdeckende Entlohnung und auf die starke Überbeanspruchung des Menschen durch lange Arbeitszeit und menschenunwürdige Arbeitsverhältnisse. Dementsprechend hat die Befriedigung der physiologischen und Sicherheits-Bedürfnisse den Vorrang"[30].
Neben dieser Arbeitsmarktsituation prägte die Mechanisierung der Produktionsbetriebe und die damit verbundene Arbeitsteilung die Fragestellung der Organisationslehre dieser Zeit: "Wie kann die Effizienz der menschlichen Arbeitsleistung im Betrieb gesteigert werden?"[31]
Dementsprechend sind folgende Elemente der Organisation Untersuchungsgegenstand dieser Ansätze. Zeit-, Arbeits- und Bewegungsstudien, die Auswahl der bestmöglichen Mitarbeiter für einen Arbeitsplatz, Anlehre von Mitarbeitern durch eine konkret und differenziert vorgegebene Arbeit, die Suche nach geeigneten Formen für die Arbeitsplatzgestaltung, monetäre Anreizsysteme, klare bzw. allgemeingültige Organisationsstrukturen. Auch Max Weber entwirft eine idealtypische Organisation. Seine Bürokratie verkörpert zum einen größtmögliche Effizienz und ist zugleich eine Kategorie der legalen Herrschaft[32].

---

29 vgl. Hill, W./Fehlbaum, R./Ulrich, P. "Organisationslehre", a.a.O. - S. 410
30 Rehn, G. "Modelle der OE", a.a.O. - S. 27
31 Hill, W./Fehlbaum, R./Ulrich, P. "Organisationslehre", a.a.O. - S. 411
32 vgl. Hill, W./Fehlbaum, R./Ulrich, P. "Organisationslehre", a.a.O. - S. 415

Die deutsche betriebswirtschaftliche Organisationslehre entwickelte die organisatorischen Modelle von Fayol, Taylor und Weber zu einer geschlossenen, abstrakt-deduktiven Organisationslehre[33].

Gemeinsam ist den aufgabenorientierten Ansätzen die Konzentration auf die Entwicklung von endgültig gedachten Organisationsstrukturen in Hinblick auf eine möglichst effiziente Aufgabenerfüllung.

Obwohl die theorieorientierte Kritik der aufgabenorientierten Ansätze vielfach und umfangreich ist[34][35], erfreuen sie sich in der praktischen Organisationsarbeit von Organisationsabteilungen und Rationalisierungsberatern - und damit auch bei vielen Führungskräften - ungebrochener Beliebtheit. Dies hängt unter anderem damit zusammen, daß sie den Anschein erwecken, daß Organisationen gänzlich kontrolliert und aufgrund vollständiger Informationen gemanagt werden können.

b) Das Menschenbild der aufgabenorientierten Ansätze

Das Menschenbild der aufgabenorientierten Ansätze entspricht nach Weinert A.B. den älteren, traditionellen Modellen, die den Menschen zum einen als rational-ökonomisches[36], kognitives[37] Wesen und zum anderen als träges, inaktives, verantwortungsscheues[38] Wesen beschreiben, für die Arbeit meist angeborenermaßen unangenehm ist und sie deshalb weniger wichtig ist, als das, was man dafür verdient[39].

Gemeinsam ist den Menschenbildtheorien der aufgabenorientierten Ansätze, daß sie den Menschen (bei Taylor vorwiegend den Arbeiter) auf einen in erster Linie biologischen Mechanismus ohne weitergehende seelische und soziale (bzw. sozio-emotionale) Bedürfnisse reduzieren[40]. Auch die intellektuell-geistige Dimension des Menschen findet in diesen Ansätzen keine Berücksichtigung, bzw. wird nur wenigen (das sind dann Experten und

---

33 vgl. Hill, W./Fehlbaum, R./Ulrich, P. "Organisationslehre", a.a.O. - S. 419

34 vgl. ebenda - S. 412 ff

35 vgl. Rehn, G. "Modelle der OE", a.a.O. - S. 28

36 vgl. Schein, E. "Organizational psychologie", zitiert bei: Weinert, A. "Menschenbilder als Grundlage von Führungstheorien", in: zfo Heft 2/1984 - S. 118 ff

37 vgl. Campbell, J.P./Dunnette, M.D./Lawler, E.E. und Weick, K.E. "Managerial behavior, performance and effectiveness". New York 1970 - S. 59

38 vgl. McGregor, D. "Der Mensch im Unternehmen". Düsseldorf - Wien, 3. Auflage 1973 - S. 42 ff

39 vgl. Miles, R.E./Porter, L.W./Craft, J.A. "Leadership attitudes among public health officials", American Journal of Public Health 1966 - S. 18

40 vgl. Wiesmann, M. "Organisation nach Menschenmaß" in: Agogik - Zeitschrift für Fragen sozialer Gestaltung. Oberwil 1983 - S. 8

Führungskräfte, die die Gestaltung der Organisation in der Hand haben) zugebilligt.

Glasl F. sieht in erster Linie "in einer Arbeitsteilung entfremdende Effekte[41], insofern sie dem Arbeiter verbirgt, wohin und wofür er produziert, und vor allem auf welche Bedürfnisse seine Leistung abgestimmt ist"[42]. Diese Entfremdungserscheinungen treten sowohl in der Vertikalen des Organigramms (zwischen beinahe jeder hierarchischen Ebene) als auch in der horizontalen Ebene auf: verschiedene Abteilungen arbeiten ohne jedes Verständnis oder einen Sinnbezug auf das Gesamtprodukt oder die Gesamtleistung nebeneinander her.

Unter der ökonomischen Rationalität bedeuten vertikale und horizontale Entfremdung zum einen erhöhte Kosten (z.B. für die Qualitätssicherung und Reklamationsbehandlung) und zum anderen oftmals das Nicht-wahrnehmen von sich bietenden Chancen in der Umwelt der Organisation.

Gerade diese vertikalen und horizontalen Entfremdungserscheinungen sind heute Gründe für Organisationsentwicklungsprozesse oder zumindest - als lauwarmer Schritt - für Maßnahmen im Rahmen der innerbetrieblichen Bildungsarbeit.

II. Motivationsorientierte Ansätze

Entsprechend der Differenzierungsphase der Organisationstheorie entsteht - unterstützt durch den zunehmenden Wohlstand und abnehmender Gefahr der Arbeitslosigkeit in den 30-er Jahren (wodurch vor allem sozio-emotionale Bedürfnisse mehr in den Vordergrund traten[43]) - als Reaktion auf die mechanistische Organisationsauffassung die Human-Relations-Bewegung.

Hauptvertreter sind Elton Mayo und F.J. Roethlisberger mit den Hawthorne-Experimenten. Nach dem 2. Weltkrieg entstanden - wiederum unterstützt durch gesellschaftspolitische Tendenzen - durch erstmals empirische Organisationsforschung Erkenntnisse der Motivationstheorie nach Maslow, Herzberg, McGregor, Vroom und Argyris (Human-Ressources-Ansatz), die heute noch eine dominierende Rolle in der Managementausbildung spielen.

Wenig Beachtung finden dagegen die Motivationsforschungen von Mc. Clelland bzw. Heckhausen, die jedoch im Rahmen der motivationsorientierten Ansätze erstmals Integrationsbemühungen verschiedener Elemente der Organisation machen.

41 Entfremdung ist bei Glasl F. weitergefaßt als der Marx'sche Entfremdungsbegriff. Entfremdung bedeutet für ihn, "daß der Mensch durch die gesellschaftlichen Zwänge von seinem Wesen weggeführt wird". (Glasl, F., a.a.O. - S. 110)
42 Glasl, F. "Verwaltungsreform", a.a.O. - S. 109
43 vgl. Rehn, G. "Modelle der OE", a.a.O. - S. 30

a) Problemauffassung in Hinblick auf Organisation

Während die aufgabenorientierten Ansätze primär das technische System von Unternehmen und die Funktionsbedingungen der maschinellen Aktionsträger analysieren und strukturieren, stehen bei den motivationsorientierten Ansätzen das soziale Subsystem und die personalen Aktionsträger im Mittelpunkt der Betrachtung[44]. Die rational-strukturelle Gestaltung der Organisation, mit anderen Worten die formale Organisation, wurde durch die Erkenntnis sozialpsychologischer Aspekte mit einer Überbetonung der informellen Gruppen ersetzt[45]. Die individuelle Zufriedenheit bei der Arbeit wurde als Voraussetzung für die Leistungsbereitschaft und Leistungsfähigkeit gesehen; Fragen des Führungsstils erhielten besondere Bedeutung; "gegenüber der strukturellen Betrachtung früherer Ansätze wurde nun die Bedeutung der Mikrobetrachtung von Individuen und kleinen Gruppen in der Organisation erkannt"[46].

In weiterer Folge wurde die doch zu "schreckliche Vereinfachung": Arbeitszufriedenheit = Leistung, durch die Arbeiten von Maslow[47], Herzberg[48] und McGregor[49] umgekehrt in: Zufriedenheit *durch* Leistung. Dennoch stellen diese Motivationstheorien einfache Ursache-Wirkungsketten dar, die heute von vielen Führungskräften ob ihrer Einfachheit geschätzt, rein technokratische Anwendung finden, d.h. die Maslow'sche Bedürfnishierarchie und die Motivationsfaktoren ersetzen die individuelle Diagnose von Motivationsstrukturen und werden damit unzulässig instrumentalisiert.

In Weiterbearbeitung der Motivationstheorie von McClelland[50], der drei soziale Motive in den Mittelpunkt rückt: das Leistungsmotiv - das Machtmotiv und das Gesellungsmotiv, stellen Heckhausen et al.[51] für die Gestaltung von Organisationen die individuellen Motivationsstrukturen, den Arbeitsplatz mit motivationalen Anforderungen, das Führungsverhalten und verschiedene Faktoren des Betriebsklimas als sich gegenseitig beeinflussende und in Beziehung stehende Elemente dar. Obwohl auch dieser Ansatz sich einerseits an individualpsychologischen Erkenntnissen orientiert und andererseits einfa-

---

44 vgl Maslow, A. "Motivation und Persönlichkeit". Olten 1977 - S. 74 ff
45 vgl. Hill, W./Fehlbaum, R./Ulrich, P. "Organisationslehre", a.a.O. - S. 421
46 Dyllick, T. "Organisationstheorie" in: Management Zeitschrift I0, Nr. 11/81 - S. 568
47 vgl. Maslow, A. "Motivation und Persönlichkeit". Olten 1973
48 vgl. Herzberg, F. et al., "The Motivation to Work", 6. Auflage. New York 1967
49 vgl. McGregor, D. "Der Mensch im Unternehmen". Wien 1973
50 vgl. McClelland, D. "Die Leistungsgesellschaft". Stuttgart 1966 und "Macht als Motiv". Stuttgart 1978
51 vgl. Heckhausen, H. "Motivation der Anspruchsniveausetzung", in: Thomae, H. "Die Motivation menschlichen Handelns", 5. Auflage. Köln-Berlin 1969 S. 231 ff

che, von technokratischem Denken bestimmte Schlußfolgerungen gezogen werden, scheint damit die Motivationspsychologie in ein umfassenderes Verständnis von Organisationen eingebaut zu sein, als die früheren Ansätze. Trotz kritischer Betrachtung der motivationsorientierten Ansätze[52] sind sie aus heutiger Sicht als Wegbereiter für die OE anzusehen. Einmal wurde dabei erstmals empirische Organisationsforschung betrieben und zum andern wurde damit der Grundstein für die "verhaltenswissenschaftliche Revolution" in der Organisationstheorie und der gesamten Managementslehre gelegt[53].

Obwohl die Forschungsarbeiten der Vertreter von motivationsorientierten Ansätzen in großen Organisationen durchgeführt wurden, geben sie für die Gestaltung von Entwicklungsprozessen in kleineren und mittleren Organisationen deshalb viele Anhaltspunkte, weil der Bedingungsrahmen (kleine, überlappende, informelle Strukturen, family groups) für ihre Wirksamkeit in kleinen Organisationen eben gegeben ist bzw. leichter zu schaffen ist, als in großen Organisationen.

b) Das Menschenbild der motivationsorientierten Ansätze

Miles et al.[54] nennen in ihrer Kategorisierung der Annahmen über die Natur des Menschen zwei Modelle, die den motivationsorientierten Ansätzen entsprechen:
a) das Human-Relations-Modell und
b) das Human-Ressources-Modell.
Im Human-Relations-Modell wird davon ausgegangen, daß der Mensch, um all seine Eigenschaften wie sie in der "Theorie Y" von McGregor beschrieben sind[55], bei der Arbeit wirksam werden zu lassen, das Bedürfnis nach Anerkennung[56] und Dazugehörigkeit[57] befriedigen können sollte. Nach Scheins[58] Typologie von Annahmen über die Natur des Menschen wurde durch die Hawthorne-Studie deutlich, daß der Mensch durch soziale Bedürfnisse motiviert ist und seine Identität aus der Beziehung zu anderen herleitet - "der soziale Mensch" -; in den Arbeiten von Maslow, McGregor und Argyris ist

---

52 vgl. Hill, W./Fehlbaum, R./Ulrich, P. "Organisationslehre", a.a.O. S. 423 ff
53 vgl. Dyllick, T. "Organisationstheorie" in: Management Zeitschrift I0, Nr. 11/81 - S. 569
54 vgl. Miles, R.E. "Leadership attitudes ...", a.a.O. S. 13 ff
55 vgl. McGregor, D. "Der Mensch im Unternehmen", Wien 1973
56/57 dritte und vierte Ebene der Maslow'schen Bedürfnishierarchie
58 vgl. Schein, E. "Organizational psychology" zitiert bei: Weiner, A. "Menschenbilder als Grundlage von Führungstheorien" in: ZfO Heft 2/1984 - S. 118 f

der Mensch primär selbstmotiviert und selbstkontrolliert - "der selbst-aktualisierende Mensch".

Diese dargestellten Menschenbilder sind bei den motivationsorientierten Ansätzen vor dem Hintergrund einer auf höchstmögliche Produktivität ausgerichteten Organisation zu sehen, weshalb Hill et al.[59] in ihrer Kritik zurecht die Schattenseite der moralisierenden, ethischen Komponente der Human-Relations darstellen: "sie trug die Gefahr in sich, daß man den Mitarbeiter einem starken moralischen Druck unterwarf, eine heuchlerische Partnerschaft gebrauchte und trotzdem (im Grunde genommen - der Autor) von einem instrumentalen Menschenbild ausging". Dies führt gerade in Klein- und Mittelbetrieben, die aus Familienunternehmen entstanden sind oder es heute noch sind, zu einer paternalistischen, von einseitiger Abhängigkeit bestimmten Organisationskultur, in der eine Partnerschaft [60] im Sinne der social-values-strategie praktiziert bzw. gepriesen wird.

Obwohl die motivationstheoretischen Beiträge (Human-Ressources-Ansätze) einen Fortschritt gegenüber den Human-Relations-Modellen darstellen, werden sie den verschiedenen Dimensionen einer Organisation nicht gerecht und auch in Hinblick auf das mehrdimensionale Menschenbild nach Brüll[61] führen die motivationsorientierten Ansätze zu Entfremdung, weil die seelisch-soziale Wesenheit stark überbetont wird, während der Mensch als geistiges Wesen eher vernachlässigt wird. Als geistiges Wesen "muß der Mensch a-sozial sein können, ... das heißt, daß der Mensch auch das Bedürfnis hat, sich von der Gemeinschaft abzusondern und über Verschiedenes nachzudenken, zu forschen, zu beten oder zu meditieren usw. und an sich selbst zu arbeiten"[62]. Ansatzweise lassen die Hygiene- und Motivationsfaktoren der 2 - Faktoren-Theorie nach Herzberg Hinweise auf die dreidimensionale Wesenheit zu; und auch Mc. Clelland wird diesem Menschenbild gerecht.

III. Die entscheidungsorientierten Ansätze

Ganz im Sinne der Differenzierungsphase der Organisationstheorie führte die zunehmende Automation und insbesondere die Einführung der EDV in die Produktions- und Verwaltungsapparate großer Organisationen zu zwei verschiedenen Ansätzen der Entscheidungstheorie: eine in Fortführung der motivationsorientierten Ansätze verhaltenswissenschaftlich-deskriptive Richtung

59 vgl. Hill, W. et al. "Organisationslehre", a.a.O. - S. 423 f
60 Kirsch, W./Esser, W.M./Gabele, E. "Das Management des geplanten Wandels". Stuttgart 1979 - S. 298 ff
61 vgl. Brüll, D. "Sociaal en onsociaal", a.a.O. - S. 106 ff
62 Brüll, D. "Sociaal en onsociaal", a.a.O. - S. 106

und eine in Fortführung der aufgabenorientierten Ansätze mathematisch-normative Richtung [63]. Die mathematisch-normativen Methoden (Operations Research, Management Science) zählen Dyllick[64] und Hill[65] zu den organisationstheoretisch relevanten Ansätzen (Dyllick nennt diese Ansätze eine "formale Methodenlehre, die unter anderem auch für organisatorische Problemlösungen herangezogen werden kann"[66]).

Wichtigste Vertreter der verhaltenswissenschaftlich-deskriptiven Ansätze, deren Anliegen es ist, das Entscheidungsverhalten von Individuen, Gruppen und sozialen Systemen zu erklären (Prozeßorientierung), sind Barnard C., Simon H. und March J. sowie Heinen E. und Kirsch W.

Dazu muß jedoch auch Luhmann N. gezählt werden, der zwar die Organisation unter systemtheoretischen Gesichtspunkten sieht, dabei jedoch als bestimmende Elemente von Organisationen Entscheidungen und diesen zugrunde liegende Entscheidungsprämissen (das sind wiederum z.b. in Form von Unternehmensleitbildern, Wertvorstellungen, Normen, Grundsätzen formulierte bzw. unausgesprochene Entscheidungen[67]) sieht.

a) Problemauffassung in Hinblick auf Organisation

Im Mittelpunkt des Interesses der entscheidungsorientierten Ansätze "stehen die Beziehungen zwischen dem Entscheidungsverhalten der Organisationsmitglieder unter Ausgestaltung der organisatorischen Strukturen"[68]. Die Bedingungen der Entscheidungssituation werden somit zum Hauptkriterium für die Gestaltung von Organisationen.

Während einerseits Erkenntnisse aus den Sozial- und Verhaltenswissenschaften zu Kritik an einer rein logisch-rationalen / formalen Auffassung von Organisationen führen, haben die entscheidungsorientierten Ansätze eine weitere Formalisierung der Organisation vertreten.

Organisationen werden bei den entscheidungsorientierten Ansätzen unter systemtheoretischen Gesichtspunkten definiert[69] [70], die jedoch rational zu begreifen, zu gestalten, zu verändern und zu führen sind.

63 vgl. Hill, W./Fehlbaum, R./Ulrich, P. "Organisationslehre", a.a.O. - S. 428
64 vgl. Dyllick, T. "Organisationstheorie 1" in: Management Zeitschrift I0, Nr. 9/1981 - S. 445
65 vgl. Hill, W./Fehlbaum, R./Ulrich, P. "Organisationslehre", a.a.O. - S. 433
66 Dyllick, T. "Organisationstheorie 1", a.a.O. - S. 445
67 vgl. Luhmann, N. "Soziologische Aufklärung", a.a.O. S. 337 ff
68 Dyllick, T. "Organisationstheorie 1" in: Management Zeitschrift 10, Nr. 9/1981 - S. 444 f
69 vgl. Kirsch, W. "Entscheidungsprozesse", Bd. III, Entscheidungen in Organisationen. Wiesbaden 1971 - S. 26 ff
70 Cyert, R.M./March, J.G. "A behavioral Theory of the Firm". Engelwood Cliffs 1963 - S. 34 ff

Dies zeigt sich in der Spieltheorie von Neumann und Morgenstern, die nach Reber eben nicht der Realität von Organisationen entspricht, dessen ungeachtet aber im Rahmen von Entwicklungsprozessen wertvolle andragogische Instrumente darstellt[71].

Während bei den Spieltheoretikern die Organisation also als Wirklichkeit erster Ordnung[72] aufgefaßt wird, deuten die normativ-entscheidungstheoretischen Arbeiten von Simon/March durch die Theorie des Anspruchsniveaus eine neue Auffassung von Organisationen als Wirklichkeit zweiter Ordnung an, in der bei unterschiedlichen Organisationsteilnehmern unterschiedliche Zielvorstellungen, Wertvorstellungen bestehen, die das Entscheidungsverhalten in Organisationen beeinflussen.

Die Organisationsforschung eröffnete durch die Integrationsversuche der motivationsorientierten und entscheidungsorientierten Richtung die Beschäftigung mit dem "planned organizational change[73], der allerdings vorwiegend verhaltenswissenschaftlich erforscht wird.

b) Das Menschenbild der entscheidungsorientierten Ansätze

Das Menschenbild muß bei den zwei entscheidungsorientierten Ansätzen differenziert gesehen werden.

Die mathematisch-entscheidungsorientierten Modelle legen eine kognitive Theorie des Menschen zugrunde, wie sie von Campbell et al.[74] dargelegt werden. Demnach ist der Mensch ein rational und logisch denkendes und handelndes Wesen; (economic man). Dem stellt die verhaltenswissenschaftliche Entscheidungstheorie dann den Menschen als administrative man (Simon), "der unter beschränkten Informationen und unter gebundener Rationalität entscheiden muß"[75], gegenüber; aber auch der soziale Mensch (Schein) und Leavitts Annahmen, daß menschliches Verhalten durch die Kausalität, Zielgerichtetheit und die Motivation[76] bestimmt ist, erklären das

71 vgl. Reber, G. "Individuelle Voraussetzung von Kooperation und Konflikt" in: Grunwald, W./Lilge, H.G. "Kooperation und Konkurrenz in Organisationen". Bern-Stuttgart 1981 - S. 118 ff
72 vgl. Watzlawick, P. "Wie wirklich ist die Wirklichkeit". München 1976 - S. 142 ff
73 vgl. Bennis, W. "A New Role for the Behavioral Sciences: Effecting Organizational Change", Administrative Science Quartely, Vol. 8, 1963 - S. 125 ff
74 vgl. Campbell, J.P. et al. "Managerial behavior, performance and effectiveness" zitiert bei: Weinert, A. "Menschenbilder als Grundlage von Führungstheorien" in ZfO Heft 2/1984 - S. 121
75 Hill, W./Fehlbaum, R./Ulrich, P. "Organisationslehre", a.a.O - S. 429
76 vgl. Leavitt, H.J. "Managerial psychology" zitiert bei: Weinert, A. "Menschenbilder als Grundlage von Führungstheorien" in ZfO Heft 2/1984 - S. 121

Menschenbild der verhaltenswissenschaftlich orientierten Entscheidungstheorien.

Im Hinblick auf das dreidimensionale Menschenbild nach Brüll[77] wird bei der mathematisch-entscheidungsorientierten Richtung der Mensch als geistiges Wesen, das lernen, sich entfalten und sich weiterentwickeln will, vernachlässigt.

Dies hat zur Folge, daß die Gestaltung von Organisationen und der Gestaltungsprozeß selbst wenig individuelle Entwicklungsmöglichkeiten ermöglicht.

Demgegenüber beachten und integrieren die entscheidungsverhaltensorientierten Ansätze insbesonders die geistige und soziale Wesenheit des Menschen.

IV. Die klassisch-systemorientierten Ansätze der Organisationstheorie

Mit dem Entstehen der systemorientierten Ansätze tritt die Entwicklung der Organisationstheorie in die Integrationsphase ein.

Kennzeichen dafür ist

a) die Interdisziplinarität der von der allgemeinen Systemtheorie als Meta-Theorie entwickelten Modelle und Prinzipien, deren Bestreben, formale Systemgesetze aufzudecken, die das Verhalten verschiedenster Systeme erklären, auch in die Organisationstheorie integriert wurden. Damit fand zum einen eine Integration bestehender Fragen und Themen unterschiedlicher Ansätze der Organisationstheorie statt und zum anderen wurden neue integrierende Begriffe wie Ganzheit, Ordnung, Offenheit, Fließgleichgewicht, Dynamik, Hierarchie, Komplexität, Differenzierung und dgl. Bestandteil organisationstheoretischer Überlegungen[78];

b) weiteres Kennzeichen für die Integrationsphase der Organisationstheorie ist die Einbeziehung der die Organisation umgebenden Umwelt, indem z.B. Unternehmungen als offene, komplexe, zielorientiert handlungsfähige, soziale Systeme mit produktivem Zweck[79] begriffen wurden, die mit einer sich ständig wandelnden Umwelt in vielfältige Beziehungen treten, die wiederum die innere Gestaltung und die Interaktionen der Organisation und in der Organisation wesentlich mitbestimmt.

77 vgl. Brüll, D. "Sociaal en onsociaal", a.a.O. - S. 106
78 vgl. Dyllick, T. "Organisationstheorie" in: Management Zeitschrift I0, Nr. 11/81 - S. 611
79 vgl. Ulrich, H. "Die Unternehmung als produktives soziales System". Bern 1968 - S. 155

Zu den systemorientierten Ansätzen der Organisationstheorie zählen Hill, W. et al.[80] und Dyllick, T.[81] den organisationssoziologischen Systemansatz, den systemtheoretisch-kybernetischen deduktiven Ansatz sowie das integrierende Grundkonzept des sozio-technischen Systems.

Hervorgehoben werden muß, daß es allen diesen klassisch-systemorientierten Ansätzen das Anliegen ist, die Organisation nicht auf möglichst wenige Elemente zu reduzieren, sondern Wege zur Erklärung von Systemen, die einen so komplexen bzw. komplizierten Aufbau wie Organisationen haben, zu suchen, um damit zu versuchen, den Kampf gegen ihre Fehlentwicklungen aufzunehmen[82].

So befaßt sich die systemorientierte Organisationssoziologie mit den Zielen, Strukturen (Rollen, Kommunikation, Macht und Autorität), Prozessen (Entscheiden, Normenbildung, Macht und Konflikt, Wandel ...)[83] und in neuesten Arbeiten[84] mit dem Begriffsystem der Organisationskultur als weiterer Versuch, Organisationen zu begreifen und als Bestandteil ihrer Suprasysteme zu gestalten.

Die systemtheoretisch-kybernetische Variante hat vor allem Begriffe und Konzepte aus der allgemeinen Systemtheorie Bertalanffy's und Wiener's in die Organisationstheorie eingebracht, deren praxeologische Relevanz für die Gestaltung von Organisationen jedoch dabei nicht vollzogen wurde.

Diesen Versuch unternimmt der integrierende sozio-technische Systemansatz. Erste Arbeiten diese Ansatzes[85] stoßen jedoch auf die Kritik, daß es sich dabei nicht um eine echte Integration, sondern nur um ein interdisziplinäres Rahmenkonzept handelt und daß die pragmatischen Aspekte für die strukturelle Gestaltung von Organisationen immer noch vernachlässigt werden[86].

Wir werden deshalb Problemauffassung und Menschenbild (das meines Erachtens durch das Konzept des komplex man nicht genügend verstanden wird) der Systemtheorie, die für die Gestaltung von Organisationen durch Arbeiten von Vester F., Selvini-Palazzoli M., Dyllick T., Malik F. und Lutz R. neue Dimensionen eröffnet hat, unter Punkt 2.2 gesondert behandeln.

80 vgl. Hill, W. et al. "Organisationslehre", a.a.O. S. 435
81 vgl. Dyllick, T. "Organisationstheorie 1", in: Management Zeitschrift I0, Nr. 9/1981 - S. 445 ff
82 vgl. Schmäing, E. "Kybernetik von Sozialsystemen", Band I. Ludwigshafen 1984 - S. 363
83 vgl. Hill, W. et al. "Organisationslehre", a.a.O. - S. 438
84 vgl. Kaspar, W. "Organisationskultur". Wien 1987; Schein, E.H. "Soll und kann man eine Organisationskultur verändern?", in: GDI-Impuls 2/1984, S. 31-43
85 z.B. Rice, A.K. "The Enterprise and its Environment". London 1963
86 vgl. Hill, W. et al. "Organisationslehre", a.a.O. - S. 445

2.1.2 Organisationstheorie als Element der OE in Kleinbetrieben

Erkenntnisse aus der Organisationstheorie bilden heute für die Gestaltung der OE bzw. für eine Praxeologie der OE grundlegende Hilfsmittel und Instrumente zum einen und eröffnen vor allem durch neuere Ansätze der Organisationssoziologie neue Ansatzpunkte für OE-Prozesse.

Hervorgehoben soll jedoch werden, daß OE kein Teilgebiet der Management- und/oder Organisations-Theorie ist[87], was sich durch zwei grundsätzlich unterschiedliche Hintergründe zeigt, vor denen die Organisationsgestaltung im Sinne der Organisationstheorie und diejenige im Sinne der OE stattfindet: die Organisationstheorie beschäftigt sich damit, wie Organisationen bzw. der Wandel von Organisationen nach festzulegenden Zielen zu gestalten, zu konstruieren, zu planen, letztendlich zu "machen" sind und damit "aufgrund von einseitigen oder gar falsch verstandenen Wissenschaftlichkeitskriterien auf jene Formen der Sozialwissenschaft zurückgreift, die durch sklavische Nachahmung von Denkweisen und Methoden der Naturwissenschaften zutiefst antisozial und in den Folgen ihrer faktischen Anwendung nicht selten a-sozial geworden sind"[89].

Demgegenüber beschäftigt sich die OE mit den Bedingungen, die eine Entwicklung der Organisation in Hinblick auf Zielvorstellungen, die mit den Wertvorstellungen der Mitglieder der Organisationen abgestimmt sind, ermöglichen bzw. unterstützen[90].

Dessen ungeachtet liefert die Organisationstheorie im Rahmen des Systems der OE unabdingbare Elemente für OE-Prozesse.

---

87 In der älteren organisationstheoretischen Literatur ist OE übersetzt als geplanter organisatorischer Wandel (wobei der Begriff "geplant" den mechanistischen Hintergund der Organisationstheorie widerspiegelt), ein fast ausschließlich am Ende von Fachbüchern angeführter Aspekt der Organisationstheorie.[88]

88 vgl. Stähle, W. "Management". München 1980 - S. 526 ff
    vgl. Hill, W. et al. "Organisationslehre", a.a.O. - S. 459 ff
    vgl. Rosenstiel, L. et al. "Organisationspsychologie". Stuttgart 1973 - S. 146 ff

89 Malik, F. "Zwei Arten von Managementtheorien: Konstruktion und Evolution" in Siegwart, H./Probst, G. "Mitarbeiterführung und gesellschaftlicher Wandel". Bern 1983 - S. 153

90 vgl. S. 24 ff

*I. Ausgewählte organisationstheoretische Elemente für die OE im Klein-
und Mittelbetrieb*

a) die Gruppe

Für die Entwicklung der Organisationsentwicklung stellen die Forschungen
über den Einfluß von Gruppen auf Produktivität und Zufriedenheit im Rahmen der Hawthorne-Experimente einen grundlegenden Vorläufer dar. Bis
dahin dominierte in der Organisationstheorie die Analyse des Individuums
und dessen physischer Arbeitsumwelt; Beziehungen zwischen Individuen
blieben eher vernachlässigt. Die Fortführung der Kleingruppenforschung, vor
allem von Lewin[91], ergaben vollkommen neue Lernmöglichkeiten durch
Gruppenarbeit, was zur Entstehung der Gruppendynamik führte. Im Zusammenhang mit organisationsinternen T-Gruppen bei "Union Carbide" wurde
1957 zum erstenmal der Begriff "Organisationsentwicklung" für den stattfindenden Gruppenentwicklungsprozeß angewendet.

Obwohl die Gruppendynamik als Lehr- und Lernmethode von ihren
Anhängern fälschlicherweise mit OE gleichgesetzt wird - Organisation und
Gruppe sind nicht ident; vielmehr geht es in der Organisation "um übergrei-
fende und arbeitsteilige Kooperation von deutlich voneinander abgegrenzten
Gruppen im Dienste des Überlebens einer größeren Gemeinschaft"[92], die zudem von mehreren Dimensionen[93] bestimmt wird, auf die sich OE beziehen
muß - stellen die organisationstheoretischen Gruppenforschungen bei OE-
Prozessen ein unabdingbar notwendiges Instrumentarium dar. Dies ergibt
sich aus der Tatsache, daß zum einen Gruppen- und Teamarbeit als Charakteristikum der Integrationsphase von Organisationen in OE-Projekten organisationsspezifisch angestrebt werden und zum zweiten das Arbeiten in Gruppen
selbst ein wesentliches Instrument von OE-Prozessen darstellt.

Es scheint jedoch notwendig, der Ansicht von Malik F. entgegenzutreten,
daß OE-Maßnahmen praktisch immer in kleinen bzw. höchstens in mittelgro-
ßen Gruppen von 5 bis 20 Personen stattfinden[94], weil auch damit ähnlich der
gruppendynamischen Ideologie zumindest implizit die OE auf die Entwicklung von Beziehungen zwischen Individuen in Gruppen reduziert wird. Die

---

91 vgl. Marrow, A.J. "Kurt Lewin - Leben und Werk". Stuttgart 1977
92 Pesendorfer, B. "Organisationsdynamik", Seminarunterlage des Hernstein-Instituts.
    St. Gallen 1983 - S. 5
93 vgl. S. 134 ff
94 vgl. Malik, F. "OE im Spannungsfeld von Klein- und Großsystemen", Manuskript für:
    Laske, S. "Theorie und Praxis der OE". St. Gallen 1982 - S. 7

in der OE heute angewendeten Interventionstechniken umfassen mehr als das Arbeiten in und mit Gruppen[95].

Trotzdem stellt gerade bei OE-Prozessen in Kleinbetrieben, die in Hinblick auf die Quantität der Individuen und auf die Qualität der möglichen Beziehungen zwischen diesen Individuen mit Primärgruppen gleichgesetzt werden können, der Aufbau einer arbeitsfähigen Gruppe ein Grundanliegen dar.

Dies leitet sich von dem der OE zugrunde liegenden dreidimensionalen Menschenbild ab, nach dem der Mensch ein geistig-denkendes Wesen, persönliche Entwicklung und persönliche Freiheit anstrebendes Wesen (a-soziales Wesen), ein körperlich-persönlich handelndes Wesen (antisoziales Wesen) und ein fühlendes, auf Gemeinschaft angewiesenes Wesen (soziales Wesen) ist.

Als soziales Wesen braucht der Mensch die Zugehörigkeit zu verschiedenen Gruppen und nur in funktionierenden Gruppen kann der Mensch seine Fähigkeiten entwickeln und sie zur Entfaltung bringen. Diese Tatsache hat überall dort größte Bedeutung, wo komplizierte Lern- und Leistungsprozesse angestrebt werden, wie dies bei OE-Prozessen der Fall ist. Ohne die Arbeit in Gruppen vermag der einzelne Mensch seine Sicherheitsbedürfnisse sowie seine Bedürfnisse nach Zugehörigkeit und Anerkennung[96] nicht zu befriedigen und entscheidende Probleme nicht zu lösen.

Dieser anerkannten Sichtweise vom Menschen als Gemeinschaftswesen steht eine nicht zu übersehende Unfähigkeit zur Arbeit in Gruppen gegenüber. Darauf reagieren Organisationen mit möglichst klaren hierarchischen Regeln und Bürokratie und ideologisch mit einer Überbetonung der individuellen Elemente des Menschen. Das sind im Grunde nur Prothesen als "Ersatz für freie Verständigung unter vernünftigen Menschen, die eine echte Gemeinschaft bilden. In dem Maße, als wir lernen offen zu kommunizieren, direkt zusammenzuarbeiten und überschaubare, funktionsfähige Arbeitsgemeinschaften zu bilden, können wir Hierarchie und Bürokratie schrittweise abbauen - bis zu dem Punkt, wo wir die Krücken eines Tages gar nicht mehr brauchen werden"[97].

Eine in kleinen und mittleren Organisationen bewährte instrumentelle Unterstützung bei der Arbeit in Gruppen ist die Moderationsmethode. Obwohl sie von Gruppenideologen leichtfertig als Pinwand-Motorik abqualifiziert wird, stellt sie in Klein- und Mittelbetrieben eine Form des Arbeitens in Gruppen dar, die von den Organisationsmitgliedern selbst relativ schnell

---

95 vgl. Pechtl, W. "Zwischen Organismus und Organisation", Linz 1989. S. 249 ff
96 vgl. Maslow, A. "Motivation und Persönlichkeit", a.a.O. S. 82
97 Lauterburg, Ch. "Vor dem Ende der Hierarchie". Düsseldorf-Wien 1980, 2. Auflage, S. 203

zu erlernen ist. In Hinblick auf das Metaziel der OE, nämlich der Fähigkeit zur Selbsterneuerung und Selbstgestaltung von Organisationen, werden durch die Moderationsmethode Organisationen relativ schnell von externer Unterstützung unabhängig - möglicherweise muß sie deshalb abqualifiziert werden[98].

Zudem sind jedoch die sozialpsychologischen und soziologischen Gruppenforschungen für die OE im Klein- und Mittelbetrieb von elementarer Bedeutung[99]. Eine Erweiterung stellen derzeit empirische Forschungen mit neuen Formen der Gruppenarbeit dar: Balint-Gruppen, Lernstatt-Gruppen, Qualitätszirkel, Werkstattzirkel und dgl. Diese Gruppenformen sind Hinweise auf Mängel von hierarchischen Strukturen und stellen gerade in handwerklich und kleinbürgerlich geprägten Organisations- und Gesellschaftsstrukturen/-kulturen ein daran anknüpfendes, integrierendes Element in Organisationen dar. Allerdings stehen diese Formen der Gruppenarbeit im Kontrast mit der diesen Organisationskulturen entsprechenden Praxeologie und Ideologie der Führungsaufgaben, -funktionen und -rollen.

b) Verhalten von Individuen

Ein zweites organisationstheoretisches Element sind die verhaltenstheoretischen Forschungen, deren Erkenntnisse in der Praxeologie der OE in Klein- und Mittelbetrieben ihren Niederschlag finden.

Die Frage der verhaltenswissenschaftlichen Konzepte in der Organisations-theorie (Organizational Behavior, Managerial Behavior) richtet sich auf das Verhalten von Individuen in Gruppen und Organisationen, wobei die Zielrichtung der Auseinandersetzung mit dieser Frage heißt: wie können Individuen beeinflußt werden, daß sie sich letztendlich im Sinne der Organisationsziele verhalten? - und mündet dementsprechend häufig in wissenschaftlich begründeten Handlungsempfehlungen für den Umgang mit Menschen.

---

98 vgl. Häfele, W. "Moderation", in: Schwalbacher Blätter, Zeitschrift für Gruppenpädagogik, 36. Jhrg. Heft 4/1985 - S. 150 ff
99 vgl. Rosenstiel, L. et al. "Organisationspsychologie". Stuttgart 1972 S. 38 ff

Folgende Ansätze finden dabei Anwendung[100]:

Ansatz	Fokus	Aussagen über Organisation und Führung
Gestalt-Theorie	Wahrnehmung Kognition Problemlösen	Überzeugungen der Organisationsmitglieder; Realitätswahrnehmung; Problemlösen in Organisationen; Rationalität des Verwaltungshandeln
Feld-Theorie	Motivation Konflikt	Intrapersonale und interpersonale Konflikte in Organisationen; Führungsstile; Anspruchsniveaus der Organisationsmitglieder; Strategien zum Attitüdenwandel
Behaviorismus	Lernen Verhaltensänderung	Entwicklung von Lob-Tadel-Systemen in Organisationen; Wandel und Stabilisierung von Verhalten in Organisationen
Psychoanalyse	Persönlichkeit Pathologisches Verhalten	Neurotisches Verhalten von Vorgesetzten und Untergebenen; Bedeutung der Persönlichkeit in der Entscheidungsfindung
Rollen-Theorie	Rollen Verhaltenserwartungen	Konformes und abweichendes Verhalten in Organisationen; Rollenkonflikt und Rollenambiguität; Einfluß von Rollen auf die Persönlichkeit

Quelle: Khandwalla 1977, S. 88

Besonderen Einfluß erlangten auf die Führung und Organisation (= funktionaler Organisationsbegriff) von Klein- und Mittelbetrieben in Österreich[101]

a) die Motivationskonzepte der Bedürfnishierarchie von Maslow, die Zwei-Faktoren-Theorie von Herzberg, die Anreiz-Beitrags-Theorie von Barnard/weitergeführt von Simon, sowie die Theorie der kognitiven Dissonanz von Festinger;

b) die Lerntheorien inklusive der Wahrnehmungspsychologie und

c) die situativen Führungskonzepte von Vroom/Yetton, das Verhaltensgitter von Blake/Mouton, ansatzweise die situative Führungstheorie von Hersey/Blanchard, die Führung durch Zielvereinbarung (MbO) und die verschiedenen Typologien der Führung (Führungsstile) von Lattmann, Neuberger...

---

100 vgl. Stähle, W. "Management", a.a.O. S. 164
101 vgl. entsprechende Angebote der österreichischen Managementinstitute zum Thema Führung und Motivation von 1970-1987

Während die Motivationskonzepte bei vielen Führungskräften Einsichten in das Verhalten von Mitarbeitern (aufgrund didaktischer Vorgangsweisen in Führungsseminaren wurde das eigene Verhalten der Führungskräfte dabei eher ausgeklammert) vermittelten, wurden diese in der Anwendung in der Führungspraxis rezepthaft angewendet und nach kurzfristig nicht sichtbaren Erfolgen wieder eingestellt.

Dies hat seine Ursache darin, daß umfassendere Verhaltensmodelle[102], die den Kontext der die Führung und das Verhalten von Individuen beeinflussenden Variablen sowie die in der Kommunikation stattfindenden Rückkoppelungsprozesse und Interdependenzen erfassen, keine bzw. nur wenig Berücksichtigung fanden.

Einen dahingehend umfassenderen Ansatz stellt die Integration von sozialen Motiven, motivationalen Anforderungen des Arbeitsplatzes, Motivationsstilarten und Betriebsklima von David McClelland[103] und David H. Brunham[104] dar.

Diese Kontingenztheorie betont einmal die Bedeutung der Übereinstimmung zwischen den Motiven und Fähigkeiten eines Menschen und den motivationalen und Fähigkeitserfordernissen einer Tätigkeit. Zum zweiten wird der Motivationsstil (das ist das Verhalten von Führungskräften, wie es von ihren Untergebenen wahrgenommen wird) als Funktion sozialer Motive x Situation betrachtet.

Und zum dritten wird bei diesem Ansatz eine Vernetzung zwischen den sozialen Motiven, den Motivationsstilarten, den motivationalen Anforderungen des Arbeitsplatzes und dem Betriebsklima (aus der Sicht der Führungskraft und deren Mitarbeitern) hergestellt (s. Abb. S. 56)

Die zentralen Aussagen der Motivationstheorie von D. McClelland lassen sich folgendermaßen zusammenfassen:

Anstelle einer abstrakten "Antriebskraft", die vermutlich das Verhalten steuere, versuchte McClelland über den TAT (Thematischer-Apperzeptions-Test) Gedankenmuster zu erfassen, die Rückschlüsse auf das nachfolgende Verhalten der Person zuließen. Bei der Auswertung der Phantasiegeschichten fand McClelland, daß ca. 80% der spontanen Gedankenmuster eines der drei

---

102 vgl. Verhaltensmodell von Campbell, J.P. et al. in Stähle, W. a.a.O. S. 167
   vgl. Watzlawick, P. "Menschliche Kommunikation", 6. Auflage. Wien 1982 - S. 21 ff
   vgl. Manella, J., "Führung und Kommunikation" in: Siegwart, H./Probst, G.J. "Mitarbeiterführung und gesellschaftlicher Wandel". Bern-Stuttgart 1983 S. 249 ff
103 vgl. McClelland, D. "Leistungsmotivation läßt sich entwickeln" in Harvard Business Review, November-December 1965, second revision, S. 84 ff
104 vgl. Burnham, D. "Motivationsstilarten des Managers" in: Krug, S. "Motivation, Führunsverhalten und Betriebsklima", Seminarunterlage im Management Center Vorarlberg. Dornbirn 1982

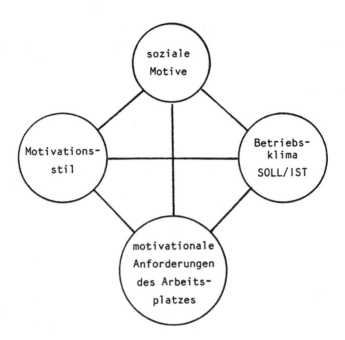

folgenden Themen betraf (400.000 Personen aus 38 Ländern und 43 Kultur-kreisen wurden dabei einbezogen):

a) *Leistung bzw. Zielerreichung (Achievement)*:[105]

Leistungsmotivation bedeutet dabei das Bestreben, irgendeine Sache bes-ser zu machen als irgendjemand anderer oder noch besser, als man sie bis-her selbst gemacht hat.

b) *Gesellung (Affiliation)*:

bedeutet das Bestreben, freundschaftliche Beziehungen zu anderen aufzu-nehmen, aufrecht zuerhalten oder gestörte Beziehungen wieder herzustel-len.

c) *Macht bzw. Einfluß (Power)*:[106]

bedeutet das Bestreben, sich persönlich stark und mächtig zu fühlen und/oder Einfluß auf andere auszuüben.

Aufgrund dieser Forschungen definiert McClelland Motivation folgender-maßen: "Motivation sind Gedankenmuster und -inhalte, die mit Werten und Gefühlen verbunden sind"[107]. Diese Definition des Motivationsbegriffs ist

---

105 vgl. McClelland, D. "Die Leistungsgesellschaft". Stuttgart 1966
106 vgl. McClelland, D. "Macht als Motiv". Stuttgart 1978
107 vgl. ebenda S. 21

deswegen von großer Bedeutung, da sie mögliche Prozesse der Änderung und Stärkung menschlicher Motive beinhaltet.

Bei den Motivationstilen beschreibt Burnham[108] sechs verschiedene Stile:
a) Zwangausüber
b) Tempogeber
c) Autoritärer Stil
d) Geselliger Stil
e) Demokrat
f) Trainer

Entsprechend der Kontingenztheorie wird auch bei den Motivationstilen nicht zwischen guten und schlechten Stilen unterschieden (wie dies bei der Kategorisierung: autoritär versus demokratisch[109] geschieht), sondern jeweils der Wert eines Motivationsstils in Abhängigkeit von Arbeitssituationen bestimmt.

Für die OE in Klein- und Mittelbetrieben führt dieser Ansatz entsprechend einer Evaluationsuntersuchung von 10 Motivationsseminaren, die schwerpunktmäßig die Motivationskonzepte von Maslow und Herzberg beinhalteten und sechs Motivationsseminaren nach dem Ansatz von McClelland/Burnham zwischen 1979 und 1984 signifikant höher zu Entwicklungsprozessen, die Arbeitsgestaltung, Betriebsklimafaktoren (Anpassungsdruck, Eigenverantwortung, Leistungsstandard, Belohnung, Klarheit, Zugehörigkeitsgefühl und freundschaftliche Atmosphäre), Kommunikation/Beziehungen ... zum Thema haben.

Noch etwas gewagt, aber im Zusammenhang mit dem in den Sozialwissenschaften mehr und mehr diskutierten Systembegriff der Organisationskultur erwähnt, erscheint die Hypothese, daß die praktizierte Auseinandersetzung mit den klassischen Motivationskonzepten in Führungsseminaren einen Ersatz für Entwicklungsprozesse darstellt, bei denen die sieben Dimensionen der Organisation[110] und die davon Betroffenen in einer Organisation (also auch die Führungskräfte) thematisiert werden. Anders formuliert lautet diese Hypothese auch: Motivation (Seminare) ersetzen den Sinn der Arbeit bzw. die Auseinandersetzung mit der Identität der Organisation. B. Sievers formuliert: "Durch Motivation wurde der Verlust des Sinns der Arbeit durch die Frage ersetzt: wie bekommt man Leute dazu, unter Bedingungen zu produ-

---

108 vgl. Burnham, D. "Motivationsstilarten der Manager", a.a.O. S. 33 ff
109 vgl. Ulich, E. "Gestaltung, Arbeitsfähigkeit und Führung von Mitarbeitern" in: Schäkel, U./Scholz, J. "Neue Wege der Leistungsgesellschaft". Essen 1982 - S. 133
110 vgl. S. 134 ff

zieren und Leistungen zu erbringen, unter denen sie normalerweise nicht 'motiviert' wären, zu arbeiten?"[111]

..."Wenn Sinn als die Beziehung zur Arbeit und den Mitarbeitern von den Individuen nicht mehr gesehen und realisiert werden kann, dann müssen die Menschen gemanagt werden und zwar so, daß sie auch ohne diese Beziehungen in der Lage sind, zu funktionieren. Und wenn Menschen gemanagt werden, haben sie nicht nur keine Verantwortung mehr zu tragen, man geht vielmehr davon aus, daß sie auch keine Verantwortung übernehmen wollen"[112].

Laut Sievers geht die Frage, wie und wodurch die Arbeit selbst Sinn hat - und somit zu einem sinnvollen Leben beitragen kann, weit über das Anliegen der Motivationstheoretiker wie auch der Manager hinaus, die diese Theorien anwenden[113]. Indem die Sinn-Frage in Organisationen zulässig wird, kann diese nicht mehr ohne die Einbeziehung der Organisationsmitglieder geschehen, da der Sinn der Arbeit (und des Lebens) eine Wirklichkeit zweiter Ordnung ist[114].

Dies stellt sowohl eine Kritik an den Motivationskonzepten dar als auch an der didaktischen Handhabung dieser Konzepte durch Managementtrainer und Organisationsberater. Dies trifft auch in Hinblick auf die Verwendung der Führungstil-Konzepte zu.

Die anderen erwähnten Führungskonzepte sind eher den mechanistischen Managementtheorien zugehörig und deshalb vor allem bei systemisch-evolutionären OE-Prozessen in Kleinbetrieben wenig relevant.

Anselm hatte Angst, den einfachsten Ansprüchen nicht mehr gerecht zu werden. Wie locker hörte es sich in Vorträgen von Wissenschaftlern aller Fakultäten (bei diesem Wort kam ihm ein Lächeln über die Lippen) oder von Managern oder auch in Reden von Beratern an, daß sie jetzt ganz-heitlich denken, arbeiten, Probleme lösen. Konfrontiert mit den Fragen, die ihm sein Leben gerade stellte, mit seinem schmerzenden Zehen, mit der Wut über Kriege und existenzielle Not von Millionen, mit Fragen seiner Kinder, mit seiner Tagesarbeit – wie hat er zu denken, zu tun, wenn er ganz-heitlich denkt und tut? Die Frage brachte sein Herz zum Klopfen und es wurde ihm ganz heiß dabei. Immer wieder ganz-heitliche Versuchs-Antworten und immer wieder die Feststellung, daß Wesentliches des Ganzen unbe-achtet blieb.

111 Sievers, B. "Vom Sinn und Unsinn der Motivatin" in: GOE, Zeitschrift der Gesellschaft für Organisationsentwicklung 3/84 - S. 7 f
112 ebenda S. 8
113 vgl. ebenda S. 11
114 vgl. Watzlawick, P. "Wie wirklich ist die Wirklichkeit". München 1979, 6. Auflage - S. 142 ff

Erst als Kraft und Wut und damit die krampfhafte Suche nach der Ganz-
heit nachließen, spürte Anselm seine Tränen der nun endlich ganz akzeptier-
ten Hilflosigkeit. Durch die gefüllten Augen zeigte sich das Innere als ver-
schwommenes, buntes Äußeres; die Tränen ließen Anselm in noch nie
erkannte Schönheiten und Möglichkeiten seiner unmittelbaren Umgebung
schauen. Zaghaft machte sich Mut breit, die Suche zu ersetzen: durch Dis-
ziplin, Gelassenheit und Neugierde, durch Selbständigkeit und Freude am
Risiko, durch Aufmerksamkeit und den Willen, den Weg der Entdeckung mit
ganzem Herzen weiterzugehen. Anselms neue Herausforderung hieß Ganz-
herzigkeit!

c) Organisationsstruktur

Die Strukturen von Organisationen nehmen in der Organisationstheorie einen
dominierenden Stellenwert ein. Vereinzelt werden Organisation (-theorie)
und Struktur sogar gleichgesetzt[115] [116]. "In der traditionellen betriebswirtschaftlichen Organisationslehre hat die Organisationsstruktur stets diese dominierende Rolle gespielt und zwar in der Zweiteilung von Zustands- bzw.
Beziehungsstrukturen (Aufbauorganisation) und Prozeßstrukturen (Ablauforganisation)"[117]. Die formalen Organisationstrukturen manifestieren sich in
Organigrammen, Stellenbeschreibungen, Funktionendiagrammen, Ablaufplänen, Datenflußplänen und Arbeitsanweisungen und sind somit entsprechend
der klassischen Organisationslehre Grundlage für die Entstehung und Aufrechterhaltung von Ordnung in Organisationen. Diese Zweiteilung findet in
OE-Prozessen, bei denen es um die Gestaltung und das Leben in dem Organismus Organisation geht, keine Entsprechung[118], wie überhaupt die Erkenntnisse der strukturalistischen Ansätze gerade in Kleinbetrieben wenig hilfrei-
che Ansatzpunkte liefern. Dies deshalb, weil diese im Sinne der Differenzierungsphase[119] von Organisationen das Paradoxon der Organisation (s.
Abb. S. 61) aufzulösen versuchen, indem der Ordnung und Regelung (Nor-
mierung) der Vorrang gegeben wird, wofür auch die oben erwähnten Hilfsmittel und Instrumente entwickelt worden sind.
  Neue Ansätze der Organisationstheorie berücksichtigen neben der funktional gestaltbaren (konstruierbaren) Organisationsstruktur vor allem auch das

---

115 vgl. Kosiol, E. "Organisation der Unternehmung" in: Löffelholz, J. "Repetitorium der
   BWL", 3. Auflage. Wiesbaden 1970 - S. 81
116 vgl. Kieser, A./Kubicek, H. "Organisation", in: Stähle, W. "Management". München
   1980 - S. 114
117 Stähle, W. ebenda S. 114
118 vgl. S. 135 ff
119 vgl. S. 203

komplexe Netzwerk von zwischenmenschlichen Beziehungen, das ob seiner großen Anzahl von Informations-, Kommunikations- und Handlungskanälen kaum mehr individuell und bewußt gestaltet/geordnet werden kann[120]. Dies stellt eine Weiterentwicklung des von der Human-Relations-Bewegung entdeckten Phänomens der informellen Organisation in Form von informellen Gruppen dar.

Probst und Scheuss bearbeiten in diesem Zusammenhang das Phänomen der Selbstorganisation, den bereits von H. Ulrich erwähnten Prozeß, durch den sich in Organisationen laufend Strukturen von selbst bilden, Gruppen sich selbständig formen, aktiv werden oder Neuerungen einführen. Laut H. Ulrich weiß man, "daß Menschengemeinschaften sich selbst strukturieren, daß also derartige Ordnungsgefüge auch ohne Erlaß von Organisationsvorschriften entstehen und zwar nicht nur aus rationaler Einsicht in die Zweckmäßigkeit einer bestimmten 'Rollenverteilung' unter den Beteiligten heraus, sondern auch aufgrund des Bedürfnisses des Menschen nach Ordnung und Sicherheit"[121].

Dies bedeutet, daß Organisationen das oberste Ziel von OE-Prozessen, nämlich die Fähigkeit zur Selbstgestaltung und Selbsterneuerung aus dem System heraus produzieren und sich nur zum Teil eine Struktur aufzwingen lassen. Gleichzeitig ist es jedoch wie oben erwähnt mit ein Ziel von OE-Prozessen, möglichst günstige Rahmenbedingungen für die Entfaltung selbstorganisierender Kräfte zu schaffen.

Die strukturelle Gestaltung von Kleinbetrieben orientiert sich sehr stark an einzelnen Personen (deren Zukunfts- und Wertvorstellungen), an Traditionen, an einzelnen Beziehungen im Innern, an Interaktionsnetzen und Umweltkonstellationen und ist damit laufenden Veränderungen und Anpassungsprozessen unterworfen. Dementsprechend gilt es durch OE-Prozesse sicherzustellen, daß entsprechend dem Organisationstyp, den Unternehmenszielen/-strategien sowie entsprechend individueller Fähigkeiten, Kenntnisse, Werte und Einstellungen und persönlicher Entwicklungsphasen die Fähigkeit und die Strukturen entwickelt werden, die diese Selbstorganisationsprozesse ermöglichen.

"Für das Verständnis institutionellen Geschehens ist eine Erforschung der inneren Mechanismen und der historischen Entstehung von Ordnungsmustern unerläßlich"[122] - diese Forderung der neueren Organisationstheorie besteht

---

120 vgl. Probst, G.J./Scheuss, R.W. "Die Ordnung von sozialen Systemen: Resultat von Organisieren und Selbstorganisation" in ZfO 8/1984 - S. 480
121 Ulrich, H. "Unternehmenspolitik". Bern 1978 - S. 198
122 Probst, G.J./Scheuss, R.W. "Die Ordnung von sozialen Systemen", a.a.O. S. 483

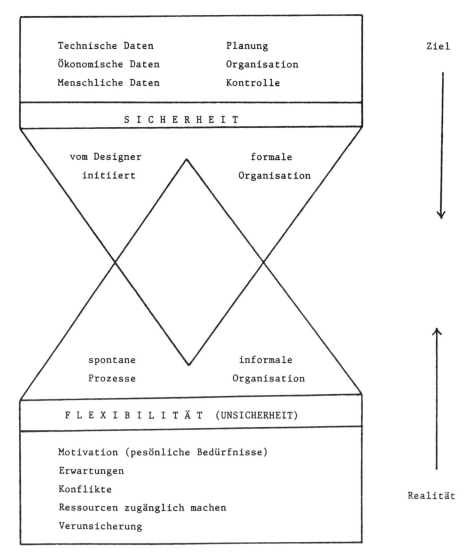

für OE-Prozesse in Kleinbetrieben: für das Verständnis institutionellen Geschehens ist ein Prozeß der Organisationsmitglieder notwendig, durch den

diese die inneren Mechanismen und die historische Entstehung von Organisationsmustern erkennen können und notwendige Veränderungen unter anderem daraus ableiten können.

Damit werden einzelne Elemente des OE-Prozesses selbst zu einer Struktur, durch die das Organisieren und Selbstorganisation gewährleistet wird: s. Tab. S. 63

Unter systemtheoretischer Sicht eröffnen sich zusätzliche Aspekte der Strukturen in Organisationen und in OE-Prozessen. Diese sind im Rahmen der Systemtheorie dargestellt unter Pkt. 2.2.5.7.

Mitentscheidend für die strukturelle Gestaltung von Organisationen sind, wie oben erwähnt, die generelle Auffassung von Organisationen als Wirklichkeiten zweiter Ordnung und die Organisationstypologie.

II. Organisation = Wirklichkeit zweiter Ordnung

Durch das oben erwähnte Phänomen der Selbstorganisation einerseits und durch die Vielfalt praktizierter Organisationsstrukturen bei äußerlich gleichen Rahmenbedingungen zeigt sich, daß auf die Frage: was ist die richtige, das heißt, zu den verschiedenen Rationalitäten entsprechend der Zieldefinition von OE hinführende, Organisation? - es keine wahre (durch festgelegte Kriterien bzw. wissenschaftliche Erkenntnisse eindeutig richtige) Antwort gibt.

Diese Überlegungen widersprechen den technokratisch-naturwissenschaftlich orientierten Ansätzen der Organisationslehre, deren Anliegen es ist, das Wirkungsgefüge von Organisationen in ihrem von menschlichen Meinungen, Überzeugungen, Vorurteilen, Hoffnungen, Werten usw. unabhängigen So-Sein zu erfassen, um dann dieser "Wahrheit" oder "Wirklichkeit" entsprechend "richtige" Lösungen für ihre Gestaltung anzubieten.

"Daß (jedoch) keine wissenschaftliche Theorie oder Erklärung mehr sein kann, als bestenfalls ein Bild, eine bestimmte Deutung der Welt, aber nicht die Wirklichkeit schlechthin, haben kompetente Geister seit Giambattista Vico immer wieder betont und braucht daher hier nicht zur Debatte zu stehen"[123].

Sowohl für die Gestaltung von OE-Prozessen als auch für die organisationstheoretische Forschung bedeutet das, daß es weder Ziel noch Aufgabe sein kann, ausgehend von der Auffassung, daß Organisationen Wirklichkeiten

---

123 Watzlawick, P. "Bausteine ideologischer Wirklichkeiten" in: Watzlawick, P. "Die erfundene Wirklichkeit". München 1981 S. 218

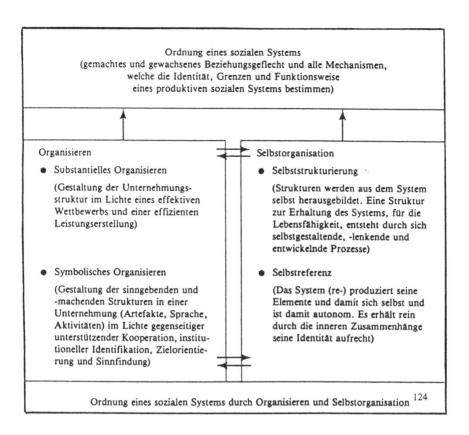

Ordnung eines sozialen Systems (gemachtes und gewachsenes Beziehungsgeflecht und alle Mechanismen, welche die Identität, Grenzen und Funktionsweise eines produktiven sozialen Systems bestimmen)	
Organisieren	**Selbstorganisation**
● Substantielles Organisieren	● Selbststrukturierung
(Gestaltung der Unternehmungsstruktur im Lichte eines effektiven Wettbewerbs und einer effizienten Leistungserstellung)	(Strukturen werden aus dem System selbst herausgebildet. Eine Struktur zur Erhaltung des Systems, für die Lebensfähigkeit, entsteht durch sich selbstgestaltende, -lenkende und entwickelnde Prozesse)
● Symbolisches Organisieren	● Selbstreferenz
(Gestaltung der sinngebenden und -machenden Strukturen in einer Unternehmung (Artefakte, Sprache, Aktivitäten) im Lichte gegenseitiger unterstützender Kooperation, institutioneller Identifikation, Zielorientierung und Sinnfindung)	(Das System (re-) produziert seine Elemente und damit sich selbst und ist damit autonom. Es erhält rein durch die inneren Zusammenhänge seine Identität aufrecht)

Ordnung eines sozialen Systems durch Organisieren und Selbstorganisation [124]

zweiter Ordnung sind[125], absolut gültige und auf jede Organisation übertragbare Lösungen anzustreben.

124 Probst, G.J./Scheuss, R.W. "Resultat von Organisieren und Selbstorganisation" in: ZfO, Zeitschrift für Führung und Organisation 8/84 - S. 487
125 In der Phänomenologie unterscheidet Watzlawick P. zwei Wirklichkeitsauffassungen.
a) Wirklichkeit erster Ordnung:
hier zuordenbare Wirklichkeitsaspekte beziehen sich auf den Konsensus der Wahrnehmung und vor allem auf experimentelle, wiederholbare und daher verifizierbare Nachweise.
"Im Bereich dieser Wirklichkeit ist aber nichts darüber ausgesagt, was diese Tatsachen bedeuten oder welchen Wert (im weitersten Sinne des Wortes) sie haben"[126]
b) Wirklichkeit zweiter Ordnung:
damit wird jener Aspekt der Wirklichkeit erfaßt, durch den den Fakten der ersten Ordnung Sinn, Bedeutung und Wert zugeschrieben wird[127].

Vielmehr gilt es, durch die sozialwissenschaftliche Forschung Möglichkeiten aufzuzeigen, um die Organisation als Wirklichkeit zweiter Ordnung durch die Betroffenen und Beteiligten einer Organisation handzuhaben. In diesem Zusammenhang bekommt der Aspekt der Organisationskultur einen besonderen Stellenwert, weil es dabei eben um das Erfassen, das bewußte Erfahren und Handhaben von Normen, Werten, Einstellungen usw. geht - als Prinzipien für das Verhalten der Organisationsmitglieder (nach innen und nach außen) und für die konkrete Ausprägung der Selbstorganisation.

In Hinblick auf die Zielsetzungen von OE-Prozessen in Klein- und Mittelbetrieben bedeutet die Identifizierung der Organisation als Wirklichkeit zweiter Ordnung eine Unterstreichung des Ziels der Authentizität[128].

Für die Handhabung organisationstheoretischer Erkenntnisse hat die Wirklichkeitsauffassung von Organisationen als die zweiter Ordnung die Konsequenz, daß sie jeweils auf die spezifische Bedeutung für die konkrete Organisation (in allen sieben Dimensionen)[129] hin geprüft und ausgewählt werden müssen. In diesem Sinne sind sie keine Rezepte sondern Angebote für die Gestaltung von Organisationen und OE-Prozessen.

Schlußendlich bedeutet die Organisation als Wirklichkeit zweiter Ordnung, daß bislang akzeptierte Organisationsformen, (z.B. das monarchisch-aristokratische Organisationsmodell) auch durch gesellschaftliche Werteverschiebungen in Bewegung geraten[130] - ein weiterer Grund für mehr OE in Klein- und Mittelbetrieben.

III. Eine Organisationstypologie mit besonderer Relevanz für die praxeologische OE in Klein- und Mittelbetrieben

Der Bedeutung der Typologie bzw. Klassifizierung von Organisationen für die situationsspezifische Entwicklung von organisatorischen Gestaltungsempfehlungen und Effizienzmaßstäben[131] entsprechen mehrere diesbezügliche Ansätze[132]:

---

126 Watzlawick, P. "Wie wirklich ist die Wirklichkeit". München 1979, 6. Auflage S . 143 f
127 vgl. Watzlawick, P. "Bausteine ideologischer Wirklichkeiten" in: Watzlawick, P. "Die erfundene Wirklichkeit". München 1981 S. 219
128 vgl. S. 24 ff
129 vgl. S. 134 ff
130 vgl. Lauterburg, Ch. "Vor dem Ende der Hierarchie". Düsseldorf-Wien 1980, 2. Auflage - S. 237 ff
131 vgl. Stähle, W. "Management", a.a.O. - S. 94
132 vgl. Stähle, W. "Management", a.a.O. - S. 95 f

64

Ansätze zur Klassifikation von Organisationen

(1) *Parsons* (1960)

Leistung für die Gesellschaft	Organisationstyp	Beispiele
Erstellung und Bereitstellung von Gütern und Leistungen	wirtschaftliche Organisationen	Betriebe
Begründung und Verteilung von Macht	politische Organisationen	Regierungs- und Verwaltungsstellen
Konfliktlösung, Motivation und (Re-)Integration	sozial integrative Organisationen	Gerichte, Gesundheitsfürsorge
Vermittlung von gesellschaftlicher Stabilität und Entwicklung (Sozialisation)	kulturelle Organisationen	Kirchen, Schulen, Kunst- und Kulturbetriebe

(2) *Katz/Kahn* (1966)

Organisationsziele	Organisationstyp	Beispiele
Leistungserstellung und -verwertung	produktive, ökonomische Organisationen	Betriebe
Sozialisierung und Stabilisierung von Verhalten	bildende und bewahrende Organisationen	Kirchen, Schulen
Entwicklung und Anpassung	innovative Organisationen	Universitäten, Forschungsinstitutionen
Konfliktlösung und Koordination	politische Organisationen	staatliche Stellen

(3) *Etzioni* (1961)

Autoritätsausübung Art der Macht	Organisationstyp	Beispiele
Zwang	Zwangsorganisationen	Gefängnis, KZ
Belohnung	utilitaristische Organisationen	Industriebetriebe
Normen	kulturelle Organisationen	Kirche, Partei

Fortsetzung der Tabelle auf S. 66

(4) *Blau/Scott* (1962)		
Primärer Nutznießer der Organisation	Organisationstyp	Beispiele
Organisationsmitglieder	Interessenvereinigung	Gewerkschaft, IHK, Club, Partei
Eigentümer	kapitalistische Unternehmung	Industriebetrieb, Bank
Klienten, Benutzer	Dienstleistungsbetrieb	Krankenhaus, Schule, Museum
allgemeine Öffentlichkeit, Gesellschaft	Organisationen im Dienste d. Gemeinwohls	öff. Verwaltung, Gefängnis, Feuerwehr

"All diesen Ansätzen ist gemeinsam, daß sie eine logische a priori Einteilung von Organisationen vornehmen und dabei lediglich *ein* Unterscheidungskriterium zugrunde legen. Die Folge sind eine Fülle von Überschneidungen, mangelnde Prognosekraft und Realitätsferne"[135].

Abgesehen von diesen Mängeln, denen die neuere Forschung durch empirische Taxonomien von Organisationen[136] begegnet, stellt die OE in Kleinbetrieben den Anspruch an eine Typologie von Organisationen, daß sie eine Möglichkeit zur Identitätsfindung durch die Organisationsmitglieder selbst bietet.

Dieser Forderung entspricht unseres Erachtens die Organisationstypologie von Bos A.H., wie sie Glasl F.[137] im Zusammenhang mit dem dreidimensionalen Menschenbild darstellt: dem Menschen als geistiges, in der Hauptsache sich entwickelndes und lernendes Wesen entspricht der Typus der *"professionellen Organisation"*; dem sozialen/emotionalen Mensch-Sein entspricht die *Dienstleistungsorganisation*, bei der die menschlich-sozialen Beziehungen im Vordergrund stehen; der *Produktionsorganisation* steht der Mensch als körperlich/handelndes Wesen gegenüber, das heißt in diesem Organisationstyp steht die physische Arbeit im Mittelpunkt; sie ist auf ein physisch erkennbares, materielles Produkt ausgerichtet[136].

133 Stähle, W. "Management", a.a.O. - S. 95
134 vgl. ebenda - S. 95
135 vgl. Bos, A.H. "Organisationstypologie" bei: Glasl, F. "Das Homo-Mensura-Prinzip ...", a.a.O. - S. 119 ff
136 vgl. Glasl, F. "Das Homo-Mensura Prinzip...", a.a.O. - S. 118 f

Während in Mittelbetrieben verschiedene Organisationseinheiten durchaus auch verschiedenen Organisationstypen zugeordnet werden müssen und gerade dadurch Identitäts-, Verhaltens- bzw. Kulturunterschiede aufeinander prallen, die - falls sie der Einheit von Organisationsprinzipien (z.b. hierarchisch-bürokratische Linien-Organisationstruktur) unterworfen werden - potentielle Konfliktherde darstellen, können Kleinbetriebe meist ziemlich klar einem dieser drei Organisationstypen zugeordnet werden. Damit erfüllt die im folgenden dargestellte Organisationstypologie die Anforderung, Richtlinien für die Gestaltung von Organisationen in allen sieben Dimensionen[137] anzubieten.

1. Die professionelle Organisation[138]

Charakterisierend für die professionelle Organisation sind die im Mittelpunkt stehenden Lern- und Entwicklungsprozesse. Dementsprechend sind *Ideen* die Produkte dieser Organisationen (Theoriebildung, Pläne, Konzeptionen, Methodenbildung, Technologienbildung, Wissenschaftsvermittlung, Einstellungsbildung ...), wodurch vor allem geistige Bedürfnisse der Organisationsteilnehmer befriedigt werden. Beispiele professioneller Organisation sind: Forschungseinrichtungen, technische Büros, Bildungs- und Beratungsorganisationen, Schulen, Werbeagenturen, Entwicklungsabteilungen (Produktentwicklung, Personalentwicklung, Qualitätsentwicklung ...), ein Ärzteteam im Krankenhaus, Software-Organisationen, EDV-Abteilungen ...

Nach A. Bos ist das wichtigste Gestaltungsprinzip für professionelle Organisationen die professionelle Freiheit der professionellen Mitarbeiter. In einer zirkulären Beziehung zu diesem Gestaltungsprinzip steht die Identität des Professionismus bei den professionellen Organisationsmitgliedern: wenn sich Lehrer in Volks- und Mittelschulen und in berufsbildenden Schulen nicht als didaktische Professionisten verstehen, sondern als Unterrichts-Vollzugsbeamten; wenn Organisationsberater mit vorgefertigten Formularsätzen bzw. Beratungspakete Vollzugsagenten von deren Entwicklern sind; wenn Seminarleiter und Trainer das einmal professionell entwickelte Seminar- bzw. Trainingsdesign zum x-ten Male abspulen; wenn sich Mitglieder von Bildungsinstitutionen als Bildungsmanager verstehen; wenn Ärzte auf ihre fachliche und menschliche Weiterbildung verzichten; .... In all diesen Fällen entsprechen die Leistungen dieser "Professionisten" auf Dauer nicht den Kundenbedürfnissen bzw. den Kundenanforderungen an eine professionelle Organisation.

---

137 vgl. S. 134 ff
138 vgl. Glasl, F. "Das Homo-Mensura Prinzip ...", a.a.O. - S. 119 ff

OE in professionellen Organisationen hat den Auftrag, professionelles Selbstverständnis entstehen zu lassen und zwar durch Lern- und Entwicklungsprozesse, die in diesem Typus der Organisation selbst von vitaler Bedeutung sind. Zum anderen gilt es, Strukturen zu entwickeln, die die professionellen Freiräume garantieren, sowie Anforderungen an die professionellen Mitglieder erlebbar zu machen.

"Darum verträgt sich eine Führungshierarchie wenig mit den Erfordernissen einer professionellen Organisation. Die beste Führungsform ist die 'kollegiale' oder 'horizontale' Führung, in der im gegenseitigen Beraten und Konsultieren Konsens gefunden wird und nicht von oben her angeordnet und auferlegt wird. Dadurch erst können die generierten Ideen kreativ, einmalig auf die Bedürfnisse des besonderen Klienten (bzw. Klientensystems, Anmerkung des Verfassers) zugeschnitten sein. ... Starre Arbeitszeiten, bürokratischer Regelzwang und Formalismus sind tödlich für diesen Organisationstypus"[139].

Brauchbare oder vielmehr notwendige Strukturelemente in der professionellen Organisation sind Supervisionsgruppen, Lernpartnerschaften, Intervisionen, Entwicklungsgruppen sowie institutionelle Erfahrungsaustausch-Gruppen. Diese erfordern von den professionellen Organisationsmitgliedern im besondere Maße eine Kommunikation, die frei von den drei Charakteristiken arbeitsteiliger und hierarchischer Organisation sind: Dienstweg, Taktik und erkannte und empfundene Probleme und Konflikte als Tabus[140].

Die Irrelevanz des funktionellen Status, den ein Professioneller in der Organisation einnimmt, muß in der Kommunikation in solchen Gruppen und Partnerschaften, die für die langfristige Erfüllung der Kundenanforderungen (also von Individuen, Organisationen und der Gesellschaft) notwendig sind, zum Ausdruck kommen, bzw. muß dies in OE-Prozessen, die in professionellen Organisationen stattfinden, erlernt werden, um dem Oberziel der OE, nämlich der Fähigkeit zur Selbterneuerung und -veränderung der Organisation, zu entsprechen.

2. Die Dienstleistungsorganisation

Hauptmerkmal der Dienstleistungsorganisation ist einmal, daß das Produkt/die Leistung (= ein Prozeß) in erster Linie psychische Bedürfnisse befriedigt. Ensprechend dem Konzept der Bedürfnishierarchie von Malsow[141] sind dies physiologische Bedürfnisse (Gesundheit, Entspannung,

---

139 Glasl, F. "Das Homo-Mensura Prinzip ...", a.a.O. - S. 119
140 vgl. Lauterburg, Ch. "Vor dem Ende der Hierarchie", a.a.O. - S. 105 f
141 vgl. Maslow, F. "Motivation und Persönlichkeit", Olten 1977 - S. 74 ff

Ruhe), Sicherheitsbedürfnisse (physische und psychische Sicherheit, Schutz, Angstfreiheit, Orientierungsmöglichkeit, Sorgenfreiheit), soziale Bedürfnisse (Zugehörigkeit, Gemütlichkeit), Ich-Bedürfnisse (Unabhängigkeit, Prestige, Status, Ansehen) und Bedürfnisse nach Selbstverwirklichung.

Organisationen, die diese Bedürfnisbefriedigungen produzieren, sind z.B. Banken, Versicherungen, Krankenhäuser, Interessensvertretungen, öffentliche Verwaltung, Restaurant/Hotels.

Weitere Merkmale der Dienstleistungsorganisation sind: [142]

- die Leistung kann nicht auf Vorrat produziert werden, weil sie in einer direkten Wechselbeziehung mit dem Kunden erbracht wird;
- der Kunde wird von der Organisation erfaßt bzw. tritt bei der Leistungserbringung der Dienstleistungsorganisation in die Organisation selbst ein und erlebt dabei die Organisation hautnah (als Patient im Krankenhaus, am Bankschalter, im Amt ...);
- im individuellen Mitarbeiter erlebt der Kunde symbolisch die ganze Organisation.

Diesen Merkmalen entsprechend befinden sich Dienstleistungsorganisationen in einem Spannungsfeld zwischen dem Anspruch, durch Organisation (funktional und strukturell) Genauigkeit und Zuverlässigkeit zu garantieren und dem Anspruch, Kunden ganzheitlich zu betreuen, wodurch wiederum Team- und Gruppenarbeit notwendig werden. Der gesellschaftliche Wandel in Hinblick auf die Emanzipation breiter Bevölkerungsschichten äußert sich in den Dienstleistungsorganisationen durch ein Kundenverhalten/Kundenanforderungen, dem bürokratische Organisationsstrukturen, die auf den bittenden, sich unterwerfenden, passiven bzw. dependenten Kunden abgestimmt sind, nicht entsprechen können. Dementsprechend ist die Nachfrage nach OE-Prozessen in Dienstleistungsorganisationen besonders groß.

Durch OE soll dabei

- das Betriebsklima, das sich unmittelbar auf den Kunden auswirkt, konstruktiv gestaltet werden;
- die Achtung der Person (Organisationsmitglied, Kunde), der Gleichheit, der Fairneß gefördert werden und ein dementsprechendes Kommunikationsverhalten entwickelt werden;
- die Fähigkeit bei den Organisationsmitgliedern sowie Organisationsstrukturen entwickelt werden, durch die auf individuelle Wünsche und Besonderheiten des Kunden eingegangen werden kann;
- den psychischen Grenzen der Arbeitsteilung (immer weniger Kunden/Bürger akzeptieren es, von einem Schalter bzw. Spezialisten zum anderen, je

---

142 vgl. Glasl, F. "Das Homo-Mensura Prinzip ...", a.a.O. -S. 121

nach Anliegen, weitergereicht zu werden) durch die Fähigkeit zur Teamarbeit bzw. Gruppenberatung/-betreuung begegnet werden;
- der Prozeß der Identitäsfindung möglichst alle Organisationsmitglieder einbeziehen;
- sowie breite Qualifikationen bei den Organisationsmitgliedern, die vorwiegend Kundenkontakt haben, durch eine institutionalisierte Personalentwicklung sichergestellt werden.

"Bei all diesen Erneuerungen steht die Qualität der direkten Beziehungen zwischen dem Dienstleistungsbetrieb und dem Kunden im Mittelpunkt der Überlegungen".[143]

3. Die Produktorganisation

Der Organisationstyp der Produktorganisation produziert materielle Güter, die sich von den Menschen, durch die sie produziert werden, völlig trennen können. In vielen Fällen merkt der Kunde von der Organisation, in der bzw. durch die von ihm gekaufte Produkte erzeugt wurden, nichts.

Mechanische, physische Produktionsmittel bzw. Mensch-Maschine-Systeme prägen diesen Organisationstyp. "... darum müssen neben den technologischen Anforderungen auch die der Leiblichkeit des Menschen unbedingt beachtet werden: Ergonomie, körperliche Bedienung einer Maschine, Schutz vor Lärm, Staub, Hitze und anderen Schäden des Körpers sind wichtig".[144]

In der Produktorganisation ist unter dem Einfluß der wissenschaftlichen Betriebsführung von F.W. Taylor der Grad der Arbeitsteilung am weitesten fortgeschritten. Auf Kleinbetriebe bezogen bedeutet dies in vielen Fällen, daß in einer Organisation überhaupt nur noch Teile des Gesamtprodukts hergestellt werden, wodurch der Sinn für das Produkt und damit für die Arbeit nicht oder zumindest nur durch Kommunikation hergestellt werden kann. Eine andere Gefahr, die durch die Mechanisierung kleiner Produktorganisationen widerfuhr, ist, daß ob der hohen Anschaffungskosten für mechanische Produktionsmittel Einproduktorganisationen entstanden sind, die ähnliche Produktionsbedingungen wie große Produktionsstraßen für die damit arbeitenden Menschen mit sich brachten.

Zum anderen zeigt sich, daß gerade in Kleinbetrieben, die die Identität als Handwerksbetrieb beibehielten, ganzheitliche, den ganzen Menschen fordernde und fördernde Arbeitsbedingungen anzutreffen sind. Dabei sind die

143 Glasl, F. "Das Homo-Mensura Prinzip ...", a.a.O. - S. 122
144 Glasl, F. "Das Homo-Mensura Prinzip ...", a.a.O. - S. 123

vier Hauptkriterien für die Gestaltung einer Funktion in der Produktorganisation, wie sie von R.J. Wherry[145] formuliert wurden, erfüllt:
a) Abwechslung während der Arbeit ist wichtig;
b) der arbeitende Mensch sollte die Resultate seiner Arbeit wirklich sehen;
c) Arbeiter sollen selbst die Produktionsgeschwindigkeit mitbestimmen können;
d) die Arbeit muß immer Herausforderungscharakter haben.

Weitere Gestaltungsprinzipien sind laut Glasl F.
- der Nutzen des Produkts für den Endverbraucher soll vom Arbeiter erkannt werden können;
- Aufgaben sollten zusammen ein erkennbares, sinnvolles Ganzes geben;
- Arbeitsteilung ist begrenzt;
- Planung, Ausführung und Kontrolle sollten möglichst integriert sein, d.h. deren horizontale und vertikale Trennung ist begrenzt.

Durch die Entwicklung der Robot-Technik ist vorhersehbar, daß gerade in Produktoganisationen - auch in Klein- und selbstverständlich in Mittelbetrieben - gravierende Struktur- und Prozeßänderungen bevorstehen.

Der Einfluß, den die naturwissenschaftlich-technisch-mechanistischen Produktionsbedingungen auf das Problemlösungsverhalten der Menschen, aber auch auf die Kultur der Organisation ausüben, steht jedoch ganzheitlich systemisch-evolutionären Veränderungsprozessen entgegen. Ein Spannungsfeld ergibt sich in materielle Güter produzierenden Organisationen oft dadurch, daß Professionelle, Dienstleistungs- und Produktorganisation innerhalb eines Betriebes aufeinanderprallen -wodurch OE-Prozesse oftmals eingeleitet werden.

Während wie oben erwähnt, diese Typologie von Organisationen für die Gestaltung aller sieben Dimensionen der Organisation Richtlinien und Prinzipien liefert, besteht die Gefahr, daß bei jedem Organisationstyp die ganze Organisation nach den Prinzipien des dominanten Typs gestaltet wird.

Durch ein Bewußtmachen dieser Typologie bei Organisationsmitgliedern im Rahmen eines OE-Prozesses wird vor allem das OE-Ziel der Authentizität verfolgt, wodurch es dann auch zur Bearbeitung der Spannungen zwischen Organisationseinheiten, die verschiedenen Organisationstypen zuzuordnen sind, kommt.

---

145 vgl. Wherry, R.J. "Factor analysis of morale data" in: Glasl, F. "Das Homo-Mensura Prinzip ...", a.a.O. - S. 123

2.2 Systemtheorie

"Das Erscheinen der ersten systemorientierten Ansätze in der Organisationstheorie Mitte der 60-er Jahre kann nicht losgelöst gesehen werden von einer
Bewegung, die eine Vielzahl wissenschaftlicher Disziplinen erfaßt und die zu
der Entwicklung einer 'Allgemeinen Systemtheorie' geführt hatte. Darunter
wird eine Disziplin verstanden, die sich 'mit allgemeinen Eigenschaften und
Prinzipien von Ganzheiten oder Systemen befaßt, unabhängig von deren spe-
zieller Natur und der Natur ihrer Komponenten' (Bertalanffy)".[1]
   Die OE hat seit ihren Anfängen die Organisation als System betrachtet.
Allerdings wurden Systeme je nach der Basisdisziplin, an der sich die OE-
Forschungen bzw. Aktivitäten orientieren (psychologische, soziologische,
technische Ansätze), entsprechend definiert.
   Hier soll die Systemtheorie als ein tragendes Element von sozialwissen-
schaftlichen Entwicklungsprozessen in Organisationen gesondert bearbeitet
werden, weil im Zusammenhang mit der gesellschafts-, wirtschafts-, politischen und auch wissenschaftstheoretischen Entwicklung die Sichtweise der
Organisation als System heute nicht nur einen anderen, umfassenderen
Ansatz zur Entwicklung von Organisationen darstellt, sondern der systemisch-evolutionäre Ansatz bzw. ökologische Ansatz[2] einen Paradigmawechsel bedeutet.
   Mit dem Begriff des Paradigma wird die Gesamtsicht dessen bezeichnet,
was in einer Wissenschaft oder auch in einer Gesellschaft für gültig und relevant angesehen wird.[3]
   Der Paradigmawechsel, bezogen auf die Gestaltung und Lenkung von
Organisationen, stellt somit nicht nur neue Anforderungen an Methoden und
Instrumente, sondern ist mit neuen Denkweisen der Organisationsmitglieder
und der Organisationsberater und -theoretiker verbunden. Es stellt sich dabei
die Frage, ob wir heute überhaupt in der Lage sind, mit unserem mechanistisch geprägten Bildungs-, Erziehungs- und Gesellschaftssystem über systemisches Denken und Handeln NICHT mechanistisch zu arbeiten; dabei erleben wir bereits die Schwierigkeit einer Grundaussage des systemischen Denkens, nämlich: "Kein System kann sich selbst definieren bzw. erklären,

---

1   Dyllick, T. "Organisationstheorie" in: Management-Zeitschrift I0, Heft Nr. 50/1981 -
    S. 611
2   die Begriffe 'ökologisch' und 'systemisch' werden von F. Capra synonym verwendet
3   vgl. Lutz, R. "Die sanfte Wende", Müchen 1984 - S. 77

immer müssen Annahmen und Aussagen hinzugezogen werden, die außerhalb des Systems liegen bzw. bewiesen werden können. Dies ist mathematisch im Gödel'schen Unvollständigkeits-Theorem aufgezeigt worden und findet heute im wissenschaftstheoretischen und -soziologischen Paradigmenstreit seine Entsprechung. Kein wissenschaftlich definiertes System läßt sich aus sich selbst heraus erklären - es müssen nicht definierte Annahmen von außerhalb hinzugezogen werden. Erst der Kontext ermöglicht den Text (Inhalt), wobei der Kontext immer mehr beinhaltet als der Text (Context makes meaning = der Kontext schafft die Bedeutung).

Diese Erkenntnis bedeutet auch gleich eine Einschränkung jeglicher Systemaussagen; denn was immer die Systemdefinition auch ist, der Kontext kann sie relativieren, falsifizieren oder verifizieren - eine endgültige Bewertung ist aus dem System heraus nicht zu leisten."[4]

Im folgenden werden wir den Paradigmawechsel wie er im Hinblick auf die Gestaltung und Lenkung von Organisationen zum Ausdruck kommt, durch die Darstellung zweier grundlegend verschiedener Ansätze oder Theorietypen nach F. Malik[5] verdeutlichen: den konstruktivistisch-technomorphen (um keine Verwechslungen mit der Theorie des Konstruktivismus aufkommen zu lassen verwenden wir in weiterer Folge für den nach Malik "konstruktivistisch-technomorphen" Ansatz den Begriff "mechanistischer" Ansatz) und den systemisch-evolutionären Ansatz.

Während F. Malik jedoch diese Ansätze in Hinblick auf Management, dessen Grundproblem er in der *Beherrschung von Komplexität*[6] sieht, darlegt, soll hier die Bedeutung dieser Ansätze für die OE aufgezeigt werden.

Denn das Grundproblem von Management nach Malik bedeutet selbst einen Anspruch durch den Begriff "Beherrschung", der - wie unten klarwerden soll - dem mechanistischen Denken entspricht und eine Auffassung von Wissenschaft, die die Allmachtsvorstellung noch in sich hat.[7] "Der Mensch von heute erkennt keine höchste Autorität an. Er glaubt, die Natur werde von physikalischen Gesetzen regiert und wenn er diese Gesetze entziffern könne,

---

4 Lutz, R. "Die sanfte Wende", a.a.O. S. 82 f.

5 vgl. Malik, F. "Strategie des Managements komplexer Systeme", a.a.O. - S. 36 ff

6 vgl. ebenda - S. 37

7 umso überraschender erscheint uns diese Begriffswahl, da Malik die Auffassung vertritt, "daß Unternehmungen, wie auch andere soziale Systeme und Institutionen weitgehend selbständernde, selbstevolierende und selbstorganisierende Systeme sind, die in wesentlich geringerem Ausmaß als gemeinhin angenommen wird beherrschbar, d.h. dem steuernden und gestaltenden Einfluß ihrer Leitungsorgane unterworfen bzw. zugänglich sind." (Malik, F./Probst, G. "Evolutionäres Management", Die Unternehmung 2/81, in: Dyllick, T. "Gesellschaftliche Instabilität und Unternehmensführung". Bern-Stuttgart 1982 - S. 339 f)

sei er in der Lage, die Natur (oder organisatorische Systeme, Anmerkung des Verfassers) zu *beherrschen*. Es ist eine kühne Vision, und anscheinend fährt die Wissenschaft fort, dem Menschen die Mittel zu liefern, um sie zu verwirklichen."[8]

Entsprechend dem Zielsystem der OE[9] gilt es auch in der Auffassung vom Management von Organisationen, die "Herrschaft der Heiligen"[10] nicht selig zu preisen.

Und zudem läßt unseres Erachtens auch die Achtung vor der Varietät von Organisationen - auch die von Kleinorganisationen - die Beherrschung dieser Komplexität nicht zu. Das Grundproblem vom Management von Organisationen ist unseres Erachtens im Sinne der OE der *Umgang* mit Komplexität. In diesem Sinne geht es beim Management im mechanistischen Ansatz um die Steuerung, Kontrolle, Beherrschung von Komplexität. Beim systemisch-evolutionären Ansatz geht es demgegenüber um das Entwickeln, Gestalten, Wachsen-lassen von menschlichen Fähigkeiten, Strukturen, Prozessen, Funktionen, der Identität, Normen und Strategien, Sachmitteln innerhalb des Systems und in Beziehung zu ihrer Umwelt.

2.2.1 2 Theorientypen zur Gestaltung von Organisationen

a) Der mechanistische Ansatz in der Gestaltung von Organisationen

"Das Basisparadigma des mechanistischen Ansatzes ist die Maschine im Sinne der klassischen Maschine"[11].

Darin stecken folgende Vorstellungen:[12]
- Maschinen sind einer vorgefaßten Zwecksetzung und einem Plan entsprechend zu konstruieren;
- Funktion, Zuverlässigkeit und Effizienz sind abhängig von den entsprechenden Funktionen und Eigenschaften der Einzelteile;
- Einzelteile sind exakt - nach Plan - konstruiert und wirken wiederum nach Plan zusammen;
- Maschinen müssen bis ins Detail vom Konstrukteur im voraus durchdacht und beherrscht werden - nichts bleibt unbestimmt.

---

8 Lowen, A. "Depression: Unsere Zeitkrankheit, Ursachen und Wege der Heilung". München 1984 - S. 215
9 vgl. S. 22
10 vgl. Lauterburg, Ch. "Vor dem Ende der Hierarchie". Düsseldorf-Wien 1980, 2. Auflage, S. 330
11 Malik, F. "Strategie des Managements komplexer Systeme", a.a.O. - S. 38
12 vgl. Malik, F. "Strategie des Managements komplexer Systeme", a.a.O. - S. 38

Während vor dem Hintergrund dieses mechanistischen Paradigmas in der Technik und vereinzelt auch in der ökonomischen Führung von Organisationen Erfolge erzielt wurden, führte der Glaube, daß "außer auf diesem Wege nichts Zweckmäßiges entstehen kann, daß also jede menschlichen Zwecken entsprechende Ordnung ausschließlich durch ... zweckrationales und absichtsvolles Handeln zustande kommen kann"[13], zu existentiellen Problemen für Organisationen, für die Volkswirtschaft, für die Gesellschaft und die Ökologie.

Merkmal des mechanistischen Ansatzes ist auch die schreckliche Vereinfachung bzw. die Verleugnung von auftretenden Schwierigkeiten und die Verteufelung derer, die darauf hinweisen und sich auseinanderzusetzen versuchen. "Diese Einstellung läßt sich nur dadurch aufrecht erhalten, daß man sich weigert, die Komplexität anzuerkennen oder auch nur zu sehen."[14]

Dieser Reduktion der Komplexität von Organisationen unterliegen neben den oben beschriebenen Ansätzen der Organisationstheorie[15] auch jene Modelle der OE, die durch die Bearbeitung einzelner Dimensionen der Organisation ohne dem Hintergrund der Gesamtorganisation glauben, ganzheitliche OE zu betreiben. Vorwiegend sind dies OE-Modelle, die Teamentwicklung, Gruppendynamik, Management-Trainings oder Kommunikationstrainings jeweils für sich gesehen als OE bezeichnen. Dazu müssen auch jene Strukturveränderungen gezählt werden, die sich lediglich in der Veränderung von Organigrammen zeigen. Das Organigramm ist typischer Ausdruck des mechanistischen Ansatzes, weil damit die Illusion verbunden ist, die SOLL- bzw. IST-Situation einer Organisation darstellen zu können. Gerade in Kleinorganisationen bietet das Organigramm so gut wie keine Hilfestellung bei der graphischen Erfassung der realen Organisationstrukturen.

Bezogen auf die Entwicklungsstufen von Organisationen[16] entspricht der mechanistische Ansatz der Organisations- oder Differenzierungsphase; dabei herrscht die Grundauffassung vor, die Organisation ist ein geschlossenes, determiniertes System, dessen Ordnung *gemacht* werden kann/muß.

Dieser Ansatz ist jedoch auch bei jenen "Pionieren" in Kleinbetrieben anzutreffen, die die ganze Potenz der Organisation auf ihre persönlichen beruflichen und fachlichen Fähigkeiten begrenzen. (Volkswirtschaftlich und gesellschaftspolitisch sind diese Unternehmer deshalb äußerst uneffizient, weil sie in vielen Fällen die Sozialversorgung des Staates lange in Anspruch

---

13 Malik, F. "Strategie des Managements komplexer Systeme", a.a.O. - S. 38
14 Watzlawick, P. et al. "Lösungen, von Theorie und Praxis menschlichen Wandels", 2. Auflage. Bern-Stuttgart-Wien 1979 - S. 60
15 vgl. S. 39 ff
16 vgl. S. 202 ff

nehmen und in der Rolle als Familienvater bzw. Entwickler und Erzieher von Mitarbeitern versagen und dementsprechend Folgekosten verursachen). Bezüglich der Anforderungen bzw. Rationalitäten, denen Organisationen gerecht werden müssen, heißt "rational" im mechanistischen Theorietyp im wesentlichen, "einem im voraus bestimmten konkreten Ziel auf der Basis erkannter oder praktisch erkennbarer Kausalzusammenhänge entsprechend möglichst *ökonomisch* (Hervorhebung durch den Verfasser) zu handeln"[17]. In diesem Sinne ist die Gewinnmaximierung bzw. Kostenminimierung in einer kurz- bzw. mittelfristigen Perspektive auch das Ziel der betriebswirtschaftlichen Führung.

Das entspricht der vorherrschenden Praxis[18] und hat nicht unerheblichen Anteil an dem derzeit erlebbaren Krisensystem in der westlichen Welt - das F. Capra zusammenfaßt als Wahrnehmungskrise. Ein Beispiel für den so praktizierten mechanistischen Ansatz ist eine Krankenhausbetriebsgesellschaft in Österreich, deren erste Zielsetzung die Kostenreduktion in den Landeskrankenhäusern darstellt. War der Grund für die Installierung dieser Gesellschaft eine unkontrollierbare Kostenentwicklung in den Landeskrankenhäusern, reduzierte sie in der Folge das System Krankenhaus auf ein Kostenproblem.

"Für den mechanistischen Ansatz entsteht alles Zweckmäßige aufgrund absichtsvollen, auf das Ziel gerichteten Handelns. Es müssen aufgrund dieser Theorie somit nicht nur die Ziele im voraus bekannt sein, sondern selbstverständlich auch die das Verhalten steuernden Regeln, meist in Form von Anweisungen, Anordnungen und Befehlen"[19]. Dem entsprechen Stellen- und Funktionsbeschreibungen, die in Kleinbetrieben - oft eingeführt zur Bewältigung akuter Konfliktsituationen - ein die Lebensfähigkeit bedrohliches, Bürokratie förderndes Instrument darstellen.

Im mechanistischen Denkmuster ist die Anwendung der Steuerung des Details durch das Management eine Frage der sozialen Akzeptanz, der Motivation und des Führungsstils. Dementsprechend ist es z.B. bei der praktischen Anwendung der Zwei-Faktoren-Theorie von Herzberg oder auch der Führungstheorie von Vroom/Yetton in erster Linie eine Frage des dahinterliegenden Denkmusters, ob sie rezepthaft - und dadurch zum Scheitern verurteilt - oder als strukturierte Hilfsmittel für die Gestaltung des Führungsprozesses angewendet werden.

Als gefährlich muß die Auffassung von Malik für Klein- und Mittelbetriebe interpretiert werden, daß "in einem derartigen Kontext die Voraus-

17 Malik, F. "Strategie des Managements komplexer Systeme", a.a.O. - S. 43
18 vgl. Dyllick, T. "Organisationstheorie" in: Management Zeitschrift I0, Nr. 8/81 - S. 343
19 Malik, F. "Strategie des Managements komplexer Systeme", a.a.O. - S. 44

setzungen für die erfolgreiche Anwendung einer mechanistischen Denkweise durchaus gegeben sind, denn im Zusammenhang mit kleinen Organisationen, nicht komplexen Systemen, ist es im Prinzip möglich, die für eine im konstruktivistischen Sinne verstandene Beherrschbarkeit erforderlichen In-formationen zu besitzen oder zu gewinnen"[20]. Die implizite Aussage, daß kleine Systeme nicht-komplexe Systeme sind, ähnelt der Vorstellung, ein Kleinkind sei weniger komplex als ein Erwachsener. Das weiter unten dargestellte Modell lebensfähiger Systeme von Beer[21] - das Malik sehr breit behandelt - , die sieben Dimensionen von Organisationen[22], die Prinzipien von Systemen[23]; diese Elemente, Strukturen und Prozesse sind zwar in quantitativer Hinsicht im Kleinbetrieb einfacher - und deshalb vielleicht überhaupt nur im Kleinbetrieb anwendbar - unterscheiden sich jedoch in qualitativer Hinsicht nicht von größeren Organisationen.

Manager, Organisationstheorie und Organisationsberater versuchen laut Malik "eine systemische Realität mit Hilfe mechanistischer Methoden unter Kontrolle zu bringen und wo immer Symptome mangelnder Kontrolle auftreten, wird dies nicht als Möglichkeit eines prinzipiellen Versagens der mechanistischen Denkschemata und Methoden interpretiert, sondern als ein momentan noch vorherrschender Mangel an mechanistischer Kontrolle, was fast durchwegs zu der Reaktion führt, diese Form der Kontrolle einfach noch zu verstärken"[24]. Es findet also eine Problemlösungsmethode Anwendung, die Watzlawick als "Mehr desselben - oder : wenn die Lösung selbst das Problem ist"[25] bezeichnet. "Diese einfache und logische Form der Problemlösung gilt nicht nur für viele Situationen des Alltagslebens, sondern auf ihr beruhen auch unzählige Interaktionsprozesse in der Physiologie, Neurologie, Physik, Volkswirtschaft und vielen anderen Gebieten"[26] - wie in der Managementtheorie.

Dies entspricht dem Menschenbild des mechanistischen Denkansatzes, das den Menschen als rationales, logisch denkendes - und damit auch kontrollierbares, lenk- und steuerbares Wesen sieht.

Obwohl OE mit mechanistischen Anforderungen des Client-Systems noch häufig konfrontiert wird, muß professionelle OE, die ja den evolutionären Charakter schon begrifflich in sich hat, den mechanistischen Denkansatz überwinden. Insofern ist es für die Entwicklung der OE zu begrüßen, wenn

---

20 Malik, F. "Strategie des Managements komplexer Systeme", a.a.O. - S. 47
21 vgl. S. 116 ff
22 vgl. S. 134 ff
23 vgl. S. 125 ff
24 Malik, F. "Strategie des Managements komplexer Systeme", a.a.O. - S. 46
25 Watzlawick, P. "Lösungen" a.a.O. - S. 51
26 ebenda - S. 51

sich Organisationskonstrukteure von OE distanzieren und unter anderer Flagge, z.B. Unternehmensentwicklung, segeln.

OE ist damit an einem Punkt, wo sie im Vergleich zur Betriebswirtschafts- und Managementlehre weniger traditionsgeladen ist.

Malik vermutet, "daß ein Hauptgrund für die immer häufiger beklagte praktische Irrelevanz großer Teile der Betriebswirtschafts- und Managementlehre letztlich eben auf diesen Umstand zurückzuführen ist, daß für die Theoriebildung ein Kontext gewählt wird, in dem sich sowohl die Probleme wie auch die möglichen Lösungen als mechanistisch darstellen lassen; eine derartige Theorie muß aber scheitern, wenn im realen Anwendungszusammenhang die unterstellten Kontextvoraussetzungen nicht gegeben sind. Die Wahl eines bestimmten Kontextes ist in der Regel keine bewußt getroffene Entscheidung, sondern wird wesentlich durch die implizierten Prämissen bestimmt, die oft so banal sind, daß sie nicht in Frage gestellt werden.

Aber nicht nur die scheinbare Banalität oder Selbstverständlichkeit der Prämissen ist ein Hindernis für das Aufkommen von Zweifeln, sondern vor allem die Tatsache, daß der mechanistische Theorietyp unserem Alltagsverständnis als ausgesprochen vernünftig erscheint"[27].

OE stellt jedoch in ihrem Prozeß eben dieses Alltagsverständnis mit den Betroffenen in Frage und wendet sich derart von Vornherein dem systemisch-evolutionären Denkansatz zu. (Mit der Einschränkung, daß die OE, ihre Vertreter und Anwender aus einem mechanistischen Bildungs-, Gesellschafts- und Wirtschaftssystem entspringen und in ihrem Denken, Fühlen und Handeln das Systemisch-evolutionäre laufend zu integrieren haben - daß es dabei auch Rückschläge gibt, erklärt sich von selbst).

b) Der systemisch-evolutionäre Denkansatz in der Gestaltung von Organisationen

Das Basis-Paradigma des systemisch-evolutionären Theorietyps ist die spontane, sich selbstgenerierende, sich selbstgestaltende und -entwickelnde Ordnung. Das Selbststeuerungsparadigma wurde von Erich Jantsch[28] näher ausgeführt; F. Malik bezieht sich dabei auf Friedrich von Hayek.

"Die Theorie der spontanen, selbstgenerierenden Ordnung besagt im wesentlichen Folgendes: der Mensch hat die zur Bewältigung seines Lebens so überaus dienlichen sozialen Institutionen, wie beispielsweise Sitte, Moral, Sprache, Recht, Familie, Geld, Kredit, Wirtschaft, Unternehmung, usw., die in ihrer Gesamtheit in der Regel mit den Sammelbezeichnungen Zivilisation

---

27 Malik, F. "Strategie des Managements komplexer Systeme", a.a.O. - S. 47
28 vgl. Jantsch, E. "Die Selbstorganisation des Universums - Vom Urknall zum menschlichen Geist". Basel 1981

und Kultur bezeichnet werden, nicht geschaffen oder erfunden, jedenfalls nicht im selben Sinne, wie er Maschinen, und Werkzeuge erfunden und geschaffen hat. Es war nicht die menschliche Vernunft, die soziale Institutionen hervorgebracht hat, um damit im Voraus bestimmte Zwecke zu erfüllen, sondern die menschliche Vernunft ist als Ergebnis der Evolution sozialer Institutionen entstanden. Ganz extrem und etwas zu überspitzt formuliert kann man sagen, daß der Mensch nicht ein Kulturwesen ist, weil er Vernunft hat, sondern daß er umgekehrt Vernunft hat, weil er ein Kulturwesen ist. Jedenfalls ist diese Formulierung, auch wenn sie ins Extreme geht, weniger gefährlich und weniger irreführend, als die mechanistische Auffassung, daß der Mensch seine zweckrationalen Institutionen mittels seiner Vernunft durch absichtsvolles Handeln seinen Zwecken gemäß geschaffen hat"[29].

Das für unser Alltagsverständnis provokante am Selbststeuerungsparadigma ist, daß sehr zweckrationale Systeme nur spontan und selbststeuernd entstanden sein können, "weil sie - so die Theorie der spontanen Ordnung - selbst viel zu komplex sind und auch zur Beherrschung viel zu komplexer Verhältnisse dienen, als daß sie jemals als Ganzes Gegenstand menschlicher Gestaltung sein hätten können"[30].

Dieser hoffnungsvolle Gedanke, daß lebende Systeme - dazu zählen auch Organisationen - nicht dem Entropiegesetz unterliegen, sondern ähnlich den Selbstheilungskräften des Menschen, selbststrukturierende, selber Ordnung schaffende Kräfte in sich haben, bedeutet für die OE, daß es mehr darum geht, ein System sich entwickeln zu lassen, als darauf einzuwirken.

Das heißt jedoch nicht, daß OE entsprechend dem Selbststeuerungsparadigma umfassender Zurückhaltung entspricht. Vielmehr geht es darum, selbststeuernde Kräfte in Systemen zu erkennen und mit ihnen in Wechselwirkung dem Anforderungssystem von Organisationen zu entsprechen. Die Sensibilität und Fähigkeit, selbststeuernde Potentiale in der Organisation wahrzunehmen, müssen durch OE-Prozesse bei den Betroffenen = Mitgliedern der Organisation selbst entstehen und führen dann auch zu einer lebendigen Identität.

So ausgerichtete OE-Prozesse machen gerade Kleinorganisationen vom steuerungs- und ruderlosen, von allen Umweltveränderungen beeinflußten Boot zum Segelschiff, das entsprechend den eigenen Möglichkeiten (Fähigkeiten, Strukturen, Prozesse, Konzepte, Normen, Funktionen, technische/finanzielle Gegebenheiten, Identität) nach den Gegebenheiten von Windrichtung, Windstärke, Wasserströmung, usw. in eine von der Mannschaft getragene Richtung segelt.[31]

---

29 Malik, F. "Strategie des Managements komplexer Systeme", a.a.O. - S. 39 f
30 Malik, F. "Strategie des Managements komplexer Systeme", a.a.O. - S. 40

Entsprechend dem systemisch-evolutionären Paradigma ist der Mensch nicht nur ein von Zielen geleitetes Wesen, sondern richtet sein Verhalten ebenso sehr an Regeln und Normen aus.

Demzufolge ist die Auseinandersetzung mit den systemimmanenten Regeln, Mythen, Normen, Geschichten, Helden, Traditionen, Visionen = Organisationskultur schaffenden Elementen notwendiger Bestandteil von OE-Prozessen und muß z.b. bei der Frage der Kommunikation zwischen Führungskräften und Mitarbeitern oder bei der Frage der Organisationsstrukturen Berücksichtigung finden. Wesentlich dabei ist die Einbeziehung der Elemente des Organisationstyps.[32]

Hervorgehoben werden soll hier der Unterschied zwischen dem mechanistischen Ansatz und dem systemisch-evolutionären Ansatz im Hinblick auf das Lernen von Regeln/Normen: im mechanistischen Sinne haben Organisationsmitglieder, die von Managern oder externen Beratern vorgegebenen Regeln zu lernen, damit die Organisationsmitglieder entsprechend funktionieren, d.h. die Regeln werden gemacht (= konstruiert) und angeordnet.

Im systemisch-evolutionären Sinne findet die Auseinandersetzung mit den Regeln durch die Organisationsmitglieder selbst statt, weil es darum geht, vom System internalisierte Regeln bewußt zu machen und dann entsprechend der Theorie von Piaget, mit Akkomodation oder Assimilation die Regeln und deren Konsequenzen für das Verhalten der Organisationsmitglieder durch sie selbst zu lernen.[33]

Zudem sind beim systemisch-evolutionären Ansatz den Organisationsmitgliedern nicht bewußte Regeln eine orientierende, Ordnung schaffende Kraft. "Es ist diese Orientierungsleistung, die es erlaubt, Komplexität jener Art in gewisser Weise zu beherrschen (handzuhaben, Anmerkung des Verfassers), die aus der andernfalls bestehenden Unberechenbarkeit und Unvorhersehbar-

---

31 vgl. Lutz, R. "Die sanfte Wende" - Aufbruch ins ökologische Zeitalter". München 1984 - S. 100

32 vgl. S. 64 ff

33 Assimilation = der Prozeß der Aufnahme neuer Informationen in bestehende Schemata. Auftretende Widersprüche zwischen den bisherigen Erfahrungen, Assimilationsschemata und den neuen Informationen führen zu einem Ungleichgewicht. Dieses Ungleichgewicht regt einen Äquilibrationsprozeß an, für den sich 2 Lösungen anbieten:

a) subjektive Verformung der Informationen, damit sie in das bestehende Schema passen, oder

b) das Schema selbst wandelt sich, weil es sich für die Bewältigung der Situation als unzweckmäßig erweist = Akkomodation (vgl. Schröter, G. "Psychologische Grundlagen der Dialektik - Die Theorie der kognitiven Entwicklung nach Piaget". Düsseldorf 1975 - S. 14

80

keit des Verhaltens anderer entsteht, also aus unserem unvermeidlichen Nichtwissen bei Wegfall dieser Regelmäßigkeiten. Es ist diese Orientierungsleistung, die den Sinn der Ordnung ausmacht ..."[34]

Natürlich sind auch zur Desorientierung führende Regelsysteme denkbar und in Organisationen beobachtbar. Überlebt haben bisher jene Ordnungen, deren Regeln tradiert werden konnten, weil ihre Befolgung für die sie befolgenden Gruppen Vorteile brachte[35].

Malik unterscheidet zwischen 3 Arten von Regeln des Verhaltens:[36]

a) Regeln, die faktisch befolgt werden, aber nie in Worten ausgedrückt werden (können);

b) Regeln, die zwar artikuliert und sprachlich formuliert werden; aber erst nach einer langen Zeit ihrer praktischen Anwendung/Befolgung;

c) Regeln, die zuerst formuliert und nach einem formalen Einsetzungsakt befolgt werden.

Beim systemisch-evolutionären Ansatz werden zur Erklärung sozialer Phänomene alle drei Arten von Regeln beachtet. In systemisch-evolutionär gestalteten OE-Prozessen in Kleinorganisationen, gilt es durch intuitive Methoden den Regeltyp a) als gemeinsame Harmonie oder Rhythmus den Organisationsmitgliedern erfahrbar zu machen; Regeln des Typs b) sollen diskutiert werden und Regeln des Typs c) in Form gemeinsam (zwischen den Individuen, in Gruppen, zwischen den Gruppen) getroffener Vereinbarungen gehandhabt werden, wobei ihre Einhaltung nicht durch das Management, sondern durch Strukturen und Funktionsträger kontrolliert wird. Diese Kontrolle ist nur bei den Regeln des Typs c) möglich. Beim evolutionären Ansatz ist dementsprechend eine vollständige Kontrolle und Beherrschung von Systemen nicht möglich. "Der evolutionäre Ansatz impliziert nicht, wie das manchmal unterstellt zu werden scheint, einen generellen Verzicht auf Regelung, Intervention - also Management - überhaupt, vielmehr empfiehlt er, ausgehend von letztlich empirischen Tatbeständen der überaus großen Komplexität realer Situationen und der damit verbundenen unvermeidlichen Begrenztheit unseres Wissens, andere Methoden und Instrumente, führt aber auch zu anderen Denkweisen und Erwartungen als der konstruktivistische (=mechanistische) Ansatz"[37]

Unseres Erachtens stellen OE-Prozesse solche systemisch-evolutionäre Interventionen in Kleinbetrieben dar, durch die die Selbststeuerung als Phänomen durch die Organisationsmitglieder akzeptiert wird und Konsequenzen

34 Malik, F. "Strategie des Managements komplexer Systeme", a.a.O. - S.41
35 vgl. ebenda S. 42
36 vgl. ebenda S. 44
37 Malik, F. "Strategie des Mangements komplexer Systeme", a.a.O. - S. 46

für das Alltagshandeln konkret erarbeitet werden. Solange dies in Kleinorganisationen eine Frage des (Managers/Unternehmers) Managements bleibt, ist die systemisch-evolutionäre Zielsetzung der Maximierung von Lebensfähigkeit eines Systems nicht gewährleistet. Kleinorganisationen müssen, um dieser Zielsetzung zu entsprechen, die Fähigkeit zur Steuerung der Organisation bei möglichst vielen Organisationsmitgliedern haben. Dies bringt eine besondere Herausforderung im Hinblick auf den Umgang mit Konfliktsituationen mit sich. Glasl F. macht aus diesem Grund das Konfliktmanagement zum zentralen Thema der OE[38].

Diesbezüglich gehört als ein unseres Erachtens wesentliches Merkmal des systemisch-evolutionären Ansatzes die konfliktträchtige Auseinandersetzung mit der IST-Situation und Zukunftsvision der Organisationsmitglieder zum OE-Prozeß in Kleinorganisationen. Während beim mechanistischen Ansatz Konflikte wegorganisiert oder harmonisiert werden, werden sie beim systemisch-evolutionären Ansatz als eine Entwicklungsform der Organisation ausgetragen. Dies zu erlernen, ist Bestandteil von OE-Prozessen in Kleinorganisationen.

Malik setzt den Kontext, der den mechanistischen Managementtheorien zugrunde liegt und die Konzepte der Mitarbeiter-Motivation, des Führungsstils, der Arbeitszufriedenheit, der Planung der Entscheidungs-findung, Führung durch Zielsetzung, die Kontrolle usw. beinhaltet, mit dem Kontext kleiner, einfacher Systeme gleich - und läßt sie dabei auch gelten - während er eine systemisch-evolutionäre Managementtheorie für die Realität von Groß-Systemen bzw. komplexen Systemen fordert.[39]

Wie bereits oben erwähnt[40], erscheinen uns die Gleichungen: kleines System = einfaches System[41] und großes System = komplexes System nicht haltbar. Wir sehen einen wesentlichen Unterschied zwischen den erwähnten mechanistischen Managementtheorien und den systemisch-evolutionären Managementtheorien im zugrundeliegenden Menschenbild.

Während bei mechanistischen Managementtheorien, z.B. bei Management by Objectives, der Mensch als rationales Wesen angesehen wird, mit dem man - ähnlich der Computersprache - Regeln = Ziele vereinbart, kontrolliert und wieder vereinbart, liegt dem systemisch-evolutionären Ansatz ein ganz-

38 vgl. Glasl, F. "Konfliktmanagement - Diagnose und Behandlung von Konflikten in Organisationen". Bern 1980 - S. 13 ff
39 vgl. Malik, F. "Strategie des Managements komplexer Systeme", a.a.O. - S. 47
40 vgl. S. 77
41 Watzlawick, P. spricht von chaotischen Komplexitäten in kleinen Systemen (vgl. Watzlawick, P. "Management oder Konstruktion von Wirklichkeiten" in: Probst, G. "Integriertes Management". Bern 1985 - S. 372

heitliches, d.h. das dreidimensionale Menschenbild nach A. Bos[42] zugrunde. Eben das Menschenbild erscheint uns als ein metatheoretischer Charakter, der für die Gestaltung und Führung von Organisationen grundlegend ist.

Abschließend möchten wir jene Prämissen darstellen, die für die OE in Kleinbetrieben dem mechanistischen bzw. dem systemisch-evolutionären Denkansatz entsprechen:

Mechanistischer Ansatz	*Systemisch-evolutionärer Ansatz*
Führung und Gestaltung der Organisation ist	
- Aufgabe Weniger[43] (Manager/Unternehmer)	- Aufgabe Vieler[43]
- direktes Einwirken[43]	- indirektes selbststeuerndes Einwirken[43]
- von 'außen' (Theorien, Berater, Manger) aufgepfropft	- an der Authentizität der Organisation ausgerichtet
- Zielsetzung der Gewinnmaximierung[44] bzw. Kostenminimierung	- Ziel der Maximierung der Lebensfähigkeit bzw. Funktionserfüllung[43]
- orientiert am rationalen Menschen	- orientiert am dreidimensionalen Menschen
- planbare, organisierbare, kontrollierbare Zukunftsvorstellung	- orientiert am Selbststeuerungsparadigma

2.2.2 Organisationen in systemischer Sicht

Die klassisch system-orientierten Ansätze (Katz/Kahn, Grochla, Kosiol, Bleicher, z.T. Ulrich) bauen auf dem Konzept des Biologen Ludwig von Bertalanffy auf. Dementsprechend bedeuten diese Ansätze eine Auffassung von Organisation, die einem maschinellen, technischen System gleicht und folgerichtig zu mechanistischen Ansätzen der Betriebswirtschaftslehre, der Management- und Organisationstheorie führte.

42 vgl. Bos, A. "Organisationstypologie", in: Glals, F. "Das Homo-Mensura Prinzip ...", a.a.O. S. - 107 ff
43 vgl. Malik, F. "Strategie des Managements komplexer Systeme", a.a.O. - S. 49

"Aufgrund der Entwicklung der 'Kybernetik zweiter Ordnung' sind jedoch in der Folge Erkenntnisse über Strukturen und Funktionsweisen natürlicher, lebendiger Systeme gewonnen worden, die dem Charakter sozialer Institutionen besser zu entsprechen scheinen."[44]

Wegweisend ist das Modell lebensfähiger Systeme von Stafford Beer[45], dessen Grundlage das menschliche Nervensystem darstellt. Malik bezeichnet Stafford Beer als überragenden Pionier der Management-Kybernetik, dessen Ergebnisse in einem Gesamtmodell der Struktur eines jeden Systems kulminieren, das in der Lage ist, in einer dynamischen, d.h. sich ständig in unvorhersehbarer Weise ändernden Umwelt, zu bestehen.[46]

Malik nimmt dieses Modell als Ausgangspunkt zur Entwicklung seiner Strategie des Managements komplexer Systeme.

Ebenso sind auch jene Modelle bei einer systemischen Erfassung und Gestaltung von Organisationen miteinzubeziehen, die sich aus der Analogie von Ökosystemen ergeben, wie sie von Vester F. bzw. Rosnay J. erarbeitet wurden. Damit werden auch Erkenntnisse der neueren Evolutionstheorie aufgenommen.

In Hinblick auf die Anwendung der Systemtheorie - und damit des systemischen Denkens und Handelns - bei OE -Prozessen in Klein- und Mittelbetrieben werden wir im Folgenden zunächst die Frage klären: "Was ist ein System?". Daran anschließend soll aus den verschiedenen Arten von Systemen die Organisation als soziales System herausgearbeitet werden, um dann die charakterisierenden Subsysteme sozialer Systeme zu beschreiben.

Möglichkeiten der systemischen Erfassung von Organisationen sowie das Modell von Stafford Beer zur Lenkung sozialer Systeme und zur Lenkung von OE-Prozessen sind weitere integrierende Elemente für die Organisationsentwicklung in Klein- und Mittelbetrieben.

2.2.3 Was ist ein System?

"Systemtheorie ist heute ein Sammelbegriff für sehr verschiedene Bedeutungen ..."[47] "und kann gegenwärtig nicht als eine konsolidierte Gesamtheit von Grundbegriffen, Axiomen und abgeleiteten Aussagen vorgestellt werden."[48] Ebenso vielfältig wird der Begriff "System" in den verschiedensten Wissen-

---

44 Ulrich, H. "Organisation und Organisieren in der Sicht der systemorientierten Managementlehre" in: ZfO 1/1985 - S. 8
45 vgl. S. 116 ff
46 vgl. Malik, F. "Strategie des Managements komplexer Systeme". Bern-Stuttgart 1984 - S. 77
47 Luhmann, N. "Soziale Systeme". Frankfurt a.M. 1984 - S. 15
48 ebenda S. 34

schafts- und Lebensbereichen (z.B. technische, humane, soziale, ökonomische, ökologische Disziplinen) verwendet und führt damit zu Unklarheiten. Nach Joël de Rosnay lautet die umfassendste Definition des Begriffs "System": "Ein System ist eine Vielzahl von Elementen, die miteinander in dynamischer Wechselwirkung stehen, die eine zielgerichtete Organisation aufweisen."[49]

Hervorzuheben ist die Zielgerichtetheit bzw. Finalität von Systemen, die nicht nur auf künstliche, d.h. von Menschen geschaffene, Systeme zutrifft, sondern - zumindest a posteriori - allen Systemen innewohnt. So ist z.b. der Sinn einer Zelle die Aufrechterhaltung ihrer Struktur und die Zellteilung, also die Fortpflanzung oder die Finalität des Ökosystems die Aufrechterhaltung seines Gleichgewichts, die die Entwicklung des Lebens ermöglicht.[50]

Ausgehend von dieser allgemeinen Systemdefinition geht es zunächst darum, die Möglichkeit systemischen Denkens und Fühlens zu entwickeln (diese bescheidene Zwecksetzung ist ein Eingeständnis an die Herausforderung, die systemisches Denken und Fühlen an Menschen stellt, deren Erziehung, Schulbildung und Erfahrungen im Arbeitsprozeß durch mechanistische Haltungen und Zielsetzungen geprägt sind - wie dies auf den überwiegenden Teil der Menschen in Europa zutrifft und damit auch auf den Autor).

Die angeführte Definition von "Systemen" ist zu allgemein, um daraus einen entsprechenden Nutzen für die OE ziehen zu können.

Bei der weiteren Arbeit mit der Systemtheorie soll eine Systemdifferenzierung dadurch erfolgen, daß im Folgenden eine Konzentration auf soziale Systeme zugrunde liegt.

Für die Rechtfertigung dieser Differenzierung werden zunächst ansatzweise Modelle von Systemarten dargestellt: um die Einordnung sozialer Systeme in den Typologien darzustellen; um die Konsequenzen dieser Differenzierung aufzuzeigen; um die Notwendigkeit der Differenzierung für die OE klarzustellen. Zudem ist es ein Zugeständnis bzw. der Respekt vor der für uns heutige Menschen unfaßbaren Komplexität von Systemen, die uns jedoch nicht zu ihrer Ignoranz bzw. "schrecklichen Vereinfachungen"[51] führen soll - ("Not ignorance, but ignorance of ignorance, is the death of knowledge" - A.N. Whitehead, zitiert von F. Malik, in: Propst Siegwart, Integriertes Management, a.a.O. - S 5). Vielmehr entspricht dies der Vorstellung von Hesse Hermann, daß "jede Wissenschaft, unter anderem ein Ordnen, ein Vereinfachen, ein Verdaulichmachen des Unverdaulichen für den Geist ist"[52].

49 Rosnay, J. "Das Makroskop - Neues Weltverständnis durch Biologie, Ökologie und Kybernetik". Stuttgart 1977 - S. 80
50 vgl. Rosnay, J. "Das Makroskop", a.a.O. - S. 80
51 vgl. Watzlawick, P. "Lösungen, zur Theorie und Praxis menschlichen Wandels", 2. Auflage. Wien 1979 - S. 60 ff

2.2.4 Arten von Systemen

Es soll hier nicht ein Überblick über derzeit vorhandene Systemtypologien gegeben werden, vielmehr geht es darum, Organisationen als soziale Systeme einordnen zu können.
Zu diesem Zweck verwenden wir
a) die Systemstufen entsprechend den Phasen der Evolution nach Dyllick,
b) die Systemtypen nach Boulding und
c) das Abstraktionsschema der drei Ebenen der Systembildung nach Luhmann.

a) Systemstufen entsprechend den Phasen der Evolution[53]

Entsprechend den Evolutionsstufen des Materiellen, des Lebendigen und des Geistig/Kulturellen, in denen sich auch das hier zugrunde liegende 3-dimensionale Menschenbild widerspiegelt, unterscheidet diese Systemtypologie zwischen mechanischen, organischen und humanen Systemen.

Mechanische Systeme sind Maschinen, kybernetische Systeme, Computer; sie sind Objekt der Wissenschaften wie Physik, Mathematik, Chemie, Astronomie, Regelungstechnik, Informationstheorie, quantitative Systemtheorie.

Das Verhalten mechanischer Systeme ist linear, deterministisch, irreversibel.

Charakteristische Eigenschaften sind feste, zeitinvariante Verknüpfungen der Elemente. Bei der Gestaltung mechanischer Systeme geht es um "machen" oder determinieren: planen, konstruieren, befehlen, programmieren, regeln, normieren.

Organische Systeme sind Lebewesen und Populationen. Entsprechend der biologisch-ökologischen Betrachtungsweise sind organische Systeme Objekt der Biologie, Ökologie, Evolutionstheorie und der Biokybernetik, Medizin.

Charakteristisch ist zum einen eine hohe Anpassungsfähigkeit und zum anderen der hohe Komplexitätsgrad solcher Systeme. Bei der Erforschung organischer Systeme geht es um "das Verstehen des Lebens".[54]

Die Gestaltung organischer Systeme umfaßt das Kultivieren oder Anpassen lebenserhaltender Strukturen, Prozesse und Funktionen, d.h. die (Wieder-)Herstellung bzw. Erhaltung eines stabilen, überlebensfähigen Gleichgewichts des Systems selbst und seiner Beziehungen mit der es umgebenden Umwelt.

52 Hesse, H. "Das Glasperlenspiel". Küsnacht 1971 - S. 179
53 vgl. Dyllick, T. "Gesellschaftliche Instabilität und Unternehmensführung" - a.a.O. - S. 171 ff
54 Dyllick, T. "Gesellschaftliche Instabilität ...", a.a.O. - S. 172

Humane Systeme sind Gruppen von Menschen, soziale Institutionen sowie ganze Gesellschaften. Wissenschaften, die humane Systeme zum Gegenstand haben, sind dementsprechend Psychologie, Soziologie, Philosophie, Anthropologie, Geschichte, Jurisprudenz, Wirtschaftswissenschaften - wobei deren Differenzierung humanen Systemen nicht gerecht werden kann; die Forderung nach Integration heißt nicht Interdisziplinarität; vielmehr eine systemische Betrachtung, wie dies der Entwicklung von mikro-, meso- und makrosozialen Systemen zugrundeliegt - und damit Grundlage der OE darstellt.

Charakteristika humaner Systeme sind:
- hoher Komplexitätsgrad
- variable Strukturen
- irreversibles, diskontinuierliches, nicht-lineares Verhalten
- Elemente, deren Werte, Ziele, Identität nicht mit denen des Systems a priori bzw. sui generis übereinstimmen
- Dyllick nennt das Zielbewußtsein noch als ein weiteres Charakteristikum humaner Systeme. Unseres Erachtens ist das Zielbewußtsein möglicherweise ein Ziel von Entwicklungsprozessen in humanen Systemen. Als Charakteristikum ist es jedoch nicht zu sehen; vielmehr sind humane Systeme zunächst bedürfnisorientiert und auf einer weiteren Stufe aufgaben- und zielorientiert.

Der Gestaltungsanssatz humaner Systeme heißt *entwickeln*. s. Tab. S. 88

Bei der evolutionstheoretischen Betrachtungsweise von Systemstufen kommt den zwei Grenzbereichen zwischen mechanischen und organischen Systemen und zwischen organischen und humanen Systemen und dem Evolutionsprozeß besondere Bedeutung zu; der Evolutionsprozeß führte zu einer jeweils neuen, aus den vorherigen Stufen nicht voraussehbaren phänomenologischen Betrachtungsweise. "Das neue Ganze wurde mehr als die Summe seiner Teile und war mit den für seine Komponenten zuständigen Erklärungsdisziplinen nicht vorauszusagen"[55]. Dementsprechend entstand auf jeder neuen Ebene im Evolutionsprozeß eine neue Seinsordnung (emergierende Ordnung). Dies heißt jedoch nicht, daß dadurch die Gesetze der niedrigeren Ebene nicht mehr gültig wären; vielmehr subsummiert jede neue Ordnung

---

55 Russell, P. "Die erwachende Erde", a.a.O. -S. 58

Merkmale / Systemstufen	Beispiele	Betrachtungsebene	relevante Wissenschaften	charakteristische Eigenschaften, Verhaltensweisen	wissenschaftliches Ziel	Gestaltungsansatz	Emergieren der Ordnung 57)
Mechanische Systeme	Maschinen, Regelkreise, Computer (Hard- und Software)	physikalisch, technische Ebene	Mathematik, Physik, Chemie, Regelungstechnik, Informationstheorie, quant. Systemtheorie	- einfache, "tote" Systeme - invariante Struktur - Verhalten determiniert, programmiert	kausalanalytisches Erklären und Prognostizieren materieller Zustände	Technik, Planung, Befehlen, Programmieren, Regeln, Normieren, "MACHEN"	Energie, Materie
Organische Systeme	Lebewesen, Population	biologisch-ökologische Ebene	Biologie, Ökologie, Evolutionstheorie, Biokybernetik	- äußerst komplexe, lebensfähige Systeme; - selbstregulierend - Struktur und Verhalten anpassungsfähig	funktionales Verstehen des Lebens; Erkennen der Gleichgewichtsbedingungen lebendiger Prozesse bzw. Gleichgewichts- fördern der Prozesse	Naturschutz, Heilen lebensbedrohen- des Bekämpfen "KULTIVIEREN, KORRIGIEREN"	Leben
Humane Systeme	Gruppe, Institution, Organisation, Gesellschaft	humane und soziale Ebene	Psychologie, Soziologie, Philosophie, Geschichte, Jurisprudenz, Sozial- und Wirtschaftswissenschaften, Kulturwissenschaft, Anthropologie	- äußerst komplexe, 'künstliche' Systeme - Strukturen, Verhalten sehr variabel und anpassungsfähig - selbstorganisierend - Emotionen, Perzeptionen, Sprache, Kultur bedürfnis- aufgaben- } orientiert ziel- Lebensfähigkeit als Ergebnis der Struktur	Verstehen von Bedeutungen und Werten	Entwicklungsprozesse in Gang setzen bzw. ermöglichen "ENTWICKELN"	selbstreflexi- ves Bewußtsein; kollektives, systembezo- genes Bewußt- sein

Systemstufen entsprechend evolutionären Phasen und ihre Merkmale[56]

56 abgeändert und erweitert nach Dyllick, T. "Gesellschaftliche Instabilität...", a.a.O. - S. 174

57 vgl. Russell, P. "Die erwachende Erde". München 1984 - S. 59

88

alle vorhergehenden Ordnungen, wobei nichts verloren geht[58], so wie jede alte Ordnung bereits die Prinzipien der neuen Ordnung in sich hat, da sie sonst nicht zustande kommen könnte. "Und wenn wir auch ... noch um weitere Jahrtausende zurückgehen könnten: wir würden, das ist unser Glaube, mit dem Menschen zugleich überall auch schon den Geist antreffen, den Geist, der ohne Anfang ist und immer schon alles und jedes enthalten hat, was er später je hervorbringt"[59]. Dennoch entsteht dabei ein neues Phänomen mit Verhaltensweisen und Eigenschaften des Systems, die eine neue Betrachtungsebene, eine neue Erklärungsebene (also neue relevante Wissenschaften) und einen neuen Gestaltungsansatz erfordern.

Die Grenzbereiche zwischen den Evolutionsstufen sind durch den Trend der Evolution zu steigender Komplexität charakterisiert (Komplexität: Vielfalt der Elemente bzw. Subsysteme; Organisiertheit = Struktur der Elemente/Subsysteme; Verbundenheit = Informationsfluß zwischen Elementen und Subsystemen[60]). Dem so verstandenen Komplexitätsbegriff entsprechend widerspricht der Evolutionsprozeß dem zweiten Hauptsatz der Thermodynamik, wonach bei jedem Energieumwandlungsprozeß (und ein solcher ist der Evolutionsprozeß) der Grad der Entropie zunimmt. Denn lebende Systeme "wahren nicht nur einen hohen Grad von interner Organisiertheit, sondern bauen während ihres Wachstums und ihrer Entwicklung dieses Geordnetsein noch aus"[61]. Erklärung dafür sind die selbstorganisierenden Prozesse in Systemen (=dissipative Strukturen), die von Ilya Prigogine[62] erstmals entdeckt wurden und besonders durch Ulrich[63] und Marshall[64] Eingang in die Sozialwissenschaften fanden. Malik[65] sieht in der Fähigkeit der Selbstorganisation von Systemen die schlechthin Lebensfähigkeit ermöglichende Kraft sozialer Systeme.

Zweites Merkmal der Grenzbereiche zwischen evolutionären Systemstufen ist, daß diese Perioden der Instabilität oder Krisen waren/sind, die durch Zusammenbruch oder Durchbruch zu höheren Organisationsebenen zu bewältigen sind.

---

58 vgl. ebenda S. 59 55
59 Hesse, H. "Die drei Lebensläufe - Der Regenmacher", in: Das Glasperlenspiel. Küsnacht 1971 - S. 511
60 vgl. Russell, P. "Die erwachende Erde", a.a.O. - S. 62 ff
61 vgl. Russell, P. "Die erwachende Erde", a.a.O. S. 68
62 vgl. ebenda S. 70
63 vgl. Ulrich, H./Probst, G.H. "Self-Organization and Management of Sozial Systems". Berlin 1984
64 vgl. Marshall, C.Y./Scott C. "Self-organization Systems". Oxford 1960
65 vgl. Malik, F. "Strategie des Managements komplexer Systeme", a.a.O. - S. 77

Die Auffassung, daß soziale Systeme spezifische, humane Systeme sind, setzt sich in der sozialwissenschaftlichen Literatur mehr und mehr durch. Dies hat für das Management bzw. die Gestaltung von Entwicklungsprozessen in Organisationen weitreichende Konsequenzen. "Humane Systeme besitzen als geschaffene Systeme eine viel größere Variabilität, Offenheit und Plastizität für unterschiedliche Ziele und Funktionen als natürliche Systeme (organische Systeme, Anmerkung des Verfassers), die ungleich stärker durch Naturgesetze bestimmt sind"[66]. Dementsprechend hängen die Formen der Einflußnahme in Organisationen von der Grundauffassung, auf welcher Evolutionstufe Organisation einzuordnen sind, wesentlich ab. Entgegen der Auffassung von T. Dyllick entspricht es unseres Erachtens nicht der Freiheit des Menschen, ob Organisationen als mechanische, organische oder humane Systeme aufgefaßt werden. Vielmehr weisen Organisationen alle Merkmale humaner Systeme auf und sind generell als solche anzusehen. Daß dabei auch Merkmale niederer Systemstufen beinhaltet sind, entspricht dem oben Angeführten, daß die Gesetzte der niederen Ebene in der Ebene humaner Systeme subsummiert sind. Es ist daher weder eine Frage der Betrachtungsebene[67], noch eine Frage der Toleranz[68], welcher Systemstufe Organisationen zugeordnet werden.

Und auch bei der Anwendung physikalischer/quantitativer Meßinstrumente und -verfahren bzw. bei der Verwendung biokybernetischer Erkenntnisse geht es um das Thema der Systemdifferenzierung. Im systemisch-evolutionären Sinne heißt Systemdifferenzierung nicht Einschränkung auf eine Systemstufe, sondern z.B. bei der Gestaltung physikalischer Elemente den Charakter bzw. die Dimensionen des humanen Systems der Organisation mit zu berücksichtigen.

b) Systemtypen nach Boulding[69]

Als zweite Systemtypologie stellen wir jene von K. Boulding dar, um die sozialen Systeme einzuordnen.

Wie bei den evolutionsgeschichtlichen Systemstufen umfaßt auch bei Bouldings Systemtypologie jede Stufe alle Merkmale und Eigenschaften aller vorhergehenden Stufen.

Dies führt eindringlich vor Augen, daß sich die Sozialwissenschaften und damit die Organisationsentwicklung an einer Systemauffassung orientieren müssen, die die Stufen 1-8 umfaßt. In den dies versuchenden jüngeren wis-

---

66 Dyllick, T. "Gesellschaftliche Instabilität ...", a.a.O. - S. 175
67 vgl. Ulrich, H., zitiert in: Dyllick, T. "Gesellschaftliche Instabilität ...", a.a.O. - S. 177
68 vgl. Dyllick, T. "Gesellschaftliche Instabilität ...", a.a.O. - S. 177
69 vgl. Boulding, K. "General Systems Theory - The Skeleton of Science, Management Science", Vol. 2, 1956

Systemtypologie nach K. Boulding[70] - erweiterte Darstellung

Systemtyp	fragmentarische Systembeschreibung	Komplexitätsebene	Systemmerkmal
(1) Statisches System	z. B. die Anordnung der Atome in einem Kristall, d. h. dies sind Systeme, deren Struktur das System bestimmt und dabei fix bleibt	Anordnung	Struktur
(2) Dynamisches System	Systeme, die durch eigene Kraft in Bewegung sind und dabei ein vorbestimmtes Verhalten zeigen, z. B. eine Uhr	Uhrwerk "Mechanik"	festes Verhalten
(3) Kybernetisches System	ein sich selbst regelnder Mechanismus, der *von außen gesteuert* werden kann (Ziel von außen)	Thermostat "Regeltechnik"	Selbstregulation
(4) Offenes System	die Offenheit von Systemen ist eine Voraussetzung für Lebensfähigkeit, da für die Beziehung zur Umwelt die innere Entropie außerhalb des Systems kompensiert wird; weiteres wesentliches Prinzip aller lebenden Systeme ist die *Selbststeuerung* oder Selbstorganisation[71]	Zelle "Biokybernetik"	Selbsterhaltung Selbststeuerung Selbstorganisation
(5) Fortpflanzungsfähiges System	Fortpflanzung für programmiertes Wachstum; (das Entwicklungsprogramm ist gespeichert im Samen oder im Ei)	Pflanze	Fortpflanzungs- und Entwicklungsfähigkeit
(6) Kognitives System	diese Systeme sind in der Lage, in ihrem Inneren ein Abbild der Umwelt zu *konstruieren* – darauf ihr Handeln abzustimmen	Tier	Kognition/ Wahrnehmung
(7) Symbolverarbeitendes System	diese Systeme haben nicht nur ein Bewußtsein, sondern sind sich ihres Bewußtseins auch bewußt, bzw. der Begrenztheit ihres Bewußtseins[72]	Mensch	Selbstbewußtsein Sprachfähigkeit
(8) Soziales System	diese Systeme umfassen mehrere symbolverarbeitende Systeme; zudem verfügen sie über Werte, Normen bzw. Ordnungsprinzipien – Kultur	Organisation, Gemeinschaft, Gesellschaft	Kultur
(9) Transzendentales System	diese Systeme richten sich am Absoluten, am Unerkennbaren, an uneingeschränktem Bewußtsein aus und entziehen sich dem Wahrnehmungsvermögen der meisten Menschen		Transzendenz

70 Boulding, K. in: Dyllick, T. "Gesellschaftliche Instabilität ...", a.a.O. - S. 178 ff
71 vgl. Vester, F. "Neuland des Denkens". Stuttgart 1980, S. 29 ff
72 der Begriff "Bewußtsein" ist in unserer Kultur mit einem Bedeutungsüberschuß behaftet; hier kann er verstanden werden als das Feld, in dem alle Erfahrung (auch die Erfahrung des Nicht-erfahrens) stattfindet, sei dies im Wachzustand, Traum, Koma oder sonstwie.

senschaftlichen Arbeiten von Beer, Ulrich, Maturana, Malik u.a. entsprechen Ansätze, Verfahren und die Sprache jedoch eher den Systemsstufen 1-6. Unseres Erachtens erfordern die Systeme 7 und 8 Ansätze, Denk-, Fühl- und Handlungsweisen, die dem heutigen Menschen zumindest westlicher Kulturen nur sehr eingeschränkt zur Verfügung stehen. Dessen ungeachtet greifen Wissenschaftler, Manager und Organisationsberater in soziale Systeme ein - mit dem Anspruch, diese zu erfassen. Im Vertrauen auf die Begrenztheit unseres Bewußtseins/unserer Wahrnehmungsmöglichkeiten und einem Vertrauen auf die selbststeuernden Kräfte in sozialen Systemen gilt es unseres Erachtens, diese Interventionen mit der entsprechenden Bescheidenheit und Verantwortung zu tun - auch auf die Gefahr hin, dabei neue Beurteilungskriterien für die Wissenschaftlichkeit zu fordern, und zwar der systemisch-evolutionären Grundhaltung entsprechende Beurteilungskriterien.

c) Das Abstraktionsschema der drei Ebenen der Systembildung nach N. Luhmann[73]

Luhmann unterscheidet die im Folgenden dargestellten drei Ebenen für die Frage, "wie sich ein 'Paradigmawechsel' auf der Ebene der allgemeinen Systemtheorie auf die allgemeine Theorie sozialer Systeme auswirkt"[75]. Unser Anliegen ist es, anhand dieses Abstraktionsschemas aufzuzeigen, daß bei einer Systemdifferenzierung für die OE die Konzentration auf soziale Systeme und in weiterer Folge auf Organisationen zu erfolgen hat.

Wie in den zuvor beschriebenen Systemtypologien grenzt Luhmann auf derselben Systemebene (Systemebene ist nicht mit dem oben verwendeten Begriff der Systemstufen gleichzusetzen; nach Luhmann müssen sich Vergleiche zwischen verschiedenen Arten von Systemen an eine Ebene halten - dessen ungeachtet sind in einer Ebene verschiedene Systemstufen) die sozialen Systeme von Maschinen (mechanischen Systemen), Organismen (biologischen Systemen) und psychischen Systemen ab. Organisationen sind eine Form sozialer Systeme auf einer anderen Systemebene.

---

73 vgl. Luhmann, N. "Soziale Systeme - Grundriß einer allgemeinen Theorie". Frankfurt a.M. 1984 - S. 15 ff
74 ebenda - S. 15

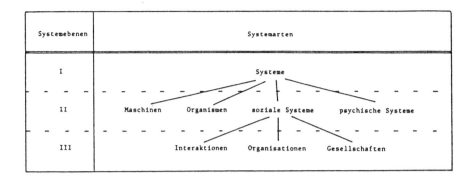

2.2.5 Subsysteme zur Charakterisierung sozialer Systeme im Hinblick auf OE-Prozesse

Für die Beschreibung sozialer Systeme wird hier ein System ausdifferenziert, das die folgenden Subsysteme umfaßt:

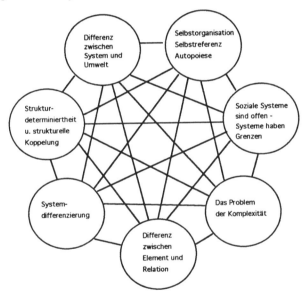

Dabei werden zum Teil die Prinzipien der Subsysteme selbstreferentiell Anwendung finden; zudem wird das Schwergewicht auf die Beschreibung des Subsystems gelegt und nur vereinzelt auf die Relationen zwischen den Subsystemen hingewiesen.

93

2.2.5.1 Differenz zwischen System und Umwelt

"Systeme sind nicht nur gelegentlich und nicht nur adaptiv, sie sind strukturell an ihrer Umwelt orientiert und können ohne Umwelt nicht bestehen"[75], d.h. soziale Systeme definieren sich, indem sie sich von ihrer Umwelt abgrenzen. In diesem Sinne ist die Aufrechterhaltung, Beachtung, Pflege und Gestaltung von Systemgrenzen für die Lebensfähigkeit von Systemen eine existentielle Frage.

Auf der anderen Seite ist die Umwelt an sich kein System; vielmehr wird sie nur durch ein sich abgrenzendes System in Relation zu diesem zu einem einheitlichen Ganzen. Daraus ist keine einseitige Dependenz der Umwelt von einem System und auch keine uneingeschränkte Verfügbarkeit bzw. Einflußnahme eines Systems über seine Umwelt abzuleiten. "Vielmehr schließt die Komlexität des Systems und der Umwelt ... jede totalisierende Form von Abhängigkeit in der einen oder anderen Richtung aus"[76]. Daraus ergibt sich eine Interdependenz der System/Umwelt-Beziehungen.

Aufgrund der existentiellen Bedeutung der Differenz zwischen System und seiner Umwelt bezeichnet unseres Erachtens N. Luhmann die System/Umwelt-Differenz als System/Umwelt-Paradigma[77] und zählt dazu als weiteres

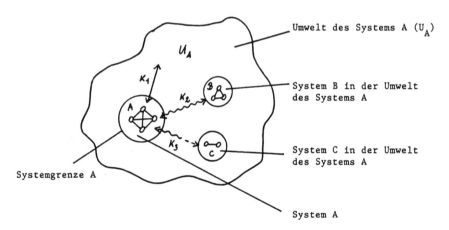

Differenz zwischen System und Umwelt

75 Luhmann, N. "Soziale Systeme - Grundriß einer allgemeinen Theorie". Frankfurt a.M. 1984 - S. 35
76 Luhmann, N. "Soziale Systeme" a.a.O. - S. 36
77 vgl. ebenda - S. 36

Beschreibungsmerkmal, "daß man zwischen der *Umwelt* eines Systems und *Systemen* in der Umwelt unterscheiden muß"[78].

Dies hat nicht nur im Hinblick auf gänzlich unterschiedliche Qualitäten von Abhängigkeitsbeziehungen zwischen Umwelt und System und zwischen Systemen[79] eine Bedeutung. Zudem wird auch die Kommunikation eines Systems mit seiner Umwelt als Einheit eine andere sein (müssen), als die Kommunikation von Systemen. (s. Abb. S. 94: $K_1 \neq K_2, K_3$).

Der Mangel bzw. das Fehlen der bewußten Differenzierung zwischen System und Umwelt bringt gerade für Kleinbetriebe im Hinblick auf ihre Identität besondere Probleme mit sich, da dies mit einem Mangel an Selbst-Bewußtsein und Selbst-Verständnis Hand in Hand geht. In besonderem Maße betrifft dies selbst-ständige (als SOLL-Vorstellung) Kleinorganisationen, die in irgendeiner Form mit einer Großorganisation verbunden sind. Für diese Kleinorganisationen ist oftmals die Zuordnung der Großorganisation (= Mutter) zur Umwelt des Systems (= Kleinbetrieb) eine Überlebensfrage. Als Beispiel dafür steht ein nationaler Betrieb eines internationalen Nahrungsmittelkonzerns. Dieser Betrieb (60 Mitarbeiter) hat alle betriebswirtschaftlichen Funktionen und eigenständige Gestaltungsmöglichkeiten im Hinblick auf die 7 Wesenselemente der Organisation[80] in sich; die Relation zum Konzern besteht durch die Eigentumsverhältnisse und durch den Austausch von Know-how. Mit der Entwicklung der Differenz zwischen dem System (= nationaler Betrieb) und der Umwelt (in der der Konzern wiederum ein System ist) entstand durch das Wachsen der Identität und des Selbstbewußtseins auch das Bewußtsein der Selbst-Verantwortung für die Erfüllung der 6 Rationalitäten[81].

Als ein weiteres Beispiel soll ein Institut für Unternehmensführung und Organisationsentwicklung erwähnt werden, das laut Organigramm Bestandteil der Handelskammerorganisation war. In diesem Fall handelt es sich um eine artfremde (für die übergeordnete Organisation Handelskammer) Systemeinheit, die erst dann zu einer wirksamen Identität fand, als sie die Kammer als System der Umwelt ausdifferenzierte.

Die Differenz zwischen System und Umwelt bedeutet jedoch auch, daß die Systeme ihrerseits sich auf ihre Umwelten hin orientieren. "Daher ist jedem System seine Umwelt als verwirrend komplexes Gefüge wechselseitiger System/Umweltbeziehungen gegeben, zugleich aber auch als eine durch das

---

78 Luhmann, N. "Soziale Systeme", a.a.O. - S. 35f
79 ebenda - S. 37
80 vgl. S. 134 ff
81 vgl. S. 21

eigene System selbst konstituierte Einheit, die eine nur selektive Beobachtung erfordert"[82].

Bezüglich der Gestaltung der Differenz zwischen System und Umwelt verweisen wir auf Pkt. 2.2.5.5 und Pkt. 2.2.6.1.

2.2.5.2 Systemdiffenzierung

Bei der Theorie der Systemdifferenzierung besteht in der neueren Systemtheorie Einigkeit darüber, daß es sich dabei um die Formen der Systembildung in Systemen handelt. Unseres Erachtens ersetzt also die Systemdifferenzierung nicht die Theorie der Differenz zwischen Ganzem und Teil - wie dies von N. Luhmann dargestellt wird. Dies deshalb, weil auch bei der Verwendung der Begriffe "Teil und Ganzes" die Systemtheorie immer die Frage nach den Subsystemen oder Teil-Ganzheiten bei der Auflösung eines Systems stellt[83]. (Im Vergleich zur klassischen Organisationslehre, die davon ausging, daß jede beliebige Tätigkeit als Teil des Systems betrachtet werden kann[84], also das Prinzip der Rekursion[85] unberücksichtigt blieb bei der Systemdifferenzierung).

Es geht also bei der Systemdifferenzierung um die Ausdifferenzierung von System/Umweltbeziehungen innerhalb von Systemen." ... das Gesamtsystem multipliziert sich selbst als Vielheit interner System/Umwelt-Differenzen"[86]. Damit führt Systemdifferenzierung jeweils zur Steigerung von Komplexität.

Andererseits kann jedoch durch Systemdifferenzierung ein Ordnungsprinzip in ein System gebracht werden; (in Differenz zur Umwelt und in Differenz zu sich selbst).

Eine in Organisationen als Mythos praktizierte Systemdifferenzierung ist die *Hierarchie*. "Die Hierarchiesage ist wahrscheinlich eine der am tiefsten verwurzelten Vorstellungen davon, wie eine Organisation struktuiert werden soll".[87]. Dies zeigt sich darin, daß die längst sichtbaren Nachteile des Hierarchieprinzips in Organisationen nicht zu einer Infragestellung der Hierarchie und damit zur Suche nach alternativen Differenzierungen führt, sondern zu Differenzierungformen, die *neben* dem Hierarchieprinzip deren Mängel aufheben sollen - aber letztendlich, damit es beibehalten werden kann. Beispiel dafür ist das Projektmanagement.

---

82 Luhmann, N. "Soziale Systeme", a.a.O. - S. 37
83 vgl. Probst, G.J. "Regeln des systemischen Denkens", in: Probst, G.J./Siegwart, H. "Integriertes Management ...". Bern/Stuttgart 1985
84 vgl. Malik, F. "Strategie des Managements komplexer Systeme", a.a.O. - S. 491
85 vgl. S. 125 f
86 Luhmann, N. "Soziale Systeme", a.a.O. - S. 38
87 Westerlund, G./Sjöstrand, S. "Organisationsmythen". Stuttgart 1981 - S. 141

Setzt man die Systemdifferenzierung in Relation mit der OE, so ist die Betrachtungsweise eben keine Mechanistisch-technokratische bzw. Logisch-rationale. Vielmehr erfolgt dann auch die Systemdifferenzierung vor folgendem Hintergrund der OE:

a) OE geht von einem "personalistischen Menschenbild aus:

Das personalistische Menschenbild geht davon aus, daß jeder Mensch grundsätzlich für sein eigenes Denken, Fühlen und Wollen und Handeln verantwortlich sein kann"[88]. Mit seinen geerbten (nativistisches Menschenbild) und von der Umwelt geförderten bzw. behinderten (Menschenbild der "Außensteuerung") Fähigkeiten, verfügt *jeder Mensch* über ein Potential für seine Weiter-Entwicklung. OE geht bei der Gestaltung des OE-Prozesses von diesem entwicklungsorientierten Menschenbild aus und strebt damit auch Strukturen, Funktionsverteilungen, Kommunikationsformen und Prozesse - also Systemdifferenzierungen - in Organisationen an, die diesem personalistischen Menschenbild entsprechen.

"Wenn Unternehmer, Führungskräfte oder Organisationsberater im Grunde nicht von einem personalistischen Menschenbild ausgehen - und dieses kann verschiedene religiöse oder weltanschauliche Ausprägungen annehmen - dann ist es für uns zutiefst fragwürdig, ob sie dann von OE sprechen dürfen. Oder ob sie vielleicht doch nur eine modern verbrämte, im Wesen aber klassische (mechanistische, Anmerkung des Verfassers) Reorganisationsstrategie betreiben wollen, die sie nur unter einer anderen Etikette anpreisen wollen, das wäre Etikettenschwindel"[89].

b) OE geht von einem mehrdimensionalen (personalistischen) Menschenbild aus[90]

c) OE hat ein emanzipatorisches Anliegen

Bei Entwicklungsprozessen mit dem oben beschriebenen Menschenbild als Hintergrund geht es darum,
- eine eigene Identität der Menschen und der Organisation entstehen zu lassen;
- eigene hinterfragte Werte und Normen zu entwickeln:

---

88 Glasl, F. "Thesen zur Organisationsentwicklung", in: Schäkel, U./Scholz, J. "Neue Wege der Leistungsgesellschaft". Essen 1982 - S. 44
89 Glasl, F. "Thesen zur OE", a.a.O. - S. 45
90 vgl. S. 37 ff

- die Fähigkeit als Individuum und als Gemeinschaftswesen zur selbständigen Bewältigung notwendiger Erneuerungen und Veränderungen zu entwickeln;
- um das Hinterfragen und Berücksichtigen von Systemzusammenhängen, Vernetzungen, Relationen;
- um das Akzeptieren von Ängsten, Wünschen, Zorn, Trauer, Freude, Schmerz[91];
- und um die Befreiung von einseitigen Abhängigkeiten.

Es geht also um die Entwicklung der Fähigkeit zum interdependenten partnerschaftlichen Zusammenleben und um die Emanzipation und Autonomie des Einzelnen.

Nach F. Glasl und auch unseres Erachtens kann die Führung einer Unternehmung einen OE-Prozeß nicht mit halbem Herzen einleiten. Erst mit dem oben beschriebenen emanzipatorischen Anliegen "will sie wirklich OE und nicht bloß eine kleine 'kosmetische Operation', mit der äußerlich die Organisation zwar humaner aussehen soll, während in Wahrheit doch der alte Geist des Anschaffens und des gedankenlosen Gehorchens (also die einseitige Abhängigkeit, Anmerkung des Verfassers) bestehen bleiben soll"[92].

Es ist Aufgabe der OE als Wissenschaft, die neueren systemtheoretischen Erkenntnisse mit den Werten und Normen der Entwicklungsphilosophie zu integrieren. Sie scheint gerade in ihrer derzeitigen Phase der Integration (in Bezug auf die Entwicklung der OE) prädestiniert zu sein für diese Aufgabenstellung, da auf der einen Seite technokratische Paradigmen den Fortschritt der Systemtheorie und auch der klassischen Managementtheorie im Auge haben und auf der anderen Seite entwicklungs- und wachstumsorientierte Individual- und Gruppentheorien für Veränderungsprozesse in Organisationen zu berücksichtigen sind.

Unter diesem Gesichtspunkt gehört es mit zu den Aufgaben von OE-Prozessen, bei der Systemdifferenzierung das monarchistisch-aristokratische Organisationsmodell[93] der Hierarchie nicht als unbedingte Rahmenbedingung zugrunde zu legen.

Gerade in Kleinbetrieben, die aus der patriarchalisch orientierten Pionierphase[94] herausgewachsen sind, bewähren sich zunehmend team-orien-

---

91 vgl. Häfele, W. "Anpassung oder Entwicklung", in: Quellen - für Menschen, Gruppen und Organisationen, Dornbirn 1987 - S 81
92 Glasl, F. "Thesen zur OE", a.a.O. - S. 47
93 vgl. Lindner, T. "Das monarchistisch-aristokratische Organisationsmodell", Seminarunterlage zum Seminar 'Gruppendynamik' im HIU, Wien 1979 - S. 1 ff
94 vgl. S. 202

tierte bzw. dem Modell lebensfähiger Systeme[95] angelehnte Strukturen -während hierarchische Strukturen die Problemlösungs- und Entscheidungsfähigkeit einschränken und zu den Krisenerscheinungen der Organisationsphase[96] hinführen.

Das zumindest die Hierarchie in-Frage-stellen bei der Systemdifferenzierung gelingt unseres Erachtens am ehesten in professionellen Organisationen[97], was mit dem für diesen Organisationstyp erforderlichen Reifegrad der Mitarbeiter korreliert.

Systemdifferenzierung ist somit im Rahmen der OE eine offene Fragestellung - sei es fragmentierend, funktional differenzierend, nach Geschäftsbereiche, Projekten oder Management-Systemen differenzierend, um nur einige Möglichkeiten aufzeigend - und wird auch am OE-Zielsystem und an den oben angeführten Anliegen der OE gemessen.

2.2.5.3 Die Differenz von Element und Relation

Luhmann unterscheidet zwei Möglichkeiten zur Dekomposition von Systemen: [98]

a) Bildung vonTeilsystemen = Systemdifferenzierung (Haus → verschiedene Zimmer; Österreich → verschiedene Bundesländer; Betrieb → Abteilungen)

b) Dekomposition in Elemente und ihre wechselseitigen Beziehungen (Haus → Steine, Balken, Nägel; Österreich → Menschen, Gesetze [z.B. Finanzausgleich], Sprache, Medien; Betrieb → Menschen, [Kommunikations-] Prozesse, Funktionen, Maschinen, Finanzen, Normen ...)

Als Element sozialer Systeme werden Einheiten bezeichnet, die (sinnvollerweise) als nicht weiter auflösbare/aufzulösende Einheiten gelten. "Nicht weiter auflösbar (bzw. aufzulösen, Anmerkung des Verfassers) heißt zugleich, daß ein System sich nur durch relationieren seiner Elemente konstituieren und ändern kann, nicht aber durch deren Auflösung und Reorganisation"[99]

Zudem erhalten Elemente ihre Identität nur, indem sie Einheiten eines Systems sind. Dies ist ein Charakteristikum lebender Systeme und ist in dem Konzept der Autopoiesis[100] näher beschrieben. Dieses Konzept stellt eine

---

95 vgl. S. 116 ff
96 vgl. S. 203
97 vgl. S. 67 ff
98 vgl. Luhmann, N. "Soziale Systeme", a.a.O. - S. 41 ff
99 Luhmann, N. "Soziale Systeme", a.a.O. - S. 43
100 vgl. Maturana, H.: "Erkennen: Die Organisation und Verkörperung von Wirklichkeit", 2. Auflage. Wiesbaden 1985 - S. 141 ff

Weiterentwicklung des Konzepts der Selbstorganisation dar, wodurch der Selbstbezug von der Ebene der Strukturbildung und Strukturänderung auf die Ebene der Konstitution von Elementen übertragen wird[101]. Dieses Konzept der Autopoiese wird unter Pkt. 2.2.5.6 im Zusammenhang mit der Selbstreferenz als Subsystem zur Beschreibung sozialer Systeme weiter bearbeitet.

Die Ausdifferenzierung von Relationen bedeutet neben dem Sichtbarmachen der quantitativen Komplexität vor allem, daß die Elemente durch die Bestimmung der Qualität ihrer Relationen selbst Qualität gewinnen.

Diesem qualitativen Aspekt der Relationen von Elementen hat zum einen die Familientherapie besondere Aufmerksamkeit geschenkt,[102] deren Erkenntnisse in Bezug auf die menschliche Kommunikation[103] und damit auch auf die Führung und Zusammenarbeit in Organisationen nicht mehr wegzudenken sind[104].

Zum anderen erhält der qualitative Aspekt der Relationen von Elementen in der strategischen Organisationsanalyse von Erhard Friedberg[105], bei der es um die Analyse der Machtbeziehungen in Organisationen geht, zentrale Bedeutung durch die Grundannahme, daß Machtbeziehungen als Grundlage von Organisationen anzusehen sind. "Macht kann ... weder als ein Attribut oder als ein Besitzstand eines Akteurs betrachtet werden, noch spiegelt sie einfach die Auswirkungen von organisatorisch oder sozial verwurzelten Herrschafts- und Autoritätsstrukturen wider. Macht kann nur im *Austausch* zwischen zwei oder mehreren Akteuren (= Elementen, Anmerkung des Verfassers) ... entwickelt und umgesetzt werden"[106]. Damit wird die Differenzierung von Elementen und Relationen zur Voraussetzung für die strategische Organisationsanalyse von Erhard Friedberg.

Nicht gleichzusetzen ist die strategische Organisationsanalyse mit dem System der OE. Der Unterschied liegt in der Verwendung systemischer Sichtweisen: die strategische Organisationsanalyse wird als mechanistischer Ansatz zur Erfassung und in weiterer Folge zur Gestaltung der Organisation durch *Experten*, die außerhalb des Systems sind, verwendet; OE hat zum Ziel, durch den Veränderungs- bzw. Entwicklungsprozeß den *Betroffe* die Qualität der Relationen zwischen den Elementen eines Systems erfahrbar und damit gestaltbar zu machen.

101 vgl. Luhmann, N. "Soziale Systeme", a.a.O. - S. 60
102 vgl. S. 159 ff
103 vgl. Watzlawick, P. et al. "Menschliche Kommunikation". Bern 1982
104 vgl. Manella, J. "Führung und Kommunikation", in: Siegwart, H./Probst, G. "Mitarbeiterführung und gesellschaftlicher Wandel". Bern 1983 - S. 249 ff
105 vgl. Friedberg, E. "Zur Politologie von Organisationen: Prämissen einer strategischen Organisationsanalyse". Berlin IIM-Paper 77-14, 1977
106 Friedberg, E. "Zentrale Begriffe einer strategischen Organisationsanalyse", Paper im Mangement Center Vorarlberg 1985 - S. 3

Im Prozeß der Identitätsfindung der OE gilt es, die impliziten Werte und das Zielsystem der OE konsequent anzuwenden. Damit liegt es an der OE, die systemtheoretischen Erkenntnisse aus der Biokybernetik, der Soziologie und der Managementtheorie entsprechend dem systemisch-evolutionären Veränderungsansatz zu übersetzten und anzuwenden.

Dies gilt auch für die *Gestaltung des Prozesses*, in dem die Differenzierung der Elemente und Relationen in Organisationen durch die Betroffenen selbst getragen werden.

2.2.5.4 Das Problem der Komplexität

Der Begriff der Komplexität ist Bestandteil der Umgangssprache und umschreibt dabei komplizierte, unübersichtliche, nicht leicht faßbare Zustände, Situationen, Prozesse, Strukturen ... und drückt auch eine gewisse - zumindest für den jeweiligen Laien - überfordernde Dimension aus, bzw. wird durch die Verwendung des Begriffs der Komplexität Expertentum vorgetäuscht. "Nicht selten kann sogar festgestellt werden, daß mit dem Hinweis auf die besondere Komplexität eines Phänomens eine Rechtfertigung für reduktionistische Forschungsstrategien gegeben wird. ' Wir haben es hier mit einem komplexen Phänomen zu tun, daher nehmen wird der Einfachheit halber an, daß ...' [107].

In der Art der Behandlung des Problems der Komplexität sieht Malik die Differenzierung von zwei wissenschaftlichen Welten, nämlich dem analytisch-reduktionistischen Ansatz und dem systemisch-interaktionistischen Ansatz[108]. Hinter diesen zwei Ansätzen stehen völlig verschiedene Welt-, Menschen-, Gesellschaftsbilder[109].

In der sozialwissenschaftlichen Literatur bzw. auch in der Systemforschung wird der Begriff vielfach undefiniert verwendet, wofür Luhmann unter anderem den Grund in der Selbstreferenz der Komplexität sieht, d.h. daß die Komplexität für eine begriffliche Wiedergabe zu komplex ist[110].

Da jedoch die Veränderung und Gestaltung sozialer Systeme durch OE die Ganzheit der Organisation in ihrer Komplexität zu erfassen hat, erfordert - wie oben bei der Behandlung des systemisch-evolutionären Ansatzes beschrieben - die praxeologische und wissenschaftliche OE nicht die Reduktion von Komplexität, sondern die Vorgangsweise entsprechend der Komple-

---

107 Malik, F. "Strategie des Managements komplexer Systeme", a.a.O. - S. 184
108 vgl. ebenda S. 185
109 vgl. S. 74 ff und S. 78 ff
110 vgl. Luhmann, N. "Soziale Systeme", a.a.O. - S. 45

xität des Systems. Dazu ist zunächst ein Grundverständnis des Phänomens der Komplexität erforderlich.

Komplexität von Systemen beinhaltet
- die Zahl bzw. Vielfalt der einzelnen Elemente,
- die Zahl und Qualität der Wechselwirkungen (Relationen) zwischen den Elementen,
- die Anzahl der Zustände, die ein reales System aufweisen kann.

Da selbst in relativ einfachen Fällen die Komplexität größer ist, als man zu erfassen vermag[111] [112], muß jede Organisation, die ja durch sieben Wesenselemente charakterisiert ist[114], als komplexes System aufgefaßt werden.

Als zentrale Erkenntnis für die Gestaltung/Strukturierung von OE-Prozessen in sozialen Systemen, ist das Gesetz der erforderlichen Varietät[115] von Ross Ashby zu beachten: es heißt: nur Varietät kann Varietät absorbieren, d.h. ein System mit einer gegebenen Komplexität kann nur mit Hilfe eines ebenso komplexen Systems gestaltet bzw. verändert werden[116]. Dasselbe Gesetz findet sich auch bei N. Luhmann im Hinblick auf die Reduktion von Komplexität: "Nur Komplexität kann Komplexität reduzieren. Das kann im Außenverhältnis (also in der Relation des Systems zu seiner Umwelt, Anmerkung des Verfassers), kann aber auch im Innenverhältnis des Systems zu sich selbst der Fall sein"[117].

Die Anwendung des Gesetzes der erforderlichen Varietät ist ein weiteres Charakteristikum für den systemisch-evolutionären, sozialwissenschaftlichen Ansatz der OE. Als eine Möglichkeit zur praktischen Anwendung dieses Gesetzes in OE-Prozessen wird unten das Strukturmodell lebensfähiger Systeme von Stafford Beer sowohl für die Strukturierung von Organisationen als auch für die Strukturierung von OE-Prozessen beschrieben werden[118].

111 vgl. Malik, F. "Strategie des Managements komplexer Systeme", a.a.O. - S. 186
112 Schon ein relativ einfaches System aus sieben Elementen, zwischen denen jeweils zwei verschieden gerichtete Verbindungen mit jeweils zwei möglichen Zustandsformen bestehen, ergibt eine Komplexität von 2^{42}. [113]
113 vgl. Rosnay, J.: "Das Makroskop - Neues Weltverständnis durch Biologie, Ökologie und Kybernetik". Stuttgart 1977 - S. 83
114 vgl. S. 134 ff
115 Varietät = Maßstab der Komplexität; also die Anzahl der unterscheidbaren Zustände eines Systems (die sich aus den Relationen der Elemente ergeben können) bzw. die Anzahl der unterscheidbaren Elemente einer Menge (vgl. Malik, F., a.a.O. - S. 186)
116 vgl. Malik, F. "Strategie des Managements komplexer Systeme", a.a.O. - S. 191
117 Luhmann, N. "Soziale Systeme" a.a.O. - S. 49
118 vgl. S. 128 ff und 131 ff

Die Entsprechung der Varietät der Organisationsstruktur mit der Varietät der Struktur des OE-Prozesses bedeutet jedoch nicht, daß damit die Komplexität von Organisationen insgesamt erfaßt werden kann.

Vielmehr bedeutet Komplexität in sozialen Systemen auch, daß aufgrund immanenter Beschränkungen der Verknüpfungskapazität der Elemente (die sich aus der Komplexität der Elemente ergibt, die sich auf jeder Systemebene reproduziert) nicht mehr jedes Element jederzeit mit jedem andern verknüpft sein kann[119]. Dementsprechend bedeutet Komplexität von sozialen Systemen gerade für OE-Prozesse den Zwang zur Selektion. Diese Selektion bezieht sich jedoch nicht im Sinne des Reduktionismus auf einzelne Elemente und/oder Relationen, vielmehr bezieht sich die Selektion auf die oben beschriebene Ausdifferenzierung von rekursiven Subsystemen.

Egal auf welcher Systemebene, bedeutet Komplexität zudem, daß dem System immer Informationen fehlen, um seine Umwelt bzw. sich selbst vollständig erfassen und beschreiben zu können[120].

Sowohl der Selektionszwang als auch der Mangel an Informationen als Folgen der Komplexität von sozialen Systemen heißt also, daß Organisationen ihre eigene Komplexität - und erst recht nicht die jeweils größere Komplexität ihrer Umwelt - nicht erfassen können, aber doch problematisieren können und dies auch müssen.

Es gilt dabei zu erkennen, daß das System ein unscharfes Bild seiner selbst produziert und diesem unscharfen Bild entsprechend reagiert[121].

Gerade dieses "unscharfe Bild" vom System kennzeichnet die systemische Sichtweise im Vergleich zum analytischen Ansatz, der sich auf möglichst hohe "Schärfe" einzelner Details konzentriert.

Frederic Vester hat dies anhand eines Computerbildes veranschaulicht[122] (s. Abb. S. 104):

Um zu erfahren, was diese Quadrate in ihrer Gesamtheit darstellen, muß man das Bild aus größerer Entfernung oder *unscharf* betrachten.

Vester beschreibt diesen Vorgang, daß erst die "Unschärfe" ein Gesamtbild erzeugt, mit der Arbeitsweise des menschlichen Gehirns ähnlich einem Hologramm; "wenn Teile eines Hologramms fehlen, so führt das nicht zur Verfälschung des Bildes, sondern durch die vorhandenen Vernetzungen nur zu geringerer Deutlichkeit. Die wahrgenommene Wirklichkeit wird also trotz Fehlens von Teilen zu einem Ganzen ergänzt"[123].

119 vgl. Luhmann, N. "Soziale Systeme", a.a.O. - S. 46
120 vgl. Luhmann, N. "Soziale Systeme", a.a.O. - S. 51
121 vgl. ebenda - S. 51
122 vgl. Vester, F. "Neuland des Denkens: vom technokratischen bis zum kybernetischen Zeitalter". Stuttgart 1980 - S. 36
123 Vester, F. "Neuland des Denkens", a.a.O. - S. 37

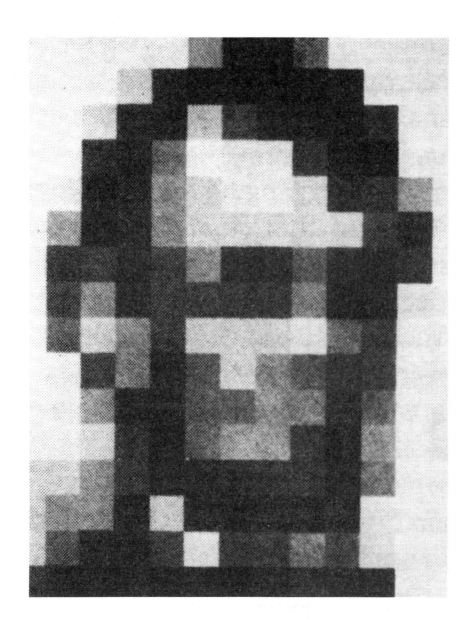

104

Im Hinblick auf das Erkennen von Systemen geht es dementsprechend nicht um die detaillierte Erforschung aller einzelnen Elemente und Beziehungen; vielmehr geht es um das Erkennen des Gesamtbildes/Gesamtsystems, das durch unscharfe Sichtweise zum Teil erst ermöglicht wird.

Mit andern Worten geht es beim Erkennen von Systemen - und beim Gestalten von Entwicklungsprozessen in sozialen Systemen - um die Betrachtung/Analyse/Erforschung der groben Systemstruktur, also um das Erkennen der Komplexität und der Dynamik im System.

Joël de Rosnay stellt zwei komplementäre Ansätze zur Erfassung der Wirklichkeit in Systemen mit ihren Charakteristika gegenüber[124]: (s. Abb. S. 106)

Umgang mit der Komplexität von sozialen Systemen in OE-Prozessen bedeutet:
1. Anwendung einer dem System entsprechenden Varietät des OE-Prozesses
2. Betrachten des Systems im Hinblick auf Grobstrukturen und Muster
3. Konzentration auf die Dynamik im System, auf Prozesse anstelle der Erforschung von linearen Kausalitäten
4. Informationssammlung entsprechend dem systemischen Ansatz

2.2.5.5 Soziale Systeme sind offen - soziale Systeme haben Grenzen

Zu den Gesetzmäßigkeiten lebender Systeme, wozu wie oben dargelegt soziale Systeme zählen, gehört es, daß sie mit ihrer Umwelt in Austauschbeziehungen bezüglich Energie, Materie und Informationen stehen.

Dadurch ergeben sich als maßgebliche Eigenschaften sozialer (offener) Systeme nach Bertallanffy[125]
a) Fließgleichgewicht
b) Aequifinalität
c) Möglichkeit abnehmender Entropie

Fließgleichgewicht heißt, daß soziale Systeme durch ihre Beziehungen zur Umwelt in ein Input-Output Verhältnis treten, das es möglichst konstant zu halten gilt. Das Gleichgewicht des Systems hängt dabei mehr von diesen Input-Output Prozessen ab, als von den Merkmalen des Systems.

Dyllick nennt 3 Charakteristika solcher Fließgleichgewichte, die alle Lebewesen kennzeichnen[126]:

124 Rosnay, J.d. "Das Makroskop ...", a.a.O. - S. 95 f
125 vgl. Bertallanffy, L. "General System Theory", Panguin 1973 in: Dyllick, T.: Gesellschaftliche Instabilität und Unternehmensführung". Bern 1982 - S. 181 f
126 vgl. Dyllick, T. "Gesellschaftliche Instabilität ...", a.a.O. - S. 182

Joël de Rosnay: 2 Ansätze zur Erfassung der Wirklichkeit in Systemen

Analytischer Ansatz:	*Systemischer Ansatz:*
Isolierung; Konzentration auf die einzelnen Elemente.	Verbindende Betrachtungsweise, Untersuchung der Wechselwirkung zwischen den Elementen.
Untersuchung der Art der Wechselwirkung.	Ergebnisse der Wechselwirkungen.
Genaueste Detailbetrachtung.	Globale Betrachtungsweise.
Jeweilige Modifizierung einer Variablen.	Modifizierung von Gruppen aus mehreren Variablen.
Betrachtete Erscheinungen sind unabhängig ihrer Dauer reversibel.	Integration von Dauer und Irreversibilität.
Entsprechend einer Theorie, obliegt die Auswertung der Ergebnisse dem Experiment.	Die Bewertung der Ergebnisse resultiert aus dem funktionellen Vergleich des Modells mit der Realität.
Präzise und detaillierte, aber nur mit großen Schwierigkeiten für Aktionen nutzbare Modelle (zum Beispiel ökonometrische Modelle).	Modelle, die als Wissensgrundlagen nicht ausreichend sind, aber nutzbar für Entscheidungen und Aktionen (wie die Weltmodelle des Club of Rome).
Wirksamer Ansatz, so lange die Wechselwirkungen linearer Art oder schwach sind.	Nutzbarer Ansatz bei nichtlinearen und starken Wechselwirkungen.
Innerhalb von Disziplinen faßbar.	Viele Disziplinen umfassend.
Führt zu detaillierten festgelegten Handlungen.	Führt zu zielgerichteten Handlungen.
Detailkenntnisse mit schlecht definierten Zielen.	Kenntnis der Ziele bei unbestimmten Details.

a) Bei stetem Stoffaustausch mit der Umwelt wird ein konstantes Verhältnis der Systemkomponenten erhalten.
b) Unabhängig von genau spezifizierten, durchfließenden Stoffen kann die Zusammensetzung des Systems erhalten bleiben.
c) Das System kann sein Fließgleichgewicht nach einer Störung allein wiederherstellen = Fähigkeit der Selbstregulation des Systems.

Aequifinalität bedeutet, daß es zwischen einem Ausgangszustand und einem später erreichten Zustand des Systems keine eindeutige Beziehung gibt, oder mit anderen Worten, daß unabhängig des Ausgangszustandes ein bestimmter späterer Zustand erreicht wird und umgekehrt ein konkreter Ausgangszustand verschiedene spätere Zustände ermöglicht.

"Die Gesetze der Wahrscheinlichkeit besagen, daß ein abgeschlossenes System von alleine immer nur in Richtung Unordnung streben kann oder .... daß seine *Entropie* nur zunehmen kann. Mit der zunehmenden Unordnung zerfiele jedoch jedes System wieder in ein Nicht-System"[127]. Durch die Offenheit = Austauschbeziehungen geben Systeme Entropie an die Umwelt ab und bleiben dadurch lebensfähig. Offene Systeme haben die Fähigkeit, lokal den Entropiegrad zu erniedrigen und sich gleichzeitig zu einem höheren Grad von Komplexität weiterzuentwickeln[128].

Diese Eigenschaften stehen aufgrund der Offenheit sozialer Systeme in Relation zu den beschriebenen Subsystemen der Differenz zwischen System und Umwelt, der Systemdifferenzierung, der Differenz zwischen Element und Relation und dem Problem der Komplexität.
Nicht im Gegensatz dazu, vielmehr als Weiterentwicklung steht die Berücksichtigung des laut Luhmann ebenso unumstrittenen Axioms der Systemtheorie, daß Systeme Grenzen haben, die die Funktion der Trennung und der Verbindung von System und Umwelt haben. "Mit Hilfe von Grenzen können sich Systeme öffnen und schließen, indem sie interne Interdependenzen von System/Umwelt-Interdependenzen trennen und beide aufeinander beziehen"[129]. Zudem haben Grenzen eine Identitäts- und Sinn - stiftende Wirkung. "Der Sinn von Grenzen liegt in der Begrenzung von Sinn. Nicht alles, was in der Welt passiert, nicht alle Ereignisse, Informationen und Zustände können von sozialen Systemen berücksichtigt und verarbeitet werden. Gegenüber einer komplexen Umwelt müssen Sozialsysteme ihre Aufmerksamkeit, ihre Zeit und Energie auf das systemrelativ Sinnvolle begrenzen. So ist etwa für eine Partei nur das wichtig, was eine politische Frage ist oder werden kann; für ein Unternehmen nur das, was Auswirkungen auf seine Produkte (seine Leistungen oder insgesamt auf sein Geschäft, Anmerkung des Verfassers) hat."[130]
Grenzen können für diese Funktion der Sinnstiftung, des Trennens bzw. Verbindens ausdifferenziert werden als Grenzeinrichtungen, Grenzzonen,

127 Vester, F. "Neuland des Denkens", a.a.O. - S. 29
128 vgl. Rosnay, J.d. "Das Makroskop", a.a.O. - S. 81
129 Luhmann, N. "Soziale Systeme", a.a.O. - S. 52 f
130 Wilke, H. "Systemtheorie", 2. erw. Auflage. Stuttgart 1987 - S. 37

Grenzstellen (Grenzsysteme); dadurch kann die Komplexität verringert werden, da "ein über Grenzen vermittelter Kontakt keinem System die volle Komplexität des anderen vermitteln kann"[131].

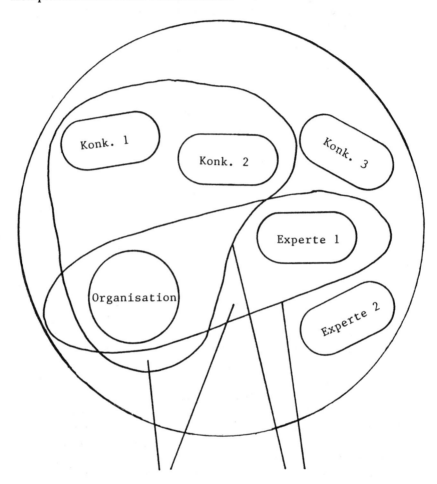

vorübergehend relevante Systeme bzw. Systemgrenzen für die Organisation

131 Luhmann, N. "Soziale Systeme", a.a.O. - S. 53

Luhmann postuliert weiter, daß Systemgrenzen immer eine Umwelt ausgrenzen. Die dabei gestellten Anforderungen variieren jedoch, wenn das System in seiner eigenen Umwelt verschiedene andere Systeme (und deren Umwelten) unterscheiden und seine Grenzen auf diese Unterscheidung einstellen muß. Dieses Charakteristikum sozialer Systeme ist für kleine und mittlere Organisationen in besonderem Maße relevant. Dies ergibt sich z.B. aufgrund notwendiger, aber laufend wechselnder Kooperationen mit Konkurrenten, Lieferanten, Kapitalgebern, usw.

Der Job an der Grenze

Wenn's der Dienstplan vorsieht, übernimmt Anselm seinen Dienst an der Grenze. Und die ist klar, denn seine Wachstube ist eindeutig diesseits der Grenze; seine Normen, Regeln, Arbeitsanweisungen wurden diesseits der Grenze ausgedacht und gelehrt; und auch sein Weg von und zur Grenze ist ein wohlbekannter, diesseits der Grenze. Die Arbeit selbst sollte ebenso auf der vertrauten Seite, streng nach Vorschrift an der Grenze verrichtet werden. Aber was heißt an der Grenze? Immer wieder lockt ihn sein Kollege auf der anderen Seite hinüber, tut so als wäre nichts dabei. Warum kommt eigentlich er niemals über die Grenze zu Anselm? Auch für ihn wäre es nur ein kleiner Schritt. Aber eben auch – so wie für Anselm – eine Verletzung der Dienstvorschriften. Wenn gerade einmal wenige oder gar keine Grenz-Gänger, die übrigens in ihrem Auto sitzend die Grenze meist gar nicht wirklich wahrnehmen, die Aufmerksamkeit von Anselm erfordern, ja dann entdeckt er sich immer wieder auf der anderen Seite stehend; obwohl er dafür regelmäßig gerügt wird, seine Karriere und damit auch sein gehaltliches Weiterkommes bedroht sind, passieren ihm diese schleichenden Grenzübertritte laufend. Eine von Anselm schon ernsthaft überlegte Lösung wäre ein formaler Wechsel auf die andere Seite der Grenze. Aber würde es ihn dann nicht auf dieselbe Art und Weise zurückziehen?
Diese Gedanken wälzt Anselm, während er nur mit einer Hand winkend ständig den Grenzübertritt freigibt.

2.2.5.6 Selbstorganisation – Selbstreferenz und Autopoiese

Wir wollen mit dem Subsystem zur Charakterisierung sozialer Systeme "der Selbstreferenz" an die Ausführungen über die selbstorganisierenden Kräfte in Organisationen im Zusammenhang mit der Organisationsstruktur anknüpfen.
Ausgangspunkt stellt dabei das kybernetische Funktionsprinzip der Homöostase dar, das dafür sorgt, daß "ein oder mehrere Faktoren, Größen oder

Variablen innerhalb von sogenannten 'physiologischen' (= dem System und seinen Eigenarten entsprechenden) Grenzen gehalten werden, also stabilisiert werden und zwar - und das ist das eigentlich Wichtige - trotz nach Art, Ursache und konkreter Wirkung unbekannter Einflüsse und Störungen"[132].

Für soziale/lebende Systeme bedeutet das Phänomen der Homöostase, daß es in diesen Systemen selbststrukturierungs-, selber Ordnung schaffende Kräfte gibt. OE-Prozesse haben die Aufgabe, diesen Kräften Raum, Zeit und Energie zu verleihen. Das Selbstorganisationsparadigma bedeutet nicht, daß es in Organisationen keine zweckgerichteten Handlungen mehr gibt. Auch selbstorganisierende Systeme müssen/können organisiert werden, "allerdings nicht auf derselben Ebene, auf der sich die Selbstorganisation abspielt, sondern auf der Metaebene"[133]. Diese Metaebene ist der OE-Prozeß, durch den die auf der Objektebene wirkenden selbststeuernden Kräfte freigelegt werden sollen.

Ein Beispiel für Homöostase oder Selbstorganisation gibt Watzlawick:[134]

"In einer bestimmten Gegend Nordkanadas zeigt die Fuchsbevölkerung eine auffallende Regelmäßigkeit in der Zu- und Abnahme ihrer Dichte. Im Laufe von 4 Jahren steigt sie zunächst zu einem Höchstwert an, beginnt dann abzusinken, erreicht einen kritischen Tiefpunkt und beginnt schließlich wieder anzusteigen. Ein Grund für diese Periodizität ist weder im Einzeltier noch in der sozialen Organisation der Gattung zu finden. Erst wenn - wie es heute selbstverständlich ist - die unmittelbare Umwelt einbezogen wird, zeigt es sich, daß die in derselben Gegend lebenden wilden Kaninchen identische Phasen durchlaufen, die allerdings gegenüber denen der Füchse um zwei Jahre verschoben sind: dem Höchststand der Fuchsbevölkerung entspricht der Tiefstand der Kaninchen und umgekehrt. Da die Füchse fast ausschließlich von Kaninchen leben und diese kaum einen anderen natürlichen Feind haben als die Füchse, erweist sich der 4-Jahres-Zyklus als eine Interferenzerscheinung des Zusammenlebens dieser beiden Gattungen: je zahlreicher die Füchse, desto mehr Kaninchen werden gefressen; je weniger Kaninchen, desto weniger Nahrung ist für die Füchse vorhanden und desto weniger Füchse überleben und pflanzen sich fort, was für die Kaninchen eine Schonzeit bedeutet und ihre Zahl rasch wieder ansteigen läßt."

In diesem Beispiel für Homöostase und Selbstorganisation steckt gleichzeitig die Forderung, vernetzte Systeme mit systemischer Sicht zu betrachten, da eine monadische Sichtweise keine Erklärung z.B. für das Ansteigen bzw. Abfallen der Kaninchenzahlen zeigen würde.

132 Malik, F. "Strategie des Managements komplexer Systeme", a.a.O. - S. 389 f
133 ebenda S. 349
134 Watzlawick, P./Beavin, J./Jackson, D. "Menschliche Kommunikation". Bern 1982, 6. Auflage - S. 19 f

Im Hinblick auf die Entwicklung/Veränderung von selbstorganisierenden Systemen kommt nun der Selbstreferenz besondere Bedeutung zu. "Der Begriff Selbstreferenz bezeichnet die Einheit, die ein Element, ein Prozeß, ein System für sich selbst ist"[135]. Systeme sind also selbstreferentiell, wenn sie sich selbst hinsichtlich ihrer Struktur und ihrer Elemente definieren, oder - und dies hat für die OE Bedeutung - wenn sie als Folge ihrer homöostatischen Mechanismen ihre eigene Struktur stabilisieren.

In Erweiterung der Selbstreferenz beschreibt Maturana das Phänomen der Autopoiese, das besagt, daß lebende Systeme so organisiert sind, daß sie die Elemente, aus denen sie bestehen, mit Hilfe ebensolcher Elemente ständig neu erzeugen. Der Begriff der Autopoiese "beschreibt einen systeminternen Prozeß, mit dessen Hilfe sich lebende Systeme als Ganzheiten, d.h. in ihrer charakteristischen Einheit, selbst reproduzieren, sich ständig neu schaffen, ihre Identität bewahren. Ohne einen solchen 'autopoietischen' Prozeß kann ein System die Differenzierung, die identitätsstiftende Grenze zwischen sich und seiner Umwelt für seine Eigenproduktion nicht fruchtbar machen. In dieser aktiven Selbsterneuerung eines lebenden Systems bilden Produkt und Produzent eine Einheit."[136] Dementsprechend macht die Autopoiese soziale, lebende Systeme zu autonomen Einheiten, weil sie durch dieses Phänomen dazu fähig sind, ihre eigene Gesetzlichkeit zu spezifizieren.[137] "Alle (dynamischen) Zustände eines autopoietischen Systems sind Zustände der Autopoiese und führen zur Autopoiese. In diesem Sinne sind auch autopoietische Systeme geschlossene Systeme, ihre Erscheinungswelt ist notwendigerweise ihrer Autopoiese untergeordnet"[138].

Das Phänomen der Autopoiese macht gerade der OE deutlich, daß neben dem Blick auf die Umwelt von Organisationen ihre internen Strukturen für ihre Lebensfähigkeit von zentraler Bedeutung sind. "Damit kommt ins Blickfeld, daß Systeme zunächst und vor allem ihre eigene Kontinuierung organisieren müssen, um als Systeme in Beziehung zu ihrer Umwelt treten zu können. Und es wird deutlich, daß selbst noch die Art möglicher Umweltbeziehungen abhängt von der innengeleiteten Operationsweise des autopoietischen Systems." (Wilke, H. "Systemtheorie" 3. Auflage, Stuttgart 1991, S. 44) In weiterer Folge beeinflußt das Autopoiese-Konzept das gesamte Interventionsrepertoire und den Fokus der systemtischen Entwicklung und Begleitung von lebenden Systemen in OE-Prozessen.

135 Luhmann, N. "Soziale Systeme", a.a.O. - S. 58
136 Wimmer, R. "Der systemische Ansatz", in: Schmitz, C. et al. "Managerie Jahrbuch für systemisches Denken und Handeln". Heidelberg 1992 - S. 94
137 vgl. Maturana, H.R./Varela, F.J. "Der Baum der Erkenntnis". Bern 1987 - S. 55
138 Maturana, H.R. "Erkennen: Die Organisation und Verkörperung von Wirklichkeit", 2. Auflage. Wiesbaden 1985 - S. 142

2.2.5.7 Strukturdeterminiertheit und strukturelle Koppelung

Während sich die Technologien in der Produktion in fast allen Branchen radikal verändert haben, oder Kundenbedürfnisse, Kundenverhalten sich vollkommen anders zeigt, während sich Produktlebenszyklen und die Zeit, in der mit einem Produkt Gewinne erzielt werden, in vielen Unternehmen dramatisch verkürzt haben und damit die Anforderungen an die Innovationsfähigkeit von Organisationen enorm gestiegen sind, während sich also sowohl im Inneren als auch in der Umwelt von Unternehmen Veränderungen en masse zeigen und auch realisiert werden, bleiben die Grundstrukturen in Unternehmen und Institutionen bis auf einige kosmetische Anpassungen stabil. Manche Manager und Organisationen sagen "Gott sei Dank, denn Strukturveränderungen bringen jeweils schwer kontrollierbare Störungen und Unruhe mit sich, die dem Geschäft schaden"; und beim Blick in andere Unternehmen, in denen Produktivitätsvorsprünge und Wettbewerbsvorteile festgestellt werden (wie dies zum Beispiel im Zusammenhang mit japanischen Unternehmen, die ein "schlankes Management" praktizieren, zutrifft), zeigen sich diesen Managern und Organisatoren Unterschiede im Verhalten, in der Qualifikation und in der Führung von Mitarbeitern, in den Technologien, in Sozialgesetzen/Urlaubsansprüchen, in Qualitätssicherungssystemen udgl. (oder auch nur Fehler in der erstellten Studie), aber die Unterschiede in den strukturellen Grundhaltungen und Mustern dieser erfolgreichen Unternehmen bleiben unentdeckt – sie zu sehen hieße an einem tragenden Prinzip der Organisation zu rütteln.

Stellenwert und Wirkung von Strukturen in Organisationen

Organisationen sind *strukturdeterminiert!* Das heißt, daß die Struktur einer Organisation bestimmt, welche Informationen von außen überhaupt wahrgenommen werden können und zu welchem Wandel / zu welchen Konsequenzen die Organisation aufgrund einer wahrgenommenen Information überhaupt in der Lage ist. Mit anderen Worten determiniert die Struktur einer Organisation, welche Verhaltensweisen eine Organisation zur Verfügung hat oder andererseits eben nicht hat.

Die Strukturen einer Organisation sind dabei nicht nur die verschiedenen Teile (Geschäfts- oder Leistungsbereiche oder Funktionen) – also das Organigramm – sondern alle ordnenden, steuernden, kontrollierenden und koordinierenden Einheiten und ihre Beziehungen untereinander. Lebendig sind diese Strukturen durch die Menschen und ihre Beziehungen in einer Organisation – und da wiederum zeigt sich, daß es eine *strukturelle Koppelung* zwischen den Menschen und den Strukturen der Organisation gibt. Das heißt, daß die Gesamtheit der Organisationsstrukturen und die Denk- und Handlungsstrukturen der Menschen eine strukturelle Einheit bilden. Durch dasselbe Phänomen sind Organisationen mit Teilen ihrer Umwelt strukturell gekoppelt, wodurch sei einerseits von außen beeinflußt werden und im Rahmen ihrer strukturellen Möglichkeiten sich anpassen und andererseits Teile ihrer Umwelt beeinflussen – im Sinne von anstoßen – können.

Die Konsequenz des Phänomens der Strukturdeterminiertheit von Organisationen ist, daß strukturelle Änderungen das Denken und Handeln der Menschen innerhalb der Organisation nachhaltig beeinflussen und soweit eine strukturelle Koppelung mit relevanten Personen und/oder Systemen in der Umwelt vorliegt, trifft dies auch auf diese zu. Das heißt, daß die Veränderung von Strukturen ein nachhaltiger Eingriff in ein Unternehmen ist. Insofern stimmt es, daß Strukturänderungen gegebene Gewohnheiten stören und nicht zur Gänze beherrschbare Folgen nach sich ziehen; und unter Berücksichtigung der strukturellen Koppelung der Menschen in der Organisation und der Organisationsstrukturen können Strukturänderungen das Verhalten der Menschen maßgebend beeinflussen. Dies hat zur Folge, daß strukturelle Veränderungen unter starker Beteiligung der betroffenen Menschen stattfinden sollen, um eine Koevolution der vielfältigen Strukturen und deren praktisches Funktionieren zu ermöglichen.

Noch eine Bemerkung am Rande. Im Zusammenhang mit der Strukturdeterminiertheit relativiert sich die Maxime "structure follows strategie", denn der Rahmen strategischer Überlegungen wird ja bereits durch die gegebenen Organisations-, Denk- und Handlungsstrukturen bestimmt.

Zwei Prinzipien bei der Strukturierung von Organisationen

I. Strukturieren in Organisationen bedeutet differenzieren oder ab-teilen

Dieses Strukturierungsmuster liegt vielen Organisationen und Menschen in Fleisch und Blut. Dies ist zum Teil ein Ergebnis unserer Schulsysteme, in denen "Fächer und Fakultäten" primär unabhängig und differenziert voneinander arbeiten. Das Ganze ist zu groß, also teilen. Verbindungen? Vereinzelt werden Projektwochen und interdisziplinäre Arbeiten zur Überbrückung der Differenzen eingesetzt.

In Sachen Differenzierung über mehrere Generationen geschulte Menschen strukturieren, denken und handeln selbstverständlich auch in Unternehmen und Institutionen nach diesem Prinzip. Dementsprechend gibt es in fast allen Organisationen Ab-teilungen, die eben ein abgetrennter Teil des Ganzen sind. Und es gibt das Leiter- und Hierarchiemodell, in dem das Oben und Unten als Ordnungsprinzip fungiert; zudem hat die Hierarchie die Funktion der Koordination der Abteilungen. An diesem Muster ändern auch "neu" installierte Hauptabteilungen nichts.

Entsprechend diesem internalisierten Differenzierungsprinzip und der Strukturdeterminiertheit wird den komplexen Anforderungen der Kunden, des Wettbewerbs, der Technik, der Umwelt mit Differenzen-Überbrückungs-Strukturen begegnet. In Form von Sitzungen, Projekten, Koordinations-abteilungen. Oder es werden formelle strategische Geschäftseinheiten und auch dafür Verantwortliche eingerichtet deren praktisches Aktivwerden aber ob der vielfältigen und ausreichend beschäftigenden Tätigkeiten im Rahmen der gewohnten Abteilungen nicht stattfindet bzw. auch vom Management nicht unterstützt oder eingefordert wird. Es gibt dann eine informelle Hierarchie, die besagt, das Tun der Abteilungen steht im Vordergrund, wenn dann noch Zeit bleibt, werden die SGE's aktiv. Oder die gewohnten Machtverhältnisse stabilisieren die gewohnten Strukturen und dulden die Einrichtung der selbständigen Einheiten.

Bestandteil des Differenzierungsprinzips ist das Spezialistentum von Mitarbeitern, die schon nach wenigen Jahren nur noch in der angestammten Abteilung einsetzbar sind – zugegebenermaßen mit hoher Qualifikation für ihr Spezialgebiet. Zu beobachten ist dabei, daß diese Spezialisten kaum in der Lage sind mit anderen Abteilungsspezialisten zu kommunizieren, weil sie von deren Welt keine oder nur eine theoretische Ahnung haben.

Entsprechend der Strukturdeterminiertheit gäbe es noch viele Bereiche in Organisationen aufzuzählen, in denen sich das Differenzierungsprinzip auswirkt. Entscheidend ist die Frage, ob die für die jeweilige Organisation relevante Umwelt (Markt, Kunden, Wettbewerber, Gesellschaft, Ökologie ...) selbst die Differenzierungshaltung lebt oder ob dies nicht mehr der Fall ist. Gibt es Anzeichen für Letzteres dann ist es an der Zeit, das Differenzierungsmuster als Grundidee der Strukturierung aufzuweichen und sich von der Idee der Integration stören bzw. beflügeln zu lassen.

II. Strukturieren in Organisationen bedeutet integrieren.

Integration als Grundidee der Strukturierung von Organisationen heißt strukturieren, denken und handeln in Ganzheiten. Nicht teilen sondern zusammenfügen ist das Leitmotiv. Dementsprechend werden die selbständigen Einheiten in Form von Produkt- oder Leistungsbereichen oder Zielgruppenfelder oder Strategische Geschäftseinheiten zu den bestimmenden, und deshalb auch mit entsprechender Kompetenz und Einflußmöglichkeit ausgestatteten, Sub-Ganzheiten. Unterstützt werden diese durch Dienstfunktionen (diese werden auf ein Minimum reduziert und agieren selbst im Unternehmen als selbständige Einheiten, die ihre Leistungen verrechnen) und der Handlungsspielraum wird durch die Gesamtunternehmensstrategie und das Leitbild abgesteckt.

Integration löst einzelne Personen von einer fixen, über mehrere Jahre gleichbleibenden Funktionenzuordnung. Dementsprechend übernehmen Personen Aufgaben und können mit der Aufgabe in verschiedene Funktionen des Unternehmens gehen; so kann zum Beispiel der Produktentwickler sein Produkt als oder in einer SGE in den Markt einführen oder in der Produktion zum Laufen bringen. Neben dem spezifischen Fachwissen übernehmen Spezialisten und Führungskräfte vorübergehend Aufgaben in anderen Bereichen bzw. Führungsebenen. Kontrollabteilungen, Qualitätsspezialisten werden überflüssig, weil man erkannt hat, daß sie auch jetzt nur in einem kleinen Bereich des Unternehmens aktiv sind, während der überwiegende Teil der Leistungen von den dafür Verantwortlichen selbst kontrolliert wird.

"Die hierarchische Ordnung sollte soweit als möglich verflacht, eingeebnet werden. Soweit sie vermeintlich oder wirklich (?) nicht zu entbehren ist, sollte sie nicht als One-way-Ordnung, das heißt von oben nach unten verstanden werden, sondern als Rückkoppelungsprozeß von oben nach unten und von unten nach oben. Diese Form hierarchischer Vernetzung sollte verstärkt werden durch Vernetzung der Abteilungen auf gleicher Ebene (Heterarchie)".[139] Heterarchien, also flache Hierarchien oder "schlanke" Organisationen, haben zudem einen netzwerkartigen Charakter, der über das Unternehmen hinausreicht. Ein Beispiel dafür ist die Integration von Lieferanten in Prozesse der Produktentwicklung.

Eine besondere Rolle kommt beim Strukturierungsprinzip der Integration zum einen den Gestaltungs-, Steuerungs- und Koordinationsstrukturen und zum anderen dem prozeßorientierten Arbeiten unter starker Beteiligung der von der jeweiligen Aufgabe Betroffenen zu.

Integration erfordert von den Führungskräften die Fähigkeit, mit unternehmerischen Menschen zusammenzuarbeiten und diesen ein maximum an Autonomie zuzugestehen bzw. abzuverlangen. Damit wird das Strukturierungsprinzip der Integration zu einem eminent politischen Anliegen, denn mehr "Selbstbestimmung wird hoffentlich auch dieselben Werte in die Unternehmenswelt tragen, die auch die Gesellschaft achtet: persönliche Freiheit, Würde und Selbstbestimmung und Selbstverwaltung. Obwohl wir ausdrücklich die Menschenwürde achten und das Recht des Menschen, in Selbstbestimmung zu leben, versagt unsere Demokratie doch insofern, als unsere Arbeitsbedingungen (= Arbeitsstrukturen, Anmerkung) immer noch autokratisch und hierarchisch sind".[140] Die allein entscheidende sowie die bei Struk-

139 Fischer, R. "Management By Bye?", in: Schmitz et al., Managerie. Heidelberg 1992 - S. 34
140 Block, P. "Der autonome Manager". Frankfurt a.M. 1992 - S. 9

tur- und Personalfragen nur zaghaft oder nicht entscheidende Führungskraft wird diese lebendige und lösungsorientierte Struktur nicht leben können bzw. die dafür geeigneten unternehmerischen, autonomen Mitarbeiter nicht halten können. Stellt sich also die Frage, wieweit die Denkstrukturen von Führungskräften das Prinzip der Integration in ihrem Repertoire haben.

Strukturfragen zu stellen und diesbezüglich aktiv zu werden und zu entscheiden, das sind Aufgaben der Führung. Um aus dem Gefängnis der eigenen Strukturdeterminiertheit herauszukommen sind Entwicklungsberater nützlich. Die Arbeit an den Strukturen ist die Arbeit an einem Schlüsselfaktor der langfristigen Lebensfähigkeit von Organisationen.

2.2.6 Das Strukturmodell lebensfähiger Systeme

Die dargestellten Subsysteme zur Charakterisierung lebender/sozialer Systeme und ihre Relation zur OE münden hier in die Frage, wie dementsprechend soziale Systeme bzw. kleine/mittlere Organisationen und Entwicklungsprozesse in diesen Systemen zu strukturieren sind. Die klassische OE orientiert sich großteils an folgenden Strukturen:
a) Organigramm (Stab-Linien bzw. Matrix-Strukturen)
b) Projektorganisation
c) die Gruppe als Strukturelement
d) Fisch-Modell als Struktur des OE-Prozesses

Diese Strukturmodelle werden unseres Erachtens den oben beschriebenen Subsystemen zur Charakterisierung sozialer/lebender Systeme nur zum Teil gerecht, vorwiegend noch bei der operativen Führung und Gestaltung von Organisationen und OE-Prozessen. Meist liegt der Anwendung dieser Strukturen auch eine mechanistische Auffassung von Organisation zugrunde. Aufgabe der OE als Wissenschaft ist es, eine Veränderung zweiter Ordnung zu vollziehen, wozu diese Arbeit ein Beitrag sein soll. Dies unter anderem, indem das Modell lebensfähiger Systeme, das von Stafford Beer entwickelt wurde und von Fredmund Malik bei der Entwicklung einer Strategie des Managements komplexer Systeme weiterbearbeitet wurde, hier als Strukturmodell für die Führung und Gestaltung von Organisationen und auch für OE-Prozesse verwendet werden soll.

Der wesentliche Unterschied zwischen der Anwendung des Modells von Beer für das strategische Management bei Malik und für die OE liegt im System 5 - also in den die OE von der Managementtheorie Malik's abgrenzenden bzw. sich deklarierenden Normen, wie wir sie oben beschrieben haben.

Dementsprechend soll vor der Beschreibung des Modells hier betont werden, daß das Modell von Stafford Beer für die OE keine "neue Wahrheit" sein soll. Vielmehr ein Versuch, der Komplexität, den Differenzierungen, den Wechselwirkungen und der Selbstreferenz sozialer Systeme bei OE-Prozessen zu entsprechen; immer jedoch vor dem Hintergrund des die OE bestimmenden Normensystems.

2.2.6.1 Beschreibung des Strukturmodells von S. Beer

Ausgangspunkt für die Entwicklung des Strukturmodells lebensfähiger Systeme war für Stafford Beer die Struktur des neurophysiologischen Regelsystems beim Menschen. Wir wollen auf die Ableitung hier nur verweisen[141] und als äußeren Ausdruck dafür die Darstellung der Dimensionen der neurophysiologischen Regelung der Darstellung des Modells lebensfähiger Systeme gegenüberstellen:(s. Abb. S. 118)

Im Folgenden wird das Modell in seinen wesentlichsten Aspekten beschrieben und anschließend seine Anwendung im Rahmen der OE für Klein- und Mittelbetriebe diskutiert.

System 1:
Führung und Gestaltung autonomer Systeme bzw. Basiseinheiten lebensfähiger Systeme

Das System 1 umfaßt die Lenkung und Gestaltung relativ autonomer Subsysteme. Diese relativ autonomen Subsysteme sind "alle jene Operationen bzw. Aktivitäten, die der eigentlichen Leistungserbringung und damit der Zweckerfüllung der Unternehmung dienen"[142]. Diese Basiseinheiten lebensfähiger Systeme sind selbständige Einheiten, die eine *eigene Umwelt* haben (gegenwärtige und potentielle Kunden, Konkurrenten, Lieferanten, Mitarbeiter - Gruppen ...), die *selbst* im Hinblick auf ökonomische, soziale, humane, technische, kulturelle und ökologische Dimensionen *lebensfähig sind*.
　　Als solche Basiseinheiten sehen Beer und Malik z.B. Tochterunternehmungen oder Divisionen, weil sie sich in ihren Gesamtüberlegungen an Großunternehmungen orientieren. Bezogen auf kleine und mittlere Organisationen sind es z.B. Zweigstellen einer Bank, Profit Center's, Produkt- bzw. Markt-einheiten; bezogen auf OE-Prozesse sind Subprojekte solche Basiseinheiten.

141　Die detaillierte Ableitung ist bearbeitet in: Beer, St. "Kybernetische Führungslehre". Frankfurt/New York 1973 - S. 71 ff
142　Malik, F. "Strategie des Managements komplexer Systeme", a.a.O. - S. 492

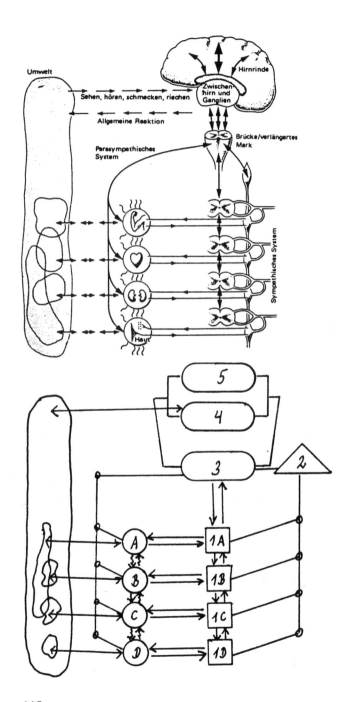

118

Das System 1 umfaßt das Gesamtmanagement solcher Basiseinheiten. Demzufolge sind einzelne Funktionen (Produktion oder Verkauf, Einkauf, Finanz- und Rechnungswesen, Entwicklung ...) allein keine Systeme 1. Es ist also nicht im Sinne des Modells, in einem funktional gegliederten Unternehmen einzelne Funktionen als Systeme 1 zu definieren. Vielmehr umfassen die Systeme 1 verschiedene Funktionen, wobei selbstverständlich je nach der Kultur der Organisation die eine oder andere Funktion dominieren kann (z.B. Verkaufs- oder Produktionsorientierung).

In den meisten Fällen gibt es Spielräume bei der Überlegung, was in einer Organisation als System 1 bezeichnet wird. Denn mit dieser Überlegung ist die Frage nach der eigentlichen Zwecksetzung der Organisation, etwas weiter gefaßt die Frage nach dem Sinn der Organisation verbunden.

Ein Beispiel dafür war die Entscheidung eines Beratungsunternehmens, Publikationen nicht mehr als Teil der Öffentlichkeitsarbeit zu sehen, sondern eben als eine Basiseinheit der Gesamtorganisation, die ein System 1 erfordert. Diese Entscheidung hatte Konsequenzen für die Identität, die personelle Ausstattung, Strategien, Struktur, um nur einige Dimensionen zu nennen.

Bei der Überlegung, welche operativen Elemente als System 1 gelten sollen, können folgende Fragen nützlich sein:
- Ist die vorgeschlagene Operation im Prinzip in der Lage, als autonome Einheit zu operieren?[143]
- Gibt es einen ausreichenden Markt für diese Einheit und entspricht die Größe der Einheit den Marktbedingungen?
- Rechtfertigen Umwelt und Aktivitäten der Basiseinheit die erforderliche Ausstattung mit Personal, Know-how, Maschinen, Räume, Ressourcen...[143]
- Worauf stützt sich die Lebensfähigkeit der Einheit?[143]
- Welche Unterstützung braucht die Einheit für die Gesamtorganisation?[143]

Entsprechend dem Rekursionsprinzip[144] beinhaltet das System 1 die Systeme 1-5 bezogen auf die operative Einheit.

Die Systeme 1, von denen eine Organisation jeweils mehrere in sich hat, stehen in irgendeiner Beziehung untereinander. Diese kann z.B. kooperativ, partnerschaftlich, gegenseitig unterstützend ... oder sich konkurrenzierend sein. Die Qualität dieser Beziehungen ist von besonderer Bedeutung, wo sich die Märkte der verschiedenen Systeme 1 überschneiden. Hier zeigt sich meist das Spielgelbild des Normensystems der Gesamtorganisation, in dem sich z.B. zwei Filialen einer Bank gegenseitig unterstützen, oder sich in "gesunder" Konkurrenz gegenseitig die Kunden abwerben. Diese Beziehungen kön-

143 vgl. Malik, F. "Strategie des Managements komplexer Systeme", a.a.O. - S. 492
144 vgl. S. 125 ff

nen nicht geregelt oder angeordnet werden und sind gerade deshalb oft Anlaß bzw. Bestandteil für OE-Prozesse, wobei vor allem die Fähigkeit zur Konfliktbearbeitung mit authentischer Partizipation entwickelt werden muß, anstelle der letargischen Unterstellung darwinistischer Prinzipien im Zusammenleben dieser Einheiten.

Als strukturelle Unterstützung zur Gestaltung der Beziehungen zwischen den Systemen 1 dient das

System 2: Koordination der Systeme 1

Das Koordinationssystem 2 hat nichts mit der im Organigramm koordinierenden nächsthöheren gemeinsamen Vorgesetztenfunktion zu tun. Vielmehr ist das System 2 eine von den Systemen 1 akzeptierte, jedoch nicht mit Positionsmacht ausgestattete Struktur, die die regelmäßige Koordination der Systeme 1 ermöglicht.(s. Abb. S. 121)

In Klein- und Mittelbetrieben sind die Personen der Systeme 1 und 2 meist ident. System 2 ist z.b. eine regelmäßige Sitzung der Leiter der Systeme 1 oder ein Berichtswesen zwischen den Systemen 1; im Kleinbetrieb kann auch die tägliche Postbesprechung dem System 2 entsprechen; auch das tägliche Gespräch der Partieführer eines Dachdeckerbetriebes entspricht dem System 2. In der Regel hat jede Organisation informelle oder formelle Strukturen zur Koordination der operativen Einheiten.

Im Rahmen von OE-Prozessen, die sich an der Struktur lebensfähiger Systeme orientieren, ist es Aufgabe des Entwicklungsteams Funktionen des Systems 2 wahrzunehmen, Dies wird bei der Beschreibung eines OE-Prozesses auf S.210 ff näher ausgeführt.

Das System 2 geht in jedem Fall über die Sichtweise einzelner Systeme 1 hinaus und bringt Aspekte der Gesamtorganisation ins Spiel, garantiert jedoch nicht den systemtheoretischen Grundsatz, daß das Ganze mehr ist als die Summe seiner Teile. Dies ist Aufgabe des

System 3: operative Leitung des Gesamtsystems

"Diese Funktion ist die Gesamtheit aller operativen Linienfunktionen, die wir in traditionellen Organigrammen finden"[145].

Beeinflußt wird das System 3 durch die unten beschriebenen Vorgaben (Normen und Strategien) der Systeme 4 und 5, sowie durch die Arbeitsweise und das Funktionieren der Systeme 1 und 2.

---

145 Malik, F. "Strategie des Managements komplexer Systeme", a.a.O. - S. 502

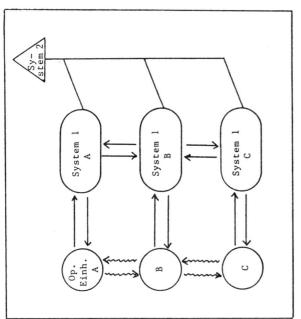

Koordination im lebensfähigen System

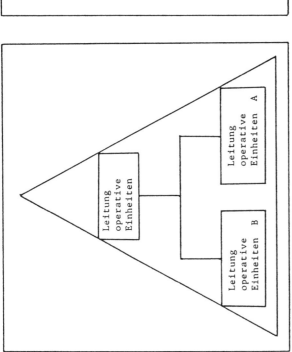

Koordination laut Organigramm

121

Das System 3 ist jene gewohnte Entscheidungsmacht in Organisationen, die mit formaler Befehlsgewalt Weisungen erteilen kann. Traditionell, d.h. dem Geist der Pionierphase oder den Prinzipien der Differenzierungsphase[146] entsprechend, wird dieses Managementsystem als "Führung" bezeichnet, von der die zentrale Interventionskraft ausgeht, Kontrolle zu erfolgen hat und wo die Gesamtverantwortung liegt.

Gemäß den Prinzipien der Integrationsphase und dem Strukturmodell lebensfähiger Systeme darf das System 3 nur insoweit von seiner formalen Befehlsgewalt Gebrauch machen, als dies die Selbständigkeit der Systeme 1 unterstützt bzw. unter Wahrung der Interessen der Systeme 1 für das Gesamtsystem erforderlich ist. Hauptaufgabe für das System 3 ist in diesem Sinne die Integration der Teile zu einem Ganzen. Dieser Anforderung zu entsprechen, erfordert ein informal, auf den Beziehungen der beteiligten Menschen aufbauendes Informationssystem bzw. Informationsverhalten. Dies zu gewährleisten ist ein wesentlicher Inhalt von OE-Prozessen.

Beteiligt an diesen Informationsprozessen sind die Systeme 1, das System 2 und das System 3. In kleinen Organisationen sind die Führungskräfte der Systeme 1 und des Systems 3 oft teilweise oder gänzlich ident. Dies erfordert ein durch den OE-Prozeß zu entwickelndes Bewußtsein für die Funktionen der verschiedenen Managementsysteme.

Die Systeme 1 bis 3 sind auf die Gestaltung und Bewältigung des Tagesgeschäfts ausgerichtet. Die Lebensfähigkeit von Systemen erfordert zudem Zukunftsorientierung und das Auftreten des Gesamtsystems nach außen.

System 4: Strategische Entwicklung des Gesamtsystems

Das System 4 wird von Stafford Beer als "Stätte der Entscheidung"[147] bezeichnet, welche in jeder Organisation vorhanden ist (während dies in Grossorganisationen Stäbe, die dem Top-Management zugeordnet sind, bzw. das Top-Management selbst ist, ist das System 4 in Kleinorganisationen als zu realisierendes und sich selbständig bildendes Zukunftsbild der Organisation im Kopf und Herzen des Pioniers oder in Form von strategischen Strukturen, an der die bestimmenden Menschen der Organisation teilnehmen).

Das System 4 verarbeitet Informationen, die über das gegenwärtige Geschäft hinausgehen und unterhält zu diesem Zweck Kontakte zu einer sehr weit gefaßten Umwelt und bestimmt als Steuerungssystem im wesentlichen den Kurs der gesamten Organisation.

---

146 vgl. S. 203
147 vgl. Beer, St. "Kybernetische Führungslehre". Frankfurt/New York 1973 - S. 188 ff

Die Bestimmung des Kurses erfolgt aufgrund der bewußten oder unbewußten Verarbeitung von Informationen aus der oben erwähnten, weit gefaßten Umwelt, aus dem System 3 und aus dem System 5.(s. Abb. S. 124)

Als bewußtes Management-System wirkt das System 4 in Klein- und Mittelbetrieben der selektiven Wahrnehmung bei der Definition der relevanten Umwelt bzw. von Informationen aus der Umwelt entgegen.

Während in Großorganisationen das System 4 vielfach sehr ausgeprägt durch Experten praktiziert wird, jedoch aufgrund gegebener Mängel im angewandten Entscheidungssystem keine Relevanz auf die operativen Ebenen hat, gilt es in Klein- und Mittelbetrieben vielfach erst das Bewußtsein für das System 4 zu entwickeln. Dies ist weder durch Indoktrination, noch durch strategische Expertenarbeiten, noch durch wissenschaftliche Abhandlungen zu erreichen; vielmehr ist diese lebenserhaltende Bewußtseinsbildung durch praxeologisch angewandte Organisationsentwicklung zu leisten.

Dies vor allem deshalb, weil im Klein- und Mittelbetrieb keine personelle Trennung zwischen System 4 und den Systemen 1 bis 3 besteht; und deshalb die völlig andere Einstellung und Mentalität[148], die für System 4 im Vergleich zu den am Tagesgeschäft orientierten Systemen 1 bis 3 notwendig sind, bei den Menschen selbst entwickelt werden muß (wobei es Bestandteil des OE-Prozesses ist, die notwendige Varietät relativ zur Umwelt des Systems gerade durch diese Personalunion zu gewährleisten).

An welchen Prinzipien/Normen sich die Arbeit von System 4 zu orientieren hat, dies festzulegen, vorzuleben, zu hinterfragen, ist Aufgabe von

System 5: normatives Management

"System 5 ist nicht jene Sammelstelle lokal organisierter, präzise funktionierender Knoten"[149], wie dies das oberste Kästchen in einem Organigramm darzustellen scheint. Vielmehr ist System 5 ein "Mehrfachknoten"[150], in dem es darum geht, "die aus der Interaktion von System 3 und System 4 resultierenden grundsätzlichen Probleme des Ausbalancierens von Gegenwart und Zukunft, von Innenwelt und Außenwelt der Unternehmung durch oberste, Normen setzende Entscheidung zu lösen"[151]. Während das normative Management entsprechend dem traditionellen oben-unten bzw. Hierarchie-Denken dem Top-Management oder gar dem Aufsichtsrat zugeordnet wird, weil nur

---

148 vgl. Malik, F. "Strategie des Managements komplexer Systeme", a.a.O. - S . 507
149 Beer, St. "Kybernetische Führungslehre", a.a.O. - S 212
150 vgl. ebenda S. 208 ff
151 Malik, F. "Strategie des Managements komplexer Systeme", a.a.O. - S. 507

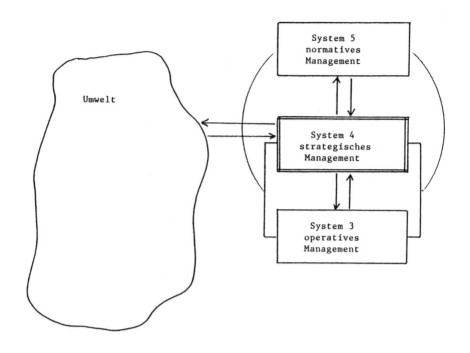

dieser Ebene die Möglichkeit notwendiger Voraussicht zugedacht wird[152], hat gerade die aus der OE entstandene Frage der Organisationskultur aufgezeigt, daß die normbildenden Kräfte nicht allein der Unternehmensspitze zuzuordnen sind. "Regelmäßigkeiten in den Strukturen von Organisationen und im Verhalten ihrer Mitglieder (in der Verteilung von Ressourcen, in strategischen Markt- und/oder Produktenscheidungen usw., Anmerkung des Verfassers) entstünden in dieser Hinsicht nicht in erster Linie aufgrund äußerer ökonomischer Zwänge oder aufgrund deren Antizipation durch die Führungskräfte, sondern aufgrund organisationskulturell bedingter Regelmäßigkeiten in den Kognitionen der Organisationsmitglieder"[153].

Demzufolge wird das System 5 im Rahmen der OE auch insofern zum Mehrfachknoten, als zum einen durch die OE selbst ein definiertes Normensystem Anwendung findet und zum anderen normbildende Strukturen und Prozesse auf den verschiedensten Ebenen des Systems bewußt praktiziert werden.

152 vgl. ebenda S. 149
153 Ebers, M. "Warum Organisationskultur?", in: Zeitschrift der Gesellschaft für OE, 4/85 - S. 6

Sollen Leitbilder ein Element der Organisation selbst sein und nicht ein dem Leben der Organisation entrückter Kodex, ist der "Vorzugszustand"[154] Bestandteil des OE-Prozesses auf allen Ebenen.

Analog dem Bewußtseinsstand im Hinblick auf das System 4 ist auch das Bewußtsein für das System 5 (nicht für das System 5 selbst) eine ungewohnte Komponente in traditionellen Organisationen. Im Gegensatz dazu überwiegt z.b. in den mehr und mehr in Österreich entstehenden selbstverwalteten Organisationen das Bewußtsein und auch die Investition in das System 5, im Vergleich zum Bewußtsein für die Notwendigkeit des Systems 3 in diesen Organisationen.

Es bleibt der praxeologischen OE vorbehalten, Prozesse der Normbildung und -reflexion in Organisationen so zu gestalten, daß dabei die Lebensfähigkeit der Menschen, der Organisation und der sie umgebenden Umwelt im Hinblick auf ökonomische, humane, soziale, technische, kulturelle und ökologische Rationalitäten Beachtung findet.

2.2.6.2 Rekursion und Lebensfähigkeit

Zwei Prinzipien, die dem Strukturmodell lebensfähiger Systeme immanent sind.

Das *Prinzip der Rekursion* als Systemstrukturierungsprinzip besagt im wesentlichen, "daß in eine Konstellation von Systemen, die gemäß der allgemeinen Systemterminologie als Systeme, Subsysteme und Supersysteme bezeichnet werden können, jedes System, gleichgültig auf welcher Ebene es sich befindet, die gleiche Struktur aufweist"[155].

Malik verbindet das Rekursionsprinzip untrennbar mit dem Modell des lebensfähigen Systems[156]. Er beschreibt dabei die Tatsache, daß jedes System 1 die Systeme 1 bis 5 beinhaltet. Dies führt zu einem neuen (systemischen) Verständnis bezüglich des Aufbaus von Organisationen, da dabei das oben-unten bzw. Hierarchie-Prinzip durch die Vorstellung ersetzt wird, daß "niedere" Systeme durch das "höhere" System umfaßt werden. "Die gegenseitigen Beziehungen von Systemen auf jeweils anschließenden Rekursions-ebenen sind ... wiederum metasystemischer Natur"[157].

Wie bereits unter Pkt. 2.2.5.4 erwähnt, ermöglicht das Rekursionsprinzip den Umgang mit der Komplexität von Systemen ohne unzulässigen Reduktionismus. Weiters gilt es, das Rekursionsprinzip bei der Differenzierung von Systemen bzw. Ausdifferenzierung von Subsystemen zu beachten, weil

154 vgl. Malik, F. "Strategie des Managements komplexer Systeme", a.a.O. - S 152
155 Malik, F. "Strategie des Managements komplexer Systeme", a.a.O. - S. 99
156 vgl. ebenda S. 99
157 ebenda S. 101

125

dadurch gewährleistet wird, daß die Subsysteme systemische Ganzheiten sind. Damit wird das "Modell des lebensfähigen Systems zusammen mit den jeweiligen Anwendungsprinzipien ein höchst wertvolles Diagnose- und Gestaltungshilfsmittel"[158].

In diesem Zusammenhang sollte meines Erachtens das Prinzip der Rekursion über das Wesenselement der Struktur hinaus auch die Wesenselemente Identität, Normen/Konzepte, Funktionen, Prozesse, personales Verhalten und Beziehungen umfassen. Diese Erweiterung des Rekursionsprinzips besagt, daß nach dem Rekursionsprinzip gegliederte Organisationen in ihren Subsystemen in allen oben erwähnten Wesenselementen Spiegelbilder der Gesamtorganisation sind, bzw. die Gesamtorganisation beinhalten.

Dieses erweiterte Rekursionsprinzip hat für die Gestaltung von OE-Prozessen, die sich ja immer auf die Gesamtheit der Wesenselemente der Organisation beziehen, besondere Bedeutung.

Das *Prinzip der Lebensfähigkeit* besagt nach Malik, "daß die spezifische Zustandskonfiguration, in welcher sich ein System praktisch befindet, auf unbestimmte Zeit aufrechterhalten werden kann"[159]. Es geht dabei also um einen Gleichgewichtszustand, der aufgrund des Ausbalancierens aller Aktivitäten und Elemente (=Subsysteme) der Organisation herrscht.

OE-Prozesse haben als Metaziel das Erarbeiten der Fähigkeit, Ungleichgewichtszustände zu erkennen und das System in einen neuen Gleichgewichtszustand zu führen. Daß dies im Hinblick auf die Komplexität von Organisationen nicht eine einseitige Angelegenheit des Managements sein kann, versteht sich von selbst. Vielmehr gilt es, die Fähigkeiten und Konstellationen zur Reproduktion der Lebensfähigkeit auf verschiedenen Rekursionsebenen zu entwickeln.

Im Zusammenhang mit lebensfähigen Zustandskonstellationen gilt es heute in besonderem Maße, die 6 Rationalitäten[160] von Organisationen zu beachten, wodurch das die Organisation umfassende Suprasystem miteinbezogen wird. Zu diesem Zwecke ist als methodisches Hilfsmittel ein Strukturmodell inhaltlich zu beschreiben, in dem die betrachtete Organisation eine selbständige Einheit ist, die durch ein System 1 gestaltet wird. Daß dabei die Beschreibung der Systeme 2 bis 5 Wirklichkeiten zweiter Ordnung sind, entspricht einer Auffassung des Begriffes "Lebensfähigkeit", die nur a posteriori absolut beurteilt werden kann, antizipatorisch jedoch auch eine Wirklichkeit zweiter Ordnung darstellt.

---

158 ebenda S. 102
159 ebenda S. 112
160 vgl. S. 21

Dies bedeutet nicht eine "willkürliche" Deutung der Lebensfähigkeit. Vielmehr gilt es dabei, die im lebenden Bereich von alleine waltenden 8 biokybernetischen Spielregeln bewußt anzuwenden:

Die acht biokybernetischen Grundregeln

"1) Negative Rückkoppelung dominiert über positive in verschachtelten Regelkreisen.
2) Funktion ist unabhängig vom Mengenwachstum.
3) Funktionsorientierung statt Produktorientierung durch Produkt-Vielfalt und -Wechsel.
4) Jiu-Jitsu-Prinzip. Steuerung und Nutzung vorhandener Kräfte. Energiekaskaden, -ketten und -koppelungen.
5) Mehrfachnutzung von Produkten, Verfahren und Organisationseinheiten.
6) Recycling unter Kombination von Einwegprozessen zu Kreisprozessen.
7) Symbiose unter Nutzung kleinräumiger Diversität.
8) Biologisches Grunddesign. Vereinbarkeit technischer mit biologischen Strukturen. Feedback-Planung und -Entwicklung.

Ohne Vollständigkeit zu beanspruchen, garantieren doch schon diese acht Grundregeln weitgehend die so notwendige Selbstregulation eines Systems bei minimalem Energiedurchfluß und Materialverbrauch"[161].

In einem allgemeinen kybernetischen Sinne ist die Lebensfähigkeit nach Malik "ausschließlich eine Angelegenheit der invarianten Systemstruktur oder Organisationsstruktur der betreffenden Unternehmungen"[162].

Für die systemisch-evolutionäre Organisationsentwicklung bedeutet die Lebensfähigkeit der Organisation einen Gleichgewichtszustand der 7 Wesenselemente der Organisation, wobei in struktureller Hinsicht das Modell lebensfähiger Systeme grundlegend sein soll.

2.2.6.3 Anwendung des Strukturmodells lebensfähiger Systeme im Rahmen der OE in Klein- und Mittelbetrieben

Die Anwendung des Strukturmodells lebensfähiger Systeme im Rahmen der OE von Klein- und Mittelbetrieben ist zunächst eine Folge der Auffassung, daß Organisationen im Rahmen der OE lebende Systeme sind. So gesehen scheint es geradezu unumgänglich, daß lebende Systeme eine Struktur

---

161 Vester, F. "Neuland des Denkens". Stuttgart 1980 - S. 85 f
162 Malik, F. "Strategie des Managements komplexer Systeme", a.a.O. - S. 114

lebensfähiger Systeme haben und diese Struktur im Rahmen der Entwicklung lebender Systeme richtungsweisend bzw. grundlegend ist.

Folgt man dieser Auffassung, so ergibt sich eine zweifache Anwendung des Strukturmodells bei OE-Prozessen:

a) *Das Strukturmodell als Struktur für die sich entwickelnde Organisation*

Wie bereits erwähnt[163], ist gerade die Strukturfrage in der organisationstheoretischen Forschung eine zentrale, eng mit dem Paradigmenwechsel[164] verbundene Frage. Zudem zeigt sich in den von uns durchgeführten OE-Prozessen, daß die Strukturfrage auch eine praxeologische Frage darstellt, weil z.B. das Organigramm immer weniger in der Lage ist, die real stattfindenden bzw. erforderlichen Prozesse und Funktionsverteilungen aufzuzeigen.

Das Strukturmodell lebensfähiger Systeme ist in dem Sinne kein Ersatz für das Organigramm. Vielmehr führt es die in den OE-Prozeß integrierten Menschen zu einer lebendigen Auseinandersetzung mit der Strukturfrage. Dies indem z.B. geklärt werden kann:

Welches sind denn in unserer Organisation die Systeme 1?

Welche Strukturen haben wir bzw. sollten wir zur Koordination der Systeme 1 im Sinne des Systems 2 haben?

Welche Funktion muß in unserer Organisation das System 3 erfüllen?

In welcher Form praktizieren wir System 4 und 5?

Wer ist für welches Gestaltungssystem in welcher Funktion verantwortlich?

Mit diesen Fragen soll nur angedeutet werden, daß das Strukturmodell in der Analysephase viele selbststeuernde Kräfte deutlich macht bzw. in weiteren Phasen des OE-Prozesses die Notwendigkeit für strukturelle, selbst steuernde Maßnahmen verdeutlicht. Somit ermöglicht das Strukturmodell eine dem lebenden System entsprechende bzw. Lebensfähigkeit entwickelnde Führung und Gestaltung von Organisationen und ermöglicht den lebenserhaltenden Prozessen den notwendigen Raum.

"Die Dynamik und der Wandel der Dinge und Wesen im zeitlichen und räumlichen Umfeld ist das eigentlich Reale und nicht die kurzfristige Manifestation und Systemstruktur".[165]

Bei der Anwendung des Strukturmodells in Klein- und Mittelbetrieben ist einerseits die erforderliche Varietät in Frage gestellt, in dem nur wenige Personen in den Systemen 1 bis 5 tätig und verantwortlich sind. In besonderem Maße gilt dies für die Systeme 4 und 5. Aus diesem Grund scheint es angebracht, zumindest in Kleinbetrieben die Systeme 4 und 5 unter Beiziehung

---

163 vgl. Pkt. 2.1.2 - S. 59
164 vgl. Pkt. 2.2 - S. 72 ff
165 Lutz, R. "Die sanfte Wende". München 1984 - S. 9

128

externer Change agents in einer bestimmten Periodizität rollierend zu reflektieren und für die nächste Zukunft festzulegen. Zum anderen ist es genau diese Personalunion in den verschiedenen Systemen 1 bis 5 bzw. in den verschiedenen Funktionen des Gesamtsystems, die eine neue Art von Fließgleichgewicht ermöglicht, das nicht durch die Maximierung einzelner Variablen im System (also nicht aufgrund einer Konkurrenzstrategie) zustande kommt; vielmehr kommt durch den laufenden Funktionenwandel ein dynamisches, alle Variablen beachtendes Fließgleichgewicht selbstregulierend zustande.[166]

Durch die Personalunion besteht die Beziehung zwischen den Systemen 1- 5 durch interpersonelle und intrapersonnelle Kommunikation. Daß dabei die Kontrolle im Gesamtsystem eher zunimmt, soll unten noch verdeutlicht werden. Es muß an dieser Stelle jedoch betont werden, daß hinter der personellen Differenzierung im System das Konkurrenzprinzip (symmetrische Schismogenese) bzw. die Prinzipien Herrschaft-Unterwerfung, Unterstützung-Abhängigkeit (komplementäre Schismogenese)[167] steht, wobei jeweils einzelne Variablen im System zu maximieren versucht werden. Diese Prinzipien sind gefährdet, sobald einzelne Personen in mehreren Systemen tätig sind.

Die praktische Anwendung des Strukturmodells in einer professionellen Organisation (ein Institut für OE) mit 5 Mitarbeitern, von denen 3 innerhalb des Strukturmodells Funktionen übernehmen, zeigt folgendes Bild:

166 vgl. Bateson, G. "Ökologie dse Geistes", a.a.O. - S. 178 ff
167 vgl. Bateson, G. "Ökologie des Geistes", a.a.O. - S. 158 f

Praktische Anwendung des Strukturmodells in einem Kleinbetrieb

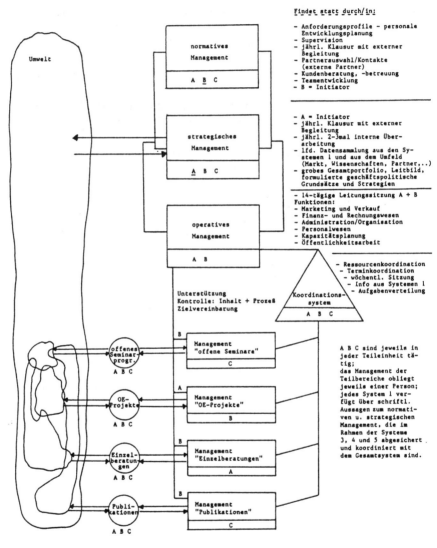

Findet statt durch/in:

- Anforderungsprofile - personale Entwicklungsplanung
- Supervision
- jährl. Klausur mit externer Begleitung
- Partnerauswahl/Kontakte (externe Partner)
- Kundenberatung, -betreuung
- Teamentwicklung
- B = Initiator

- A = Initiator
- jährl. Klausur mit externer Begleitung
- jährl. 2-3mal interne Überarbeitung
- lfd. Datensammlung aus den Systemen 1 und aus dem Umfeld (Markt, Wissenschaften, Partner,..)
- grobes Gesamtportfolio, Leitbild, formulierte geschäftspolitische Grundsätze und Strategien

- 14-tägige Leitungssitzung A + B Funktionen:
- Marketing und Verkauf
- Finanz- und Rechnungswesen
- Administration/Organisation
- Personalwesen
- Kapazitätsplanung
- Öffentlichkeitsarbeit

- Ressourcenkoordination
- Terminkoordination
- wöchentl. Sitzung
- Info aus Systemen 1
- Aufgabenverteilung

A B C sind jeweils in jeder Teileinheit tätig;
das Management der Teilbereiche obliegt jeweils einer Person;
jedes System 1 verfügt über schriftl. Aussagen zum normativen u. strategischen Management, die im Rahmen der Systeme 3, 4 und 5 abgesichert und koordiniert mit dem Gesamtsystem sind.

(A B C = Einzelpersonen)

130

Das Management dieser Organisation läuft seit 1983, wobei in den ersten 4 Jahren Form und Inhalt der Systeme 1 - 5 verschiedene Veränderungen durchmachten und zum anderen die Handhabung der Beziehungen zwischen den Systemen 1 bis 5 viel Übung erforderte.

Die damit im Strukturmodell immanente Dynamik des Fließgleichgewichts erfordert hohe Fähigkeiten der Kooperation, Teamarbeit, Konfliktaustragung und eine permanente Investition der Teammitglieder in den Auf- und Ausbau dieser Fähigkeiten und auch Flexibilität; d.h. das Gleichgewicht ergibt sich nicht durch Vertrauen in eine Funktion, Aktivität, Rolle, sondern - ähnlich einem Seiltänzer - durch permanente Bewegung.

b) Das Strukturmodell als Struktur für den OE-Prozeß

Entsprechend dem Charaktermerkmal von sozialen Systemen, daß Komplexität des Systems nur durch Komplexität bewältigt oder absorbiert werden kann, ist es eine Forderung an die Struktur von OE-Prozessen, daß sie der Komplexität der Organisation entspricht. In diesem Sinne wird das Strukturmodell als Struktur des OE-Prozesses verwendet, wenn es gilt, nach der Analyse- und Diagnosephase den Entwicklungsprozeß strukturell abzusichern.

In allgemeiner Form zeigt sich dies folgendermaßen: (s. Abb. S. 132)

Teilprojekte bzw. das Management der Teilprojekte sind Systeme 1, die durch organisationsinterne Mitglieder geleitet werden und jeweils ganz bestimmte interne und eventuell externe Personen miteinbeziehen. Solche Teilprojekte bzw. Systeme 1 in OE-Projekten sind z.B.: Verbesserung des Führungsverhaltens mittlerer Führungskräfte; Entwickeln einer Marketing-Strategie; Bearbeiten einer Konfliktsituation, an der 5 Führungskräfte unmittelbar beteiligt sind; Erarbeiten eines Unternehmensleitbildes; Erarbeiten eines neuen Organigramms ...

Die ersten Themen bzw. Veränderungsrichtungen für diese Teilprojekte ergeben sich aus der Analyse- und Diagnosephase.

Weitere Voraussetzung für die Anwendung des Strukturmodells als Struktur für den OE-Prozeß ist die Bildung und Entwicklung einer Entwicklungsgruppe. Die Entwicklungsgruppe ist die Plattform für den Organisationsintern getragenen Entwicklungsprozeß und ab einer Organisationsmitgliederzahl von größer als 10 (darunter können die Funktionen der Entwicklungsgruppe von ein bis zwei Personen übernommen werden) jenes Element, das die Zielsetzung der Selbsterneuerungsfähigkeit maßgeblich unterstützt. Hier soll noch erwähnt sein, daß die interne Projektleitung (= eine Person) ein

Das Strukturmodell als Struktur für den OE-Prozeß

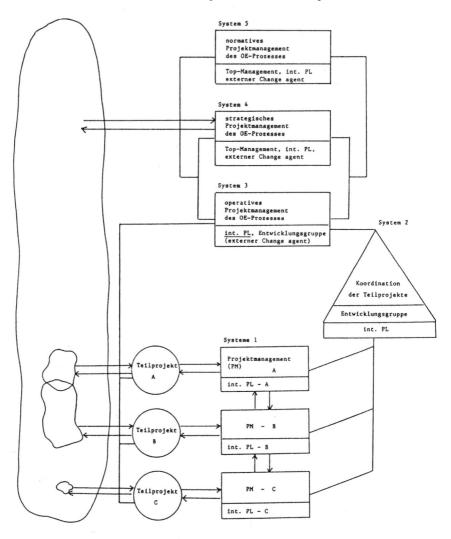

Mitglied der Entwicklungsgruppe ist. Die Funktionen der Entwicklungsgruppe werden anhand der Modellbeschreibung des OE-Prozesses dargelegt[168].

System 2 als Koordinationssystem der Teilprojekte wird durch die Entwicklungsgruppe getragen, soweit die verantwortlichen der Teilprojekte mit ihr übereinstimmen, ansonsten wird sie um jene weiteren Teilprojektleiter erweitert.

System 3 umfaßt die operative Projektleitung des gesamten OE-Prozesses. Diesem System 3 obliegt als wesentliche Funktion die Umsetzung strategischer Projektentscheidungen in Teilprojekte, das Ressourcenmanagement, die Zielkontrolle sowie die Information der Gesamtorganisation über den Organisationsentwicklungsprozeß.

System 4 beinhaltet das strategische Projektmanagement des OE-Prozesses. Mitglied des Systems 4 ist in jedem Fall die Unternehmensleitung, die interne Projektleitung, in Kleinbetrieben zumindest von Zeit zu Zeit der externe Change agent. Hier werden die Informationen aus dem strategischen Management des Unternehmens, aus der Phase der Orientierung und Problemklärung des OE-Prozesses, aus dem operativen Geschäft sowie aus der normativen Projektleitung des OE-Projekts mitverarbeitet und in strategische Zielrichtungen für den OE-Prozeß transformiert.

System 5, das normative Projektmanagement des OE-Prozesses, erhält entscheidende Impulse aus dem Wertesystem der OE, wie es in dieser Arbeit immer wieder als die OE bestimmende Größe beschrieben wird. Die wesentliche Auseinandersetzung des Unternehmens mit diesem OE-Wertesystem findet in der Orientierungsphase des OE-Prozesses statt und ist Inhalt aller OE-Maßnahmen. Zudem umfaßt System 5 die Reflexion, Verarbeitung und den Transport des Normensystems der Organisation. Liegen die Wertesysteme der Organisation und der OE zu weit, d.h. schwer vereinbar, auseinander, was verschiedensten Entwicklungsprozessen in der Biographie von Organisationen bzw. in der Biographie derzeit Mächtiger in der Organisation entsprechen kann, wird dies bereits in der Orientierungsphase des OE-Prozesses zutage treten und in der Regel nicht zu einem OE-Prozeß führen, bzw. den weiteren Verlauf des OE-Prozesses verzögern.

---

168 vgl. S. 209 ff

Die Arbeit von System 5 des OE-Projekts soll eine Identität der Organisation auf breiter Basis entwickeln und entsprechend der Entwicklungsstrategie keine Art von Indoktrination beinhalten.

Obwohl die Struktur des neurophysiologischen Regelsystems beim Neugeborenen bereits angelegt ist, erfordert z.b. die Handhabung des Systems für den Bewegungsapparat mehrjährige Übung. Wie dieser Lernprozeß im Einzelnen vor sich geht, ist in der Medizin noch weitgehend unerforscht.

Für die OE bzw. die Handhabung des Strukturmodells lebensfähiger Systeme im Rahmen der OE bedeutet dies, daß seine praktische Anwendung ebenfalls einen Lernprozeß (OE-Prozeß) erfordert. Dabei gilt es z.b. zu lernen, welche Information durch das System 2 selbst verarbeitet/entschieden werden kann bzw. an System 3 weitergeleitet werden muß. (Diese Kooperation ist zwischen allen Systemen zu lernen). Mit anderen Worten ist es die Aufgabe des OE-Prozesses, mit dem Strukturmodell und den dabei wirkenden selbststeuernden Kräften bzw. den unendlich vielen Prozessen - also mit der Dynamik des Systems leben zu lernen.

Dieser Lernprozeß betrifft das Top-Management, die Projektleitung und die Entwicklungsgruppe sowie alle am OE-Prozeß Beteiligten und ist damit selbst Bestandteil des OE-Prozesses, der die Selbsterneuerungsfähigkeit und die Fähigkeit des Lernens fördert. Damit ist die Arbeit mit dem Strukturmodell im OE-Prozeß und die Übung seiner praktischen Anwendung ein Deutero- bzw. Trito-[169] Lernen für die am OE-Prozeß beteiligten Personen, interpersonalen Einheiten und für die Ganzheit der Organisation.

2.2.7 Sieben Wesenselemente der Organisation - Ansatzpunkte für eine systemische Organisationsentwicklung

OE hat zur Aufgabe, Entwicklungsprozesse der Gesamtorganisation in Gang zu setzen bzw. zu unterstützen. So wie dies beispielsweise in der Physik oder in der Medizin der Fall ist, wurde auch in der Geschichte der OE das Erkenntnisobjekt einem Wandel unterworfen. Dieser Wandel des Erkenntnisobjektes brachte eine ständige Zunahme an Komplexität mit sich. Die strukturellen, technologischen und humanistischen Ansätze der Veränderung von Organisationen nach Leavitt[170], Konzepte der Management- und/oder Perso-

169 vgl. Bateson, G. "Ökologie des Geistes", a.a.O. - S. 229, S. 327
170 vgl. Leavitt, H.J. "Applied organizational change in industry: structural, technological and humanistic approaches", in: March, J. "Handbook of organization". Chicago 1965 - S. 238 ff

nalentwicklung, strategische Planungskonzepte, machen jeweils einige Wesenselemente zum Ansatzpunkt für Entwicklungsprozesse. Organisationsentwicklung fordert heute die Beachtung des Systems der sieben Wesenselemente in ihren Beziehungen:[171]

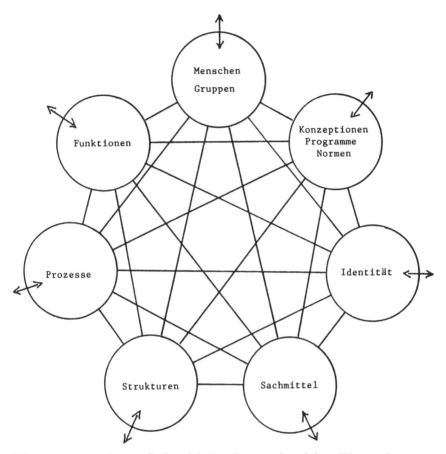

Wie bereits angedeutet, findet sich das System der sieben Wesenselemente auf den verschiedenen Rekursionsebenen von Systemen wieder (eine vereinzelte Ausnahme kann das Wesenselement "Sachmittel" sein). Dementsprechend gilt es, unabhängig davon welches Wesenselement der Anlaß und damit oft auch der erste Schwerpunkt für einen OE-Prozeß ist, jeweils alle

---

171 vgl. Glasl, F. "Verwaltungsreform durch Organisationsentwicklung". Bern-Stuttgart 1983 - S. 40

sieben Wesenselemente, ihre Beziehungen untereinander und die Beziehung jedes Wesenselements mit der Umwelt in Betracht zu ziehen. Letzteres entspricht der unabdingbaren Anforderung an OE-Prozesse, daß die Organisation als ein System in verschiedenen Umwelten Beachtung finden muß. Zudem ist jedes Wesenselement selbst ein Subsystem der Gesamtorganisation.

Kurzbeschreibung der sieben Wesenselemente[172]

1. *Die Identität der Organisation* "umfaßt die eigentlich gesellschaftliche Aufgabe, den Sinn und Daseinszweck der Organisation"[173]. Klar formulierte Aussagen über die Identität fördern bei den in der Organisation tätigen Menschen die Sinnhaftigkeit des eigenen Tuns, die Identifikation und können starke Zugkraft und Motivation entfalten. Eine in Leitbild und Leitsätzen formulierte Identität bildet die normative Grundlage aller Entscheidungsprozesse und trägt damit zu einer einheitlichen Handlungsausrichtung aller Mitglieder bei. Die indirekte Steuerung durch diese richtungweisenden Prinzipien ersetzt zum Teil klassisch-direktive Steuerungsversuche. (Der Unterschied ist grundlegend: im einen Fall werden "Eckpfeiler" vorgegeben, die die Vielfalt der Möglichkeiten sinnvoll eingrenzen, Komplexität reduzieren und innerhalb des gesteckten Rahmens Selbstorganisation fördern; im anderen Fall werden soziale Organisationen per Anweisung geführt, als ob sie auf Knopfdruck funktionieren würden). Die Identität wirkt (im Zusammenhang mit dem Bewußtsein für die Organisationstypologie) nach innen als Wesenskern der Organisationskultur und als sinngebend (= motivierend im Sinne der Motivation durch das Erkennen der Sinnhaftigkeit der Arbeit)[174] für die in der Organisation arbeitenden Menschen. In der Fragmentierung der Arbeitsorganisation, der Arbeit und des Lebens, sieht B. Sievers gerade heute die Notwendigkeit der Auseinandersetzung mit der Sinnfrage begründet. Für viele Organisationen ist die Frage "Wer sind wir?" nicht oder nur sehr vage beantwortbar, was zu Auflösungserscheinungen, Orientierungs- und Hilflosigkeit, Konflikt und Zerfall führt - und so gesehen lebensbedrohend für die Organisation ist. Aber auch auf der Ebene von Subsystemen der Organisation (Abteilungen, Bereiche ...) ist die Funktionsbezeichnung als einziger Ausdruck der Identität nicht mehr ausreichend und deshalb oft Ausgangspunkt für OE-Prozesse.

172 vgl. Glasl, F. "Verwaltungsreform ...", a.a.O. - S. 39 f
173 ebenda - S. 39
174 vgl. Sievers, B. "Vom Sinn und Unsinn der Motivation", in: Zeitschrift der Gesellschaft für OE, 3/84 - S. 1-14

Neben dieser Wirkung nach innen präsentiert sich eine Organisation mit einer klar formulierten Identität unverwechselbar und markant in der Umwelt. Identität ist nicht gleich Leitbild. Die beschriebene Wirkung entsteht nicht in erster Linie aus dem Vier-Farben-Glanz-Prospekt als Endprodukt, sondern aus den Diskussionen und dem Prozeß, die (auch) in ein Leitbild münden.

2. *Konzepte, Strategien und langfristige Ziele – Visionen und Zukunftsträume*

Dieses Wesenselement von Organisationen ist der Ansatzpunkt für Projekte der strategischen Planung und hat auch seine Entsprechung im Strukturmodell lebensfähiger Systeme. Dieses Wesenselement umfaßt also die langfristig-strategischen Überlegungen und Konzepte zur Sicherung und Entwicklung des Erfolgs und der Lebensfähigkeit einer Organisation.

Diese Überlegungen können lediglich im Kopf einer einzigen Führungskraft vorhanden sein und vorgelebt werden (bspw. in einem Pionierbetrieb), sie können in Expertenstäben und strategischen Planungskommissionen ausgearbeitet werden und anschließend unter strenger Vertraulichkeit nur einem engen Kreis oberster Führungskräfte bekannt sein; sie können in einem viel breiteren Kreis gemeinsam entwickelt und offen kommuniziert werden mit der Idee, daß nur das, was bekannt ist, auch umgesetzt und gezielt verfolgt werden kann.

Strategisches Denken und Führen wird manchmal in verkürzter Sichtweise gleichgesetzt mit strategischer (i. S. v. mehrjähriger) Planung, konkret mit einigen klassischen Planungsinstrumenten, die insbesondere für Großorganisationen entwickelt wurden, um über das operative Tagesgeschäft hinaus langfristig die Lebensfähigkeit und den Kurs einer Organisation zu sichern. Heute wird bereits eine "Sackgasse des strategischen Managements" (in der klassischen, von Fachexperten tradierten Form) konstatiert: die Idee der Beherrschbarkeit hat sich auch in bezug auf Marktentwicklungen und Kundenverhalten theoretisch wie praktisch als Illusion erwiesen, es kam zu einer Überbetonung der Instrumente und zu einer Überschätzung des Verstandes.

Zu diesem Wesenselement gehören auch jene Programme, Normen und Regelungen, die nirgends "offiziell" beschrieben sind und über die bei keiner Sitzung gesprochen wird, die aber dennoch das Verhalten der Organisation und ihrer Mitglieder wesentlich beeinflussen.

Neben den "rationalen" Konzepten, Strategien und Zielen haben Visionen und Zukunftsträume von einflußreichen Personen in Organisationen eine besondere Kraft. Träume sind dabei das gänzlich offene, grenzenlose, richtungslose und ungebundene Zukunftslied der Organisation. Visionen deuten bereits Richtungen an. Träume und Visionen sind intuitive Wesensmerkmale der Organisation.

Ohne Träume verhungern Visionen.
Ohne Visionen finden sich keine Ziele.
Ohne Ziele gibt man auf, bevor begonnen wurde.
(W. Pechtl)

3. Strukturen in Organisationen

Dazu gehören formale und selbststeuernde, ordnende Institutionen und Kräfte in der Organisation. Für dieses Wesenselement gilt es in besonderem Maße, die Beziehungen mit den anderen Wesenselementen offen zu legen sowie die Vielfalt der Inhalte von Strukturen (gegebenen und notwendigen) zu kommunizieren. (Vgl. dazu die Gedanken zum Wesenselement der Strukturen unter organisationstheoretischer Sicht und das Phänomen der Strukturdeterminiertheit und der strukturellen Koppelung unter systemtheoretischer Sicht auf S. 112 ff).

4. Menschen und Gruppen in der Organisation

F. Glasl überschreibt dieses Wesenselement mit "Akteure". Darin drückt sich unseres Erachtens aus, daß Veränderungen in Organisationen letztendlich nur über Menschen praktiziert werden können, jedes Verhalten der Akteure jedoch im Kontext der Gesamtorganisation und ihrer Wesenselemente zu sehen ist. Diese Tatsache entspricht in besonderem Maße der familientherapeutische/systemische Ansatz für Interventionen im Rahmen von OE-Prozessen.

Zu den Akteuren der Organisation sind neben den Organisationsmitgliedern auch die Benutzer (Kunden im weitesten Sinne) der Organisation zu zählen. OE hat neben der bewußten Gestaltung der Beziehungen im Innenverhältnis der Organisation auch die Gestaltung der Beziehungen nach außen und an den Knoten zwischen innen und außen zum Ziel: Ein externer Verkaufstrainer bspw. muß zur internen Kommunikationskultur und zum praktizierten Menschenbild passen. Wertschätzung und Fairneß können sich nicht auf das Innenverhältnis beschränken, sondern haben auch für Kunden und Konkurrenten zu gelten und umgekehrt. Im Rahmen von OE-Prozessen gilt es, mit den Menschen an Denkweisen, Perzeptionen, Gefühlen, Einstellungen, Verhalten, Beziehungen, Klima u. dgl. zu arbeiten.

5. Funktionen

bezeichnet F. Glasl als die Organe der Organisation[175] und unterscheidet dabei 4 Aspekte:

a) *Verantwortung* im Zusammenhang mit einer Funktion;
b) *Rolle* = Erwartungen des Funktionsinhabers und der von der Funktion Betroffenen (informelle Information);
c) *Aufgaben* = formale Tätigkeiten, die zur Funktionsausübung gehören;
d) *Kompetenzen* = Befugnisse des Funktionsträgers bei der Ausübung der Funktion.

In Organisationen sollten in Abständen Reflexionen darüber stattfinden, was die wesentlichsten Funktionen sind, ob diese entsprechend personell abgesichert und definiert sind, was die einzelnen Funktionsträger voneinander brauchen, um ihren Beitrag leisten zu können, und ob die oben zitierten 4 Aspekte sinnvoll aufeinander abgestimmt sind. Auch ist es sinnvoll, Aufgaben immer wieder auf ihre Funktion zu hinterfragen, da diese u.U. unreflektiert weitergeführt werden, obwohl die Funktion längst auf andere Weise erfüllt wird bzw. erfüllt werden könnte.

OE-Prozesse führen häufig dazu, daß einzelnen Funktionsträgern deutlich wird, was alles zu den von ihnen wahrzunehmenden Funktionen gehört. Ein Beispiel ist, daß Funktionslücken der Führungskräfte deutlich werden.

6. Prozesse

Dieses Wesenselement umfaßt ökonomische, humane, soziale, kulturelle, technische und ökologische Prozesse, die in der Organisation und zwischen der Organisation und ihrer Umwelt stattfinden. Es geht also um Prozesse und Abläufe in und zwischen allen Bereichen der Organisation, aber auch um Prozesse der Information, Entscheidungs- und Zielfindung, Innovation, der Logistik, das Zusammenspiel der Wertkette usw.

7. Sachmittel

Dazu gehören Geldmittel, Material, Betriebsmittel, Gebäude, Räumlichkeiten und deren Ausstattung, Maschinen und Produktionsanlagen, Transportmittel, Verkehrswege sowie Informations- und Kommunikationsmedien[176].

OE kann und wird bei einem dieser sieben Elemente ansetzen, sie muß jedoch stets die Verknüpfung der Elemente untereinander und mit der Orga-

---

175 vgl. Glasl, F. "Verwaltungsreform ...", a.a.O. - S. 39
176 vgl. Glasl, F. "Konfliktmanagement". Bern-Stuttgart 1980 - S. 71

nisationsumwelt berücksichtigen. Im allgemeinen ist jenes Element Ansatzpunkt für Veränderung, das von den Organisationsmitgliedern als vordringlich zu behandelnder Störfaktor, Engpaß oder "blinder Fleck" im Organisationsalltag betrachtet wird.

Wenn dabei jedoch der systemische Blick für die Dynamik und die Wechselwirkung des Ganzen fehlt, finden allenfalls punktuelle Änderungen des Systems statt, aber keine Entwicklung des Gesamtrahmens.

Zu beachten ist bei einer Diagnose der Wesenselemente, welche Aussagen formal umschrieben sind (z.B. in einem Leitbild, in Stellenbeschreibungen, in PR-Artikeln, in Ablaufplänen ...) und welche Aussagen informellen Charakter haben, also spontan gewachsene, gewohnheitsmäßige Formen sind. Hier gilt es, den Blick zu schärfen für Brüche, Widersprüche, und blinde Flecken zwischen Organisationsalltag und formalen Aussagen über die Organisation.

Bestandteil für systemische OE bzw. für die Entwicklung des systemischen Denkens in Organisationen ist die Entwicklung des Bewußtseins für das System und die Dynamik der sieben Wesenselemente.

Wie bereits zu Beginn der Darstellung der Systemtheorie als Subsystem der OE erwähnt, ist ob des Vorherrschens des mechanistischen Paradigmas in allen Lebensbereichen und ob den Erfahrungen der Menschheit in hierarchischen Systemen (Familie, Schule, Gemeinde, Staat, Wirtschaftsordnung, Kultur ...) der größte Engpaß hin zum systemisch-evolutionären Paradigma, die Fähigkeit des systemischen Denkens. Die Wissenschaft als Ganzes und damit auf einer anderen Rekursionsebene auch die Sozialwissenschaften, hat derzeit den dramatischen Wechsel der "Paradigmen" oder Weltbilder zu vollziehen. Denn in seinem vollen Ausmaß wird er nach Firtjof Capra erst von einer kleinen Minderheit erfaßt, sowohl innerhalb wie außerhalb wissenschaftlicher Kreise[177]. Aus diesem Grunde werden im Folgenden die wesentlichsten Aspekte systemischen Denkens dargelegt, wobei darin bewußt redundante Informationen enthalten sind und auch die Aspekte selbst zirkulär und vernetzt zu sehen sind.

2.2.8 Aspekte des neuen systemischen Denkens in sozialen/lebenden Systemen

a) Systemisches Denken = ganzheitliches Denken in offenen Systemen

Erste Frage bei der systemischen Betrachtung, Gestaltung, Veränderung, Entwicklung von sozialen Systemen ist die Frage der Systemabgrenzung, der Systemdifferenzierung (vgl. Pkt. 2.2.5.1 und Pkt. 2.2.5.2), wobei das das Pro-

177 vgl. Capra, F. Vorwort zu Lutz, R. "Die sanfte Wende". München 1984 - S. 7

blem produzierende Problem von zentralem Interesse ist[178]. Es gilt dabei, die Systemgrenzen, die Subsysteme und die Umwelt als System zu bestimmen, wobei man im Sinne der Konstruktion von Wirklichkeiten zweiter Ordnung diese Abgrenzung vor sich nimmt - wohl wissend, daß je nach der Werthaltung, Einstellung, Problemsicht, Erfahrung ... auch andere Systemabgrenzungen möglich sind. Insofern ist die Systemabgrenzung laufend neu "zu überdenken und in ihrer Vielfalt der Möglichkeiten zu erfassen, das System aber gleichzeitig in seiner Umwelt als Teil eines übergeordneten Ganzen zu betrachten und damit einer Isolierung und Vernachlässigung der Verflechtung mit der Umwelt entgegen zu steuern und schließlich sich auch mit Teilsystemen - weiteren möglichen Ganzheiten - innerhalb des Systems auseinanderzusetzen"[179].

b) Die Eigenschaften der Teile werden durch die Dynamik des Ganzen bestimmt[180]

Dieser Aspekt systemischen Denkens rüttelt an dem lange Zeit gültigen System wissenschaftlicher Forschung, daß jedes System durch die Reduktion auf seine elementaren Teile vollständig verstanden werden kann. Systemisches Denken verlangt zunächst die Anerkennung der Komplexität von sozialen Systemen. Diese besteht nicht in einer sehr großen Anzahl von Teilen des Systems, sondern in seiner Dynamik oder dem Grad der Voraussagbarkeit des Verhaltens des Systems als Ganzes[181]. Anerkennung der Komplexität bedeutet auch Unsicherheit und die Akzeptanz, "daß wir nicht alles wissen können und besonders im Umgang mit komplexen Systemen dem menschlichen Erkenntnisvermögen Grenzen gesetzt sind"[182].

Im Umgang mit dieser, den Menschen überfordernden Komplexität bedeutet systemisches Denken die Bildung von Subsystemen - es geht also um die Suche nach Ganzheiten innerhalb eines Ganzen, wobei eben auch bei der Analyse von Systemen nicht Teil für Teil auseinandergenommen wird, sondern Subsysteme immer unter Berücksichtigung des Ganzen hinterfragt und in weiterer Folge gestaltet werden. Dieses Denken auf verschiedenen Rekursionsebenen ist unserem analytisch reduktionistisch geschulten Denken entfremdet - entspricht jedoch andererseits den Fähigkeiten der linken Hirnhe-

178 vgl. Probst, G.J.B. "Regeln des systemischen Denkens", in: Probst, G.J./Siegwart, H. "Integriertes Management, Bausteine des systemorientierten Managements". Bern-Stuttgart 1985 - S. 183
179 ebenda S. 185
180 Capra, F., Vorwort in: Lutz, R. "Die sanfte Wende", a.a.O. - S. 7
181 vgl. Probst, G.J.B. "Regeln des systemischen Denkens", a.a.O. - S. 186
182 ebenda S. 186

misphäre (analoges Denken), die es in den einzelnen Schritten von OE-Prozessen durch didaktische Methoden in besonderem Maße zu fördern gilt (Beispiele dafür sind: malen, arbeiten mit Ton oder Knetwachs, Phantasieübun-
gen, Collagen erstellen, Körperskulpturen erstellen, u. dgl. m.).

Bescheidenheit im Hinblick auf die Komplexität lebender Systeme einerseits sowie die Fähigkeit, die Dynamik des Ganzen in den verschiedenen
Subsystemen und ihrem Zusammenwirken zu sehen - diese zwei Faktoren
systemischen Denkens gilt es im Rahmen von OE-Prozessen zu entwickeln.

c) Systemdenken ist immer Prozeßdenken - sowie ein Denken in Strukturen

Systemisches Denken öffnet zunächst die Sichtweise von Strukturen gegenüber dem, was darunter in der Organisationstheorie verstanden wird. Strukturen sozialer Systeme umfassen neben dem Organigramm oder Ähnlichem vor
allem Regeln, Normen, Vorschriften, Gewohnheiten, Einsichten, Werte,
Erfahrungen, Bindungen, das Gefüge von Denkvorstellungen, tragende Ver-
haltensprinzipien, das Machtgefüge, das Beziehungsnetz ...[183]

Während einerseits systemisches Denken mit einem erweiterten Inhalt des
Strukturbegriffs zu tun hat, gehört zum systemisch/ökologischen Paradigma,
besonders im Zusammenhang mit lebenden Systemen, eine deutliche Ver-
schiebung des Blickpunktes von Struktur zu Prozeß. "Die Formen, die wir in
Lebewesen (und in lebenden und damit auch in sozialen Systemen, Anmerkung des Verfassers) beobachten, sind keine starren Strukturen, sondern vielmehr flexible Manifestationen darunterliegender Prozesse"[184].

Dieser Aspekt von Struktur und Prozeß als Teil systemischen Denkens
erfordert im Rahmen von OE-Prozessen zunächst eine erhöhte Wahrnehmungsfähigkeit für Strukturen und Prozesse - und diese zu entwickeln, ist in
jedem Fall ein Subziel von systemischen OE-Prozessen.

Prozeßdenken umfaßt dabei weit mehr als Informationsverarbeitung[185];
nämlich ein Leben und Gestalten mit dem Bewußtsein des Lebens- bzw. Entwicklungsprozesses, der zum Heute geführt hat und der heute stattfindet.

*d) Systemisches Denken = Denken in kreisförmigen Prozessen sowie in Ver-
netzungen*

Dieser Aspekt systemischen Denkens ist für uns Europäer, die wir in unserer
Geschichte geschult wurden und werden in logischem, monokausalem und
linearem Denken, eine dementsprechend logisch leicht erfaßbare Größe,

183 vgl. Probst, G.J.B. "Regeln des systemischen Denkens", a.a.O. - S. 195
184 Capra, F., Vorwort in: Lutz, R. "Die sanfte Wende", a.a.O. - S. 8
185 vgl. Probst, G.J.B. "Regeln des systemischen Denkens", a.a.O. - S. 199

deren Herausforderung jedoch bei der Umsetzung/Anwendung im Alltags-
denken, -fühlen und -handeln beginnt. Dies zeigt sich z.b. daran, daß sich
sehr viele Organisationsberater verbal zum kreisförmigen, vernetzten Denken
bekennen und gleichzeitig Problemlösungsmethoden anwenden, bei denen
zum Problem in erster Linie lineare Ursache-Wirkungszusammenhänge hergestellt werden.

Systemisches Denken erfordert eine radikale Änderung unserer gewohnten
Beziehung zur Zeit, bei der die unmittelbare Zukunft jeweils die Folge der
relativ kurzfristigen Vergangenheit ist. Systemisches Denken und Handeln
macht eine sprunghafte Erweiterung unseres Zeithorizonts notwendig, also
eine entfernte Zukunft gilt es in unser heutiges Handeln miteinzubeziehen.
"Die Ursache unserer Handlungen ist noch weiter in die Zukunft zu verlegen,
als es die im nächsten Jahr erhoffte Ernte für das heutige Einlegen eines
Samenkorns ist ... . In gewissem Sinne haben wir also aus der Zukunft für die
Vergangenheit zu lernen, etwas, das ja die Natur in den Gesetzmäßigkeiten
ihrer Evolution längst tut".[186]

Eben diese systemische Denkweise prägt auch das Denken in der Organisationsentwicklung. Dabei ist die Beziehung zwischen Ursache und Wirkung
bzw. zwischen Vergangenheit und Zukunft im Rahmen komplexer Systeme
eben nicht mehr unbedingt zeitlich-logisch:[187]

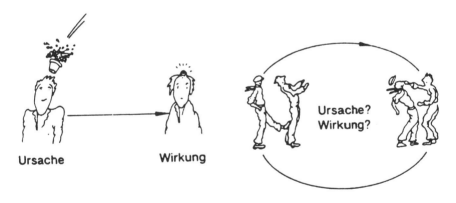

Ursache   Wirkung   Ursache?
                                            Wirkung?

Damit ist ein systemisches Vorgehen nicht mehr eine lineare Fortschreibung
der Vergangenheit, sondern eine an der Zukunft rückgekoppelte Handlungs-
weise.

Auf der Ebene des menschlichen Verhaltens bedeutet dies im Rahmen von
OE-Prozessen, nicht das gewohnte Spiel der Schuldsuche zu betreiben, son-

186 vgl. Vester, F. "Neuland des Denkens", a.a.O. - S. 55
187 vgl. Vester, F. "Neuland des Denkens", a.a.O. - S. 55

dern systemisches, kreisförmiges Denken heißt, Gesetzmäßigkeiten der Systemdynamik und sich daraus ergebendes Verhalten zu erkennen, aufzudecken und damit aus dem gleichbleibenden Kreislauf zu einer spiralförmigen Entwicklung der Kommunikation zu kommen.

Kreisförmiges, vernetztes Denken heißt damit mehr als Wirkungspfeile in Wirkungschleifen zu verändern. "Es gilt darüber hinaus, die besondere Logik oder Unlogik von Systemen zu begreifen, die auch darin besteht, daß ... ein ganz bestimmtes Teilziel durch eine Vielzahl verschiedener Konstellationen erreicht werden kann. Und schließlich muß erkannt werden, daß die Ursache eines Ereignisses im Grunde immer eine solche Konstellation ist, ein Gesamtmuster, und nicht irgendein Einzelelement, das wir uns willkürlich als Ursache herauspicken"[188].

Denken in kreisförmigen Prozessen und Vernetzungen bedeutet nicht, daß im Rahmen von OE-Prozessen alles mit allem zu verknüpfen ist, wodurch ja ein Komplexitätsgrad schon in sehr kleinen Systemen gegeben wäre, der zwangsläufig die Unstabilität des Systems zur Folge hätte. Vielmehr geht es um die passende Art der Vernetzungen, mit anderen Worten, um eine lebensfähige Struktur.

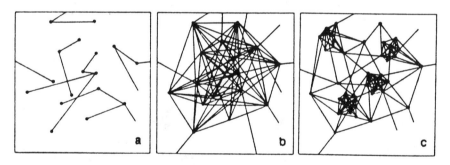

"Ein unvernetztes System ist nicht stabil (a). Mit wachsender Vernetzung steigt die Stabilität zunächst an, bis sie ab einem bestimmten Vernetzungsgrad wieder absinkt (b). Es sei denn, es bilden sich Unterstrukturen, dann bleibt das System auch bei hoher Vernetzung stabil (c)."[189]

Eine solche lebensfähige Struktur für kleine und mittlere Organisationen und für OE-Prozesse in diesen Organisationen ist das oben dargestellte Strukturmodell lebensfähiger Systeme.

188 Vester, F. "Neuland des Denkens", a.a.O. - S. 39
189 Vester, F. "Neuland des Denkens", a.a.O. - S. 40

e) Systemisches Denken erfordert neue Wahrnehmungsfähigkeiten

F. Capra bezeichnet als zentrale Krise unserer Zeit die "Wahrnehmungs-krise". Sie zeigt sich in einem an Disziplinen orientierten Denken, an einer Delegation des Problembewußtseins und der Problemlösung an Mächtige und Experten, einem im ökonomischen, humanen, sozialen, kulturellen und ökologischen Sinne "ungesunden" Reduktionismus bzw. Wahrnehmungszensur.[190]

Denn Problem- bzw. Aufgabenstellungen in sozialen Systemen orientieren sich nicht an diesen Wahrnehmungskrisen. "Die Realität ist eben nun mal kein unzusammenhängender Themenkatalog - dessen Einzelentwicklungen man addieren könnte, auch wenn sowas dann fälschlicherweise 'Systemanalyse' genannt wird - sondern immer ein Netz von Rückkoppelungen und verschachtelten Regelkreisen"[191].

Dementsprechend erfordert die Vernetztheit systemischer Problemstellungen ein adisziplinäres Abgrenzen und Behandeln von Problemstellungen.

Weiters gilt es, die Wahrnehmungsselektion bzw. -zensur als Dynamik bzw. das Phänomen der Wirklichkeitskonstruktion zu akzeptieren und im Prozeß der Organisationsentwicklung zu berücksichtigen.

Nicht zuletzt gilt es auch, die Wahrnehmung des eigenen Körpers als Informationsquelle wieder gelten zu lassen. Denn: "Die Wahrheit unserer Kindheit ist in unserem Körper gespeichert, und wir können sie zwar unterdrücken, aber niemals verändern. Es kann gelingen, unseren Intellekt zu betrügen, unsere Gefühle zu manipulieren, unsere Wahrnehmungen zu verwirren und unseren Körper mit Medikamenten zu belügen. Aber irgendwann präsentiert er uns doch seine Rechnung: denn unser Körper ist unbestechlich wie ein noch nicht gestörtes Kind, das sich auf keine Ausreden und Kompromisse einläßt und das erst aufhört, uns zu quälen, wenn wir der Wahrheit nicht mehr ausweichen"[192].

Organisationsentwicklung muß zu ihren Metazielen die Entwicklung der Wahrnehmungsfähigkeit in jeder Hinsicht mit aufnehmen, da diese Fähigkeit die Lebensfähigkeit schlechthin ermöglichen wird.

---

190 vgl. Watzlawick, P./Beavin, J.H./Jackson, D. "Menschliche Kommunikation". Bern, 6. Auflage 1986 - S. 78

191 Vester, F. "Neuland des Planens und Wirtschaftens", in: Die Krise als Chance, 13. Internationales Management-Gespräch an der Hochschule St. Gallen 1983 - S. 107

192 Miller, A. "Du sollst nicht merken". Frankfurt a.M. 1983 - S. 406 f

2.3 Familientherapie

Mit der Hervorhebung der Familientherapie als drittes Subsystem systemisch-evolutionärer OE in kleinen und mittleren Organisationen geschieht die Konsequenz des systemischen/ökologischen Paradigmas auf der Ebene der Aktivitäten und Interventionen im OE-Prozeß. Grundgedanke dabei ist, daß in letzter Konsequenz jeder Eingriff/jede Intervention in soziale/lebende Systeme nur durch und über Menschen geschieht. Dies bedeutet in keiner Weise eine Verleugnung oder Geringschätzung der anderen Wesenselemente der Organisation im Hinblick auf ihren Einfluß auf die Prozesse, die Dynamik und auf die Lebensfähigkeit der Organisation. Vielmehr heißt es, daß bewußte Eingriffe in die Prozesse der Organisation von Menschen initiiert bzw. gedacht, gefühlt oder getan werden müssen. Die Umsetzung dieses Grundgedankens unter voller Beachtung der systemischen Gegebenheiten von Organisationen ermöglicht die Familientherapie in einem für die OE noch nicht möglichen Maße. Dies, obwohl gerade die Gruppendynamik dem Faktor Mensch und den Beziehungen zwischen Menschen große Bedeutung beimaß, jedoch unter Zugrundelegung des mechanistischen Paradigmas.

Hier soll zunächst die Familientherapie als Ansatz der Behandlung sozialer, lebender Systeme geklärt werden, dann der Zusammenhang zwischen Familientherapie und Organisationsentwicklung und diesbezügliche Arbeiten aufgezeigt werden. Weiters sollen jene Subsysteme der Familientherapie, die im Rahmen von OE-Prozessen besondere Relevanz haben, beschrieben werden und schlußendlich die familientherapeutische Supervision als Qualitätssicherung von OE-Prozessen dargelegt werden.

2.3.1 Der familientherapeutische Ansatz

"Familientherapie ist ein psychotherapeutischer Ansatz der Behandlung des Familien-Systems als einer Einheit (seiner Struktur, seiner Feedback- und Kommunikationsprozesse), oder der Individuen in einem sozialen System oder unter Einbeziehung dieses Systems (z.B. einer Familie oder eines Teams). Innerhalb dieses Rahmens ist Familientherapie nicht eine spezifische Behandlungsmodalität unter vielen, für die Indikationen oder Kontraindikationen festgestellt werden können. Sie unterstellt, daß der Mensch durch seine Umgebung beeinflußt wird und diese umgekehrt ebenso beeinflußt. Die

Subsysteme dieser (für ihn signifikanten) sozialen Einheit sind untereinander durch Feedback-Mechanismen verbunden, sowie gegeneinander abgegrenzt (z.b. durch Interaktionsmuster, denen Regeln zugrunde liegen). Das Individuum wird als Subsystem innerhalb eines Systems begriffen und das transaktionale Feld als Ursprung und Organisator symptomatischer Kommunikation verstanden."[1]

Dabei werden körperliche, intrapsychische, interaktionelle und strukturelle Gegebenheiten als interdependent betrachtet und gerade diese Interdependenzen in familientherapeutischen Entwicklungsprozessen gezielt verwendet. Insbesondere gilt dies für die entwicklungsorientierten Modelle der Familientherapie.

Als Pendant zum oben beschriebenen Paradigmenwechsel[2] in der Management- und OE-Theorie stellt die Familientherapie einen Paradigmenwechsel von den individuumzentrierten Richtungen der dynamisch orientierten Psychotherapie hin zur systemisch orientierten Therapie dar.[3]

Demzufolge läßt sich ein bestimmtes individuelles Verhalten eines Mitglieds einer Familie nicht mehr eindimensional als Ursache des Verhaltens der andern ansehen, sondern als Ergebnis der Interdependenzen, der gegenseitigen Beeinflussungen und zirkulären Kommunikationsverläufe in der Familie. Die familientherapeutische Grundannahme heißt also: "Soll sich das Individuum ändern, muß sich das Umfeld, in dem es sich bewegt, ändern. Die Behandlungseinheit ist nicht mehr die Einzelperson, auch wenn nur ein Individuum interviewt wird, sondern das Beziehungsnetz, in das dieses Individuum eingebettet ist."[4] Quellen des familientherapeutischen Modells sind demzufolge die moderne Kybernetik und die Dialektik, die zu einer ständigen Einstellungsänderung unseres erkennenden Teleskops zwingt und dadurch etablierte Begriffsdefinitionen bzw. Unterscheidungen in Frage stellt und damit Begriffe im Hegel'schen Sinne "flüssig" macht. Beispiele für solche Begriffspaare sind: bewußt-unbewußt, seelisch-körperlich, Individuen-Interaktion, krank-gesund, real-irreal ...[5]

---

1 Bosch, M., Kohaus, M. "Die therapeutische Beziehung - Funktion und Rolle des Therapeuten in der Familientherapie" in: Petzold Hilarion (Hrsg.), "Die Rolle des Therapeuten und die therapeutische Beziehung", Paderborn 1980 - S. 134

2 vgl. S. 72

3 vgl. Stierlin, Helmut et al., "Das erste Familiengespräch, Theorie - Praxis - Beispiele", 3. Auflage. Stuttgart 1985 - S. 13

4 Haley, J. in: Stierlin, H. "Das erste Familiengespräch ...", a.a.O. - S. 14

5 vgl. Stierlin, H. et al., ebenda S. 20

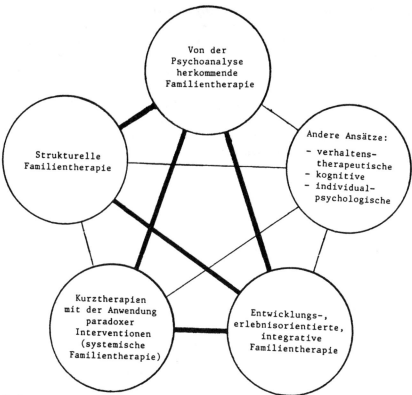

Ordnungsmuster der familientherapeutischen Schulen[6].

6 Die wichtigsten Repräsentanten der einzelnen Schulen sind (vgl. Schlippe, A., "Familientherapie im Überblick, Basiskonzepte, Formen, Anwendungsmöglichkeiten". Pader-born 1984 - S. 42 f)

a) von der Psychoanalyse herkommende Familientherapie:
H. Stierlin, H.E. Richter, M. Bowen, J. Willi

b) strukturelle Familientherapie:
S. Minuchin, J. Haley

c) systemische Familientherapie:
P. Watzlawick, G. Bateson, D. Jackson, J. Weakland, M. Selvini-Palazzoli, L. Boscolo, G. Cecchin und die "Heidelberger" G. Schmidt, F.B. Simon, H. Stierlin und G. Weber

d) entwicklungsorientierte, erlebnisorientierte, integrative Familientherapie:
V. Satir, D. Jackson

e) verhaltenstherapeutische: K. u. A. Mandel kognitive: Russel individualpsychologische Ansätze: L. Ackerknecht

148

Schulen der Familientherapie

Symptomatisch für den in Gang befindlichen Paradigmawechsel ist das System der verschiedenen Schulen der Familientherapie, die sich auf eine Reihe von Pionieren unterschiedlicher Herkunft stützen - im Unterschied zur Psychoanalyse, die allein auf ihren genialen Begründer Siegmund Freud zurückgeht. Hier soll ein Ordnungsmuster der familientherapeutischen Schulen im Überblick dargelegt werden; um Richtungen und ihre Querverbindungen zu verdeutlichen; um für die OE besonders relevante, im Sinne von anwendbare, Richtungen zu erkennen; *nicht* um wahre von falschen bzw. genaue von ungenauen Schulen zu differenzieren.

Dies entspricht einem an den Konstruktivismus angelehnten neuen wissenschaftlichen Arbeiten, zu dem diese Arbeit nur einen kleinen Schritt darstellt - auf dem Weg des Paradigmenwechsels.

Durch die Zusammenarbeit verschiedener Repräsentanten gibt es Naheverhältnisse zwischen einzelnen Schulen [7], die im oben angeführten Ordnungsmuster durch stärkere Beziehungen angedeutet sind. Für die OE ist es wenig ergiebig, eine dieser Schulen als für sie besonders relevant herauszustellen. Dies insbesondere deshalb, weil es einen allen Schulen gemeinsamen Rahmen von systemischer Betrachtungsweise und Interventionen in Familien (systemisches Weltbild) gibt und Kongruenz, Selbstachtung, Wertschätzung und Stützung des Selbstwertgefühls als die bedeutsamsten Therapievariablen von allen Schulen getragen werden. Ihre Unterschiede bestehen in einzelnen Techniken, zu denen Virginia Satir als "Mutter" der integrativen Familientherapie sagt: " Ich gebrauche alles, was paßt und erfinde etwas Neues, soweit es mir eben möglich ist. So bin ich nicht an irgendeine Art von Technik gebunden; ich betrachte Techniken als zweitrangig und die von Therapeuten initiierte therapeutische Interaktion und die gemeinsame Beziehung zu den Leuten als vorrangig."[8].

Das Menschenbild in der Familientherapie

In besonderem Maße verdeutlicht die Frage nach dem Menschenbild die Familientherapie als Ansatz für Interventionen im Rahmen der Organisationsentwicklung. Denn wie bei der OE, geht auch das (entwicklungsorien-

---

7   beispielsweise arbeitete V. Satir über längere Zeit mit M. Bowen, J. Haley und S. Minuchin zusammen; eine weitere enge Beziehung gibt es zwischen H. Stierlin und S. Minuchin und M. Selvini-Palazzoli

8   Satir, V. in: Gester, P. "Im Zentrum ist die Gesundheit" - Interview mit V. Satir in Kontext 6, 1982

tierte) Konzept der Familientherapie von einem ganzheitlichen (=dreidimensionalen und personalistischen) Menschenbild aus. "Es möchte dabei alle Komponenten des Menschen (Organismus, Kognition, Emotion, Verhalten, sozialer Kontext) entwicklungsfördernd aktivieren. Es unterstellt, daß jede Person potentiell alle Fähigkeiten besitzt, die sie benötigt und daß es die Aufgabe des Therapeuten ist, die Bedingungen herzustellen, daß diese neu verfügbar und dann in positiver Weise genützt werden können."[9].

Eine in der Familientherapie differenzierende Frage ist die Frage der *Systemdifferenzierung*. Während die Mailänder Schule strikte das Vater-Mutter-Kinder System vollzählig für familientherapeutische Sitzungen fordert, gibt es andere Richtungen, die die Systemdifferenzierung offener handhaben und dementsprechend z.B. auch Einzelsitzungen im Rahmen familientherapeutischer Arbeit Platz finden.

Wir möchten uns - besonders im Hinblick auf die Systemdifferenzierungen im Rahmen von OE-Prozessen - einer offenen Anwendung des familientherapeutischen Ansatzes anschließen. Entscheidend bleibt die von der Systemtheorie abgeleitete Sichtweise menschlicher bzw. organisatorischer Wirklichkeit, die sich ohnehin nicht auf ein System (Familie, Abteilung, Betrieb, Unternehmen) beschränken kann. Dies gilt sowohl für die jeweils höheren Stufen der Systemhierarchie als auch für die jeweils niedereren Subsysteme bis hin zum intrapersonellen Subsystem, also dem einzelnen Menschen[10]. Gerade die Arbeit mit einzelnen Personen im Rahmen von OE-Prozessen stellt sich zunehmend als Organisationsentwicklung ermöglichendes Teilprojekt von OE-Projekten heraus. Dies ergibt sich daraus, daß das individuelle Entwicklungstempo nicht stets im Gleichklang zum Gruppen- bzw. Organisations-Entwicklungstempo steht. Dementsprechend kann für einen OE-Prozeß und damit für die Lebensfähigkeit von Organisationen ein unterstützter bzw. gezielter Entwicklungsprozeß einer Einzelperson in der Organisation Koevolution erst ermöglichen.

Es gilt dementsprechend bei Entwicklungsprozessen in (sozialen) lebenden Systemen, die immer auch als in Beziehung stehende Subsysteme gesehen werden müssen, möglichst viele relevante Systemebenen in Betracht zu ziehen. Im Rahmen von OE-Prozessen kann dies die Ebene des Individuums, des Paares, der Gruppe oder der Organisation sein.

---

9 Bosch, M./Kohaus, M. "Die therapeutische Beziehung ...", a.a.O. - S. 136 f
10 vgl. Schlippe, A.v. "Familientherapie im Überblick ...", a.a.O. - S. 103 f

2.3.2 Familientherapie und Organisationsentwicklung

Ergebnisse der praktischen und theoretischen familientherapeutischen Arbeit finden in Form der die Kommunikationstheorie betreffenden Erkenntnisse, in Form des Systemischen Ansatzes im Umgang (= Gestaltung, Entwicklung, Veränderung, Anpassung) mit Organisationen, in Form der Berücksichtigung des Konstruktivismus und in Form der Übernahme einzelner, kleiner, abgegrenzter Einheiten aus der Familientherapie (z.B. Spielregeln in Organisationen) Eingang in die Management-Theorie, vorwiegend in die systemische Management-Theorie[11], in die OE-Literatur [12] und in die praktische Arbeit der Konfliktberatung, Teamentwicklung, Gesprächstrainingsarbeit, die mehr oder weniger im Kontext der OE Anwendung finden.

Auf der anderen Seite weitet die Familientherapie ihr Anwendungsfeld über die Familie hinaus auf Organisationen aus. Begonnen hat damit M. Selvini-Palazzoli mit ihren Arbeiten "Der entzauberte Magier"[13] (wobei sie sich auf Entwicklungsprozesse in Schulen konzentriert) und "Hinter den Kulissen der Organisation" [14]. Weitere Anwendungen der Familientherapie im Rahmen von OE bedeutet die Übertragung der Familienskulpturarbeit aus der entwicklungsorientierten Familientherapie von V. Satir auf Organisationen (Organisationsskulptur). Initiiert wurde diese Entwicklung durch V. Satir[15] selbst, übernommen und weitergeführt durch die skandinavische OE und

11   vgl. dazu z.B. - Watzlawick, P. "Management oder die Konstuktion von Wirklichkeit" in: Probst, G.J.B., Siegwart, H. (Hrsg.) "Integriertes Management (Bausteine des systemorientierten Managements)". Bern-Stuttgart 1985, S. 365 ff
- Manella, J. "Führung und Kommunikation" in: Siegwart, H., Probst, G.J.B. (Hrsg.) "Mitarbeiterführung und gesellschaftlicher Wandel". Bern-Stuttgart 1983, S. 249 ff
- Malik, F. "Strategie des Managements komplexer Systeme". Bern-Stuttgart 1985. - In diesem Buch werden Arbeiten von den Familientherapeuten Bateson G., Beavin J.H., Watzlawick P. und Weakland J.H. (Palo-Alto-Gruppe) verarbeitet.
Dabei ist festzustellen, daß eigentlich nur die Arbeiten von P. Watzlawick und die der Bateson-Gruppe Verwendung finden.
12   in der OE-Literatur findet sich ähnlich der Managementliteratur eigentlich nur die Arbeit von P. Watzlawick (vorwiegend: Watzlawick, P./Beavin, J.H./Jackson, D. "Menschliche Kommunikation". Bern-Stuttgart-Wien 1982; vereinzelt: Watzlawick, P./Weakland, J.H./Fisch, R. "Lösungen". Bern-Stuttgart-Wien 1979; Watzlawick, P. "Wie wirklich ist die Wirklichkeit?". München 1976) verbreitet.
Eine Ausnahme bildet: Glasl, F. "Konfliktmanagement". Bern-Stuttgart 1980; - darin werden familientherapeutische Arbeiten verwendet von: Beavin J.H., Minuchin S., Richter H.E., Watzlawick P., Weakland J.H.
13   Selvini-Palazzoli, M. "Der entzauberte Magier". Stuttgart 1978
14   Selvini-Palazzoli, M. "Hinter den Kulissen der Organisation". Stuttgart 1985
15   Dies fand unseres Wissens erstmals bei einem Workshop von V. Satir im März 1987 in der BRD statt.

auch in Österreich durch die Kooperation der Familientherapeutin Barbara Krämer und dem Management Center Vorarlberg, Institut für OE[16], sowie durch die Beratungsgruppen "OSB" und "Neuwaldegg" in Wien. Weitere Integrationsbestrebungen zwischen OE und Familientherapie finden durch die Heidelberger Familientherapeuten Gunthard Weber, Bernd Schmidt, Fritz B. Simon u.a., sowie durch Rosmarie Welter-Enderlin und die Beratungsgruppe "ask" in Zürich statt.

Die Integration von Familientherapie und OE erfordert von beiden Seiten eine Öffnung, die sich nicht nur auf die Zusammenführung kleiner Einheiten der Familientherapie und der OE bezieht, sondern die heute bekannte Ganzheit der Familientherapie mit der heute bekannten Ganzheit der OE integriert. Dazu gibt es unseres Wissens von seiten der OE derzeit nur die Arbeit von Exner A., Königswieser R., Titscher S. "Unternehmensberatung - systemisch" in: Die Betriebswirtschaft Nr. 47/1987, S 265 ff.

Diese Arbeit soll dazu einen weiter integrierenden Beitrag leisten. Es geht bei der Integration des familientherapeutischen Tuns im Rahmen von OE-Prozessen also nicht um die Anwendung einiger inzwischen breit anerkannter kommunikationstheoretischer Grundsätze. Vielmehr liefert die Familientherapie für die OE Ansätze, Hintergründe und Instrumente im Sinne von Interventionstechniken, die eine Entwicklung der Organisation als Ganzes erst ermöglichen - dazu gehören eben auch die Menschen, die derzeit in einer Organisation arbeiten und nicht ohne größere Einbrüche ausgetauscht werden können. Gerade in Klein- und Mittelbetrieben betrifft dies vielfach das Management zu 100%, weil das Kapital zum überwiegenden Teil in den Händen des Managements liegt und ein Austausch (=Trennung, Scheidung) zumindest nicht angestrebt wird. Das heißt, daß durch OE eine Koevolution der Organisation bewußt angestrebt und eingeleitet wird. Für die praktische, das heißt mit den im System lebenden Menschen, Gestaltung koevolutionärer Prozesse liefert die Familientherapie konkrete Ansätze. Ausdruck findet dies in der Arbeit von Willi J., der zunächst das individuelle Verhalten als Ergebnis von zirkulären Kommunikationsprozessen und von Systemcharakteristika des übergeordneten Ganzen betont[17]. Diese Ganzheit ist in weiterer Folge das Selbst des Systems, in das Teile des persönlichen Selbst der in das System eingebundenen Menschen eingebunden werden und sich dort zu einem übergeordneten Selbst vereinen, welches anders ist, als das Selbst der

---

16 Workshop "Systeme erkennen", geleitet durch Barbara Krämer und Kuno Sohm, im Juli 1987
17 vgl. Willi, J. "Koevolution - die Kunst gemeinsamen Wachsens". Hamburg 1985 - S. 127

Individuen[18] (Übersummation). Diesen Aspekt gilt es auch aufzugreifen, wenn es um die Entwicklung (im Sinne von Auf-decken, Sichtbar-machen) der corporate identity geht.

Dieser laufende Selbst-entwicklungsprozeß der Organisation (=das Selbst der Organisation entwickelnde Prozeß) ergibt sich aus permanenten Spannungsverhältnissen (=Energieflüsse), die letztendlich wie im Organismus lebenserhaltend sind. Das Leben hängt zum einen von einer kontinuierlichen Versorgung mit Energie (Sauerstoff, Nahrung, Reizen) ab, und zum andern von der Entladung oder Freisetzung einer entsprechenden Energiemenge[19].

Verlagern sich die Spannungsverhältnisse einseitig (z.B. durch die Entwicklung einzelner Subsysteme in der Organisation - Menschen, Gruppen, Bereich .. - oder einzelner Wesenselemente der Organisation) besteht die Gefahr, daß die Relationen im System das Ganze degenerieren. Dementsprechend geht es in der Familientherapie und in der OE um eine Koevolution der Subsysteme. "Überall in der ökologischen (=systemischen, Anmerkung des Verfassers) Betrachtungsweise ist das 'Was' weniger wichtig als das 'Wie' und 'Wieviel'. Es geht fast nie um die Maximierung irgendeiner Größe, sondern um deren Optimierung in der Wechselwirkung mit allen anderen Faktoren."[20]

Das Werkzeug der Familientherapie und der OE: die Person des Therapeuten / des change agent / des Entwicklungsberaters[21]

Wie oben erwähnt, hat die Familientherapie auf der Ebene der Intervention im OE-Prozeß besondere Relevanz. In dieser Hinsicht scheint es für die OE notwendig (= die Not auf der Suche nach einer anerkannten Identität wendend), ein Selbstverständnis des Entwicklungsberaters herzustellen. Denn die Darstellung von 14 helfenden Funktionen, die dann in 8 Rollen des Entwicklungsberaters münden[22], dient unseres Erachtens nur dazu, daß sich *jeder* Berater in diesem Funktionen- und Rollenangebot finden kann und sich

18 vgl ebenda S. 128
19 vgl. Lowen, A. "Bioenergetik, Therapie der Seele durch die Arbeit mit dem Körper". Hamburg 1979 - S. 113
20 Willi, J. "Koevolution", a.a.O. - S 149
21 Im folgenden verwenden wir der Einfahheit halber die maskuline Form "der Entwicklungsberater"; es ist uns jedoch ein Anliegen, festzuhalten, daß gerade in der Familientherapie wesentliche Impulse von Frauen ausgegangen sind und ausgehen; der Autor selbst hat den wesentlichen Kon-takt (= gemeinsamer Rhythmus) zur familientherapeutischen Arbeit durch die familientherapeutische Supervision bei der Familientherapeutin Frau Barbara Krämer.
22 vgl. Lippitt, R., Lippitt, G. "Der Beratungsprozeß in der Praxis" in: Sievers, B. "Organisationsentwicklung als Problem". Stuttgart 1967 - S. 96 ff

somit auch jeder Berater als Organisationsentwickler verstehen und dem Klienten anbieten kann.

Für die Intervention des change agent (die Übersetzung von change agent lautet: der/die Handelnde, die Ursache, das Werkzeug; wirkende Kraft ... [23]) - bzw. Entwicklungsberaters (dies ist unseres Erachtens der derzeit im Deutschen brauchbare Begriff für die Arbeit des change agent in Organisationen) aus systemischer Sicht ist das eigentliche Werkzeug die eigene Person. Die Organisation und der Entwicklungsberater bilden vom ersten Augenblick des Kontakts (bei externen oder neu in die Organisation eintretenden Entwicklungsberatern) bzw. vom ersten bewußten Wahrnehmen der Funktion des Entwicklungsberaters (bei internen Entwicklungsberatern) "ein Suprasystem, das sich aus den beiden Subsystemen (Organisation und Entwicklungsberater) zusammensetzt und das auch bei einem Minimum an Beziehungen als Suprasystem existiert."[24]

Wichtig für den Entwicklungsberater ist zunächst ein klares Funktionsverständnis und eine für alle Beteiligten offene Funktionsklärung in diesem sozio-therapeutischen Prozeß[25] der Entwicklungsberatung. Sowohl für externe als auch in besonderem Maße für interne Entwicklungsberater, ist diese Funktionsklärung für sich selbst und für die am jeweiligen OE-Prozeßschritt Beteiligten erforderlich. Dazu erscheint uns die folgende Funktionengliederung von Waldefried Pechtl[26] hilfreich zu sein: (s. Abb. S. 155)

Die Rollen sind hier bewußt noch nicht zugeordnet, weil gleiche Rollen verschiedensten Funktionen zuzuordnen sind. Als Entwicklungsberater liegt der Schwerpunkt auf der Beratungsfunktion, vorübergehend (z.B. in der Kontraktphase) ist von ihm auch die Verhandlungsfunktion wahrzunehmen. Gerade wegen der im Beratungsprozeß oft schleichend übertragenen/erwarteten und auch wahrgenommenen Funktion der Leitung - was vor allem eine Folge der "schwarzen Pädagogik"[27] ist - ist die Abgrenzung dieser Leitungsfunktion wichtig; dies gilt in besonderem Maße für interne Entwicklungsberater, die in der Organisation auch Leitungsfunktionen wahrnehmen (z.B. als Leiter der Abteilung Personalentwicklung). Zentraler Inhalt der Beratungsfunktion ist eine klare Differenzierung des Beraters vom Problem des Klienten - Systems. Ist dies nicht möglich, erscheint die Wahrnehmung der Bera-

23 vgl. Cassel & Co Ltd. "German & English Dictionary", 12. Auflage 1970 - S. 10
24 Selvini-Palazzoli, M. et. al. "Hinter den Kulissen der Organisation", a.a.O. - S. 220
25 Wir möchten die OE-Beratung generell als soziotherapeutische Prozeßbegleitung verstehen, wie dies Glasl, F. für die Interventionsarbeit in der Konfliktberatung beschreibt (vgl. Glasl, F. "Konfliktmanagement, a.a.O. - S. 434)
26 vgl. Pechtl, W. "Zwischen Organismus und Organisation". Linz 1989 - S. 203
27 vgl. Miller, A. "Am Anfang war Erziehung". Frankfurt a.M. 1983 - S. 17 ff

Funktionen	Tätigkeiten	Rollen
Leitung	- beurteilen - entscheiden - (an)leiten - kontrollieren	

Beratung	Funktion klären
	- beraten zeitlichen und struktu-
	           rellen Rahmen für den
	           mikro- und makro-Bera-
	           tungsprozeß klären
	- Beratung von Menschen, Gruppen
	  und Organisationen	

Verhandlung	- fordern (wünschen, wollen) - verhandeln - Standpunkte klären/festlegen - Übereinstimmungen festhalten	
Team-Mitglied	- Bereitschaft zur Zusammenarbeit aussprechen, prüfen - Situation beschreiben und mitteilen - gemeinsam planen, durchführen	

tungsfunktion und damit die Begleitung im Entwicklungprozeß des Klienten-
systems nicht möglich. Diese Handhabung erfordert für den Entwicklungsberater sowohl eine selbstanalytische Arbeit als auch eine laufende Supervision
seiner Beratungsarbeit[28].

Nachdem einerseits das Selbst-Verständnis und die Klärung der jeweils
aktuellen Funktion des Entwicklungsberaters hergestellt ist, stellt der familientherapeutische Ansatz die Basis für das Rollenverhalten des systemisch
orientierten Entwicklungsberaters dar. Als Rahmen gilt dabei, daß der Entwicklungsberater die individuelle Dynamik der unmittelbar an einem Prozeß-
schritt Beteiligten des Klient-Systems als ganzes erkennt und die gegenseitigen Beeinflussungen abzuschätzen weiß. Der systemisch orientierte Entwicklungsberater muß sich in besonderem Maße als Teil des Systems verstehen
und seinen Einfluß darin zu erkennen suchen[29]. Das Ziel der Interventionen
des systemisch orientierten Entwicklungsberaters richtet sich neben den

---

28 vgl. S. 186 ff
29 vgl. Petzold, H. "Die Rolle des Therapeuten und die therapeutische Beziehung".
    Paderborn 1980 - S. 10

Metazielen der OE auf ein Lösen zwanghafter Verflechtungen des Klienten-Systems und auf die Unterstützung entwicklungsfördernden Funktionierens[30]. Zu diesem Zweck begibt sich der Entwicklungsberater in das Klient-System hinein und setzt dann die eigene Person zur Transformation des Systems ein[31].

Der Entwicklungsberater fördert, wo immer möglich, die Verantwortlichkeit jeder Person, die Erweiterung der Interpretations- und Handlungsalternativen sowie die Fähigkeit zu prüfen, auszuwählen und zu entscheiden[32]. Dabei ist die volle Breite der Persönlichkeit des Entwicklungsberaters sein wichtigstes Werkzeug. Er zeigt durch sein eigenes Verhalten, daß es nichts gibt, mit dem man nicht offen und ehrlich umgehen kann[33]. "Satir wie Kempler sehen das Kriterium, ob jemand ein guter Therapeut (bzw. Entwicklungsberater, Anmerkung des Verfassers) ist, nicht in seiner Vorbildung, sondern in der Art, sich selbst und sein "Common sense" zu gebrauchen und in seiner Fähigkeit, Einfluß zu nehmen, um Wachstum zu erreichen sowie in seiner Bereitschaft, sich persönlich zu beteiligen (Kempler, W. "Gestalt Therapie", in: Corsini, R.J. (Hrsg.), "Current psychotherapies", Honolulu 1973 - S. 17, 98)".[34]

Anselm wußte, daß er Träger eines Geheimnisses war, dessen Schwierigkeit nicht darin lag, es zu verraten – vor Geheimnissen, mit denen man zum Verräter werden kann, hatte er schon gelernt sich zu schützen, indem er sie jeweils dem Zubringer zu treuen Händen zurückließ.

Nein, dieses Geheimnis kam aus seinem Inneren, seinem Wesen Selbst und das "Geheime" daran war, daß – es zu verkünden, also preiszugeben, hieß: sich Selbst zu öffnen mit Erkenntnissen, die – ob ihrer Einfachheit und Kraft ganz einfach kräftig stören.

Anselm selbst war einer jener Wirklichkeitsbastler gewesen, die nur komplizierten und immer wieder neuen Modellen, Ideen, Vorgangsweisen, Erklärungen und ebensolchen Handlungen Bedeutung schenken. Damit fand er im Kreis der konstruierenden Zerstörer dieser Welt Beachtung und hatte wenig Grund, sein Tun zu hinter-fragen.

Sein Geheimnis begann mit einem Blick in strahlend glänzende Kinderaugen, in denen er sich Selbst und mit ihm tausend Fragen sah. Zunächst

---

30 vgl. Bosch, M. Kohaus, M. "Die therapeutische Beziehung - Funktion und Rolle des Therapeuten in der Familientherapie" in: Petzold, H., a.a.O. - S. 137
31 vgl. Minuchin, S. "Familie und Familientherapie", 5. Auflage. Freiburg i.B. 1983 - S. 29
32 vgl. Bosch, M./Kohaus,M. "Die therapeutische Beziehung ...", a.a.O. - S. 137 f
33 vgl. ebenda - S. 139
34 vgl. ebenda - S. 140

war's leicht, weil er mit seinem Lager der angelernten Antworten den Fragen locker gegenübertrat. Bis sich im Strahlen der (seiner) Kinderaugen die Fragen so veränderten, daß Anselm die Fertigantworten trotz ihres Aufwärmens im Mikrowellenherd der Aktualisierung ungenießbar fand.

Gleichzeitig bekam Anselm jedoch Lust und Gefallen an den immer bunteren Fragen und machte sich gerade damit auf den Weg. Und während er die Straße entlanglief, hatte er zum erstenmal keinen Plan für seinen Weg. Schon bei der ersten Steigung genoß er die Leichtigkeit, die sich ohne den Plan-Ballast einstellte; einfach Schritt für Schritt in Bewegung sah er auf dem vertrauten Weg eine Welt, die ihm bislang verschlossen war; denn ohne die Brille der Fertigbilder, vielmehr absichtslos und wach für das was ist, "sah" er neue Bilder, Klänge und Gerüche und gewann dabei auch Eindrücke über die Rückseite des Vordergründigen. Offen für die Berührungen der Welt und seiner eigenen Geschichte lief Anselm im Takt seines Herzens, das ihm den Weg in sein Geheimnis wies: einfach und in Bewegung sein, offen für das was ist und im Kontakt mit dem was war, auf sein Herz vertrauend leben und handeln.

Schon Jahre übt er sein Geheimnis bei jeder seiner Handlungen, an jedem Ort, zu jeder Zeit; und im Erleben der Rückschläge übt er noch eins: Geduld.

Hin und wieder treffe ich Anselm. Ich glaube er hat ein Geheimnis. Bei Gelegenheit werde ich ihn danach fragen.

Zu dem am familientherapeutischen Ansatz orientierten Selbstverständnis und Rollenverhalten des Entwicklungsberaters gehört zudem die durchgehende Beachtung des Prozesses. Dies bedeutet, daß es vielfach unerheblich ist, an welcher Frage/an welchem Thema der Entwicklungsprozeß stattfindet[35] (z.B. strategische Planung, Führungsverhalten, Kommunikation, Strukturänderung, Betriebliche Bildungsarbeit ...). um die impliziten Regeln, Verflechtungen, Eigenschaften, Funktionsweisen, Mechanismen -... des Systems erkennbar und in weiterer Folge auch veränderbar zu machen. Diese starke Prozeßorientierung ermöglicht es jedoch für die Menschen im Klient-System, neue Möglichkeiten zu den vorhandenen dazuzunehmen - im Hin-

---

35 Bei der Auswahl und Entscheidung über das Thema gilt, daß es aus der Sicht der vom Prozeß Betroffenen und Beteiligten ein im Hinblick auf die IST-Sitatuion des Systems bzw. auf die Zukunft des Systems wichtiges, das heißt Lebensfähigkeit förderndes Thema ist; dies erscheint deshalb erwähnenswert, weil die"Unerheblichkeit" des Themas für den Prozeß bei Führungskräften und OE-Beratern dazu führt, daß sie das jeweilige Thema vorschlagen = anordnen.

36 vgl. Watzlawick, P./Weakland, J. H./Fisch, R.: "Lösungen – zur Theorie und Praxis menschlichen Wandels", 2. Auflage, Bern 1979 – S. 28 ff

blick auf Strukturen, Verhalten, Normen/Regeln .... - und damit erst Veränderungen zweiter Ordnung[36].

Für den systemisch orientierten OE-Berater kommt dazu, die Relationen der 7 Wesenselemente der Organisation zu beachten und bei Bedarf auch sichtbar zu machen. Dies ist deshalb zu erwähnen, weil aufgrund unseres reduktionistisch geschulten Verhaltens bei der Bearbeitung von Situationen/Problemen Relationen, Differenzierungen des Systems oftmals keine Beachtung finden.

Schlußendlich noch ein Bestandteil des Selbstverständnisses und in weiterer Folge Rollenverhaltens des OE-Beraters: die Herstellung von Entwicklungsstrukturen für die Organisation, die unabhängig der Person des OE-Beraters wirksam sind. Wann dafür der geeignete Zeitpunkt im OE-Prozeß ist, hängt von den organisations- und prozeßspezifischen Umständen ab - ist jedoch bis zu diesem Zeitpunkt nur vom OE-Berater zu beachten.

Im Hinblick auf die systemisch-evolutionäre OE in Klein- und Mittelbetrieben erübrigt sich unseres Erachtens die Frage, ob der Prozeß durch einen internen oder externen OE-Berater begleitet werden soll (diesen Streit tragen vorwiegend interne bzw. externe OE-Berater in Großorganisationen aus - aufgrund eines Konkurrenzverhältnisses; diesbezüglich erscheint unserer Erfahrung entsprechend die Teamberatung dann die Lösung zu sein, wenn sie von internen change agents angestrebt wird[37].

Zurück zur OE in Klein- und Mittelbetrieben, die zumindest in Österreich über keine professionellen internen OE-Berater verfügen und somit die Einleitung und auch anfängliche Begleitung des OE-Prozesses mit externen OE-Beratern gestalten. Zu beachten ist dabei, daß möglichst frühzeitig im Prozeß ein interner Projektleiter diese Aufgabe übertragen bekommt und durch die Zusammenarbeit mit dem externen OE-Berater die für die Begleitung des OE-Prozesses erforderliche fachliche Kompetenz erarbeiten kann. Stellt sich für einen Klein- oder Mittelbetrieb die Frage nach der Begleitung durch einen internen oder externen OE-Berater, verfügt diese Organisation offensichtlich über einen internen Entwicklungsberater. In diesem Fall - der, wie oben erwähnt, zumindest in Österreich eine Ausnahme darstellt - sollte unseres Erachtens unbedingt dem internen OE-Berater der Vorzug gegeben werden - unter Zugrundelegung des dargestellten familientherapeutischen Ansatzes der OE-Beratung.

---

37 vgl. Lippitt, R./Lippitt, G. "Der Beratungsprozeß in der Praxis" in: Sievers, B. "Organisationsentwicklung als Probelm". Stuttgart 1977 - S. 113 f

2.3.3 Subsysteme der Familientherapie im Hinblick auf systemisch-evolutio-näre OE-Prozesse

(Diese Subsysteme sind in Relation mit den oben beschriebenen system-theoretischen Subsystemen zu sehen).

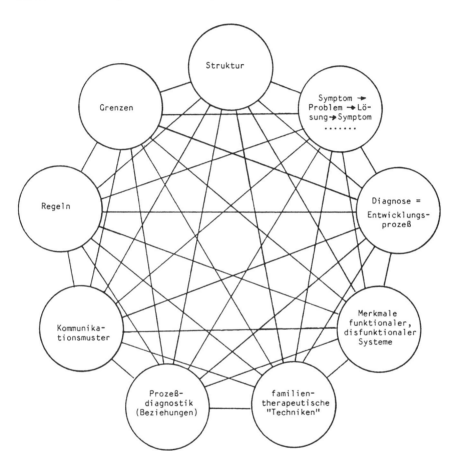

2.3.3.1 Die Familienstruktur

Die Mitglieder einer Familie halten sich im Umgang miteinander, also in ihrer verbalen und nonverbalen Kommunikation an bestimmte Arrangements. "Diese Arrangements sind zwar in der Regel nicht ausdrücklich festgelegt bzw. werden oft nicht einmal voll erkannt, aber sie bilden doch eine Gesamtheit, nämlich die Struktur der Familie."[38] Diese Struktur der Familie ergibt sich aus den in der Regel nicht sichtbaren funktionalen Forderungen "die in ihrer Gesamtheit die Art der Interaktionen der Familienmitglieder organisieren."[39]

Die wesentlichsten Teile der Familienstruktur sind die transaktionalen Muster, die Interdependenzen, die gegenseitigen Erwartungen, die verschiedenen Subsysteme und die Art und Weise ihres Zusammenspiels, die von einzelnen Mitgliedern angewendeten Streß-Kommunikationsmuster, sowie die angewendeten Spiel-Regeln und die Handhabung der Grenzen im System Familie.

Laut Minuchin ist die Familienstruktur dem Beobachter nicht unmittelbar zugänglich[40] - andererseits gilt es, gerade Teile der Familienstruktur zu verändern, damit die Familie den sich ändernden Anforderungen an sie entsprechen kann. Die Konsequenz daraus ist, daß sich der Familientherapeut in das System hineinbegibt - um die für das "Leiden" der Familie wesentlichen Strukturelemente zu erkennen und wirksame Veränderungen einleiten zu können.

Denn:"Wenn es zum Ungleichgewicht innerhalb des Systems kommt, dann empfinden einzelne Familienmitglieder in der Regel, daß andere Mitglieder ihre Verpflichtungen nicht erfüllen. Dann wird die Familienloyalität beschworen und es kommen Manöver in Gang, die Schuldgefühle auslösen. Aber die Familienstruktur muß in der Lage sein, sich anzupassen, wenn die Umstände sich wandeln. Die fortgesetzte Existenz der Familie als System hängt davon ab, daß eine genügend große Bandbreite von Mustern vorhanden ist, daß alternative transaktionale Muster zugänglich sind und das System flexibel genug ist, sie im Bedarfsfall zu mobilisieren.[41]

Struktur bedeutet in der Familientherapie die inhärenten Ordnungsmuster eines Systems. Struktur umfaßt dementsprechend neben dem architektonischen Aufbau des Systems vor allem auch die Ordnungsmuster des Zusammenspiels der verschiedenen Subsysteme[42]. Hervorzuheben ist hier noch die

38 Minuchin, S. "Familie und Familientherapie". Freiburg i.B., 5. Auflage 1983 - S. 115
39 ebenda S. 70
40 vgl. Minuchin, S. "Familie und Familientherapie", a.a.O. - S. 115
41 ebenda S. 71 f
42 Subsysteme in der Familientherapie sind sowohl Individuen, Generationen, die Kernfamilie und die sie umgebenden Ursprungsfamilien, die Eltern, sowie sämtliche vorübergehende flexible oder starre/stabile ausdifferenzierte Mischformen. "Die Organisation der Subsysteme in einer Familie ist ein wichtiges Hilfsmittel für die immerwährende Einübung und Ausübung des differenzierten 'Ich bin' im Rahmen der zwischenmenschlichen Begegnungen auf unterschiedlichen Ebenen" (Minuchin, S. "Familie und Familientherapie", a.a.O. - S. 72)

Bedeutung der Koalitionen, die sich aufgrund der Tatsache, daß sich Familien aus vielfältigen Dreiecken zusammenfügen, ergibt. Die Handhabung von Koalitionen (von starr bis flexibel) ist ein Merkmal für die Funktionalität von Familiensystemen, wobei die Regel gilt: je flexibler Koalitionen gehandhabt werden, desto dynamischer und funktionaler ist das Familiensystem und desto eher ist die Familie in der Lage, die sich aus dem Entwicklungsprozeß ergebenden Anpassungsprozesse zu bewältigen.[43]

Für die OE bedeutet die familientherapeutische Sichtweise der Struktur eine Erweiterung des Strukturbegriffs. Eine erweiterte Auffassung der Struktur ist Bestandteil des neuen systemisch-evolutionären Paradigmas und umfaßt zum einen die Struktur der Strukturen (=Metastruktur) und zum anderen, daß Strukturen nicht als etwas Festes zu denken sind, sondern "als ein Reigen interagierender Teile, der erst in zweiter Linie durch verschiedenartige physische Bedingungen, durch die Gewohnheit der Organismen sowie durch die Benennung von Zuständen und Bestandteilen eingeschränkt ist."[44]

Relevanz hat diese Erweiterung dann, wenn es um praxeologische Interventionen im Rahmen von OE-Prozessen geht; dann nämlich gilt es, die Systemstrukturen im familientherapeutischen Sinne wahrzunehmen, zu akzeptieren, ihre Funktionen zu begreifen und sie für den Entwicklungsprozeß des Systems zu nützen und Erweiterungen zu schaffen. Die Handhabung des familientherapeutischen Subsystems der (Familien-) Strukturen in OE-Prozessen erfordert einen hohen Grad an Professionalität im Hinblick auf ihre Anwendung; dies prägt auch die familientherapeutische Literatur, die durchwegs von praktizierenden Familientherapeuten stammt und dementsprechend am "Tun" anknüpft. "Die großen Theoretiker (z.B. Gregory Bateson, Erich Jantch ... Anmerkung des Verfassers) beobachten diese Entwicklung teils wohlwollend, teils skeptisch und wundern sich, in welchen Zusammenhängen ihre Ideen verwendet werden."[45]

Im Gegensatz dazu steht zu einem großen Teil die OE-Theorie, die überwiegend vom "Denken" und Wissen geprägt ist und vielfach die Durchführung einzelner OE-Prozesse nur zu Forschungszwecken braucht. Dabei bleibt vielfach die Wertschätzung der OE-Experten gegenüber den Menschen im Klient-System auf der Strecke.

---

43 vgl. dazu: Hoffmann, L. "Grundlagen der Familientherapie". Hamburg 1982, S. 109ff, 131 ff, 147 ff
44 Bateson, G. "Von den Strukturen hinter den Strukturen" in: Psychologie heute Nr. 11/1978 S. 61
45 Exner, A./Königswieser, R./Titscher, S. "Systemische Unternehmensberatung", Manuskript S 2, veröffentlicht in: Die Betriebswirtschaft, Jahrgang 47/1987

Diese wertschätzende Haltung bei allen Interventionen im OE-Prozeß ist meines Erachtens die Voraussetzung schlechthin für einen OE-Prozeß, in dem das Wertesystem der OE nicht nur gefordert wird für das Klient-System und für einen zunächst unpersönlichen Entwicklungsprozeß, sondern auch durch die Menschen des Beratersystems praktiziert wird. Diesen Aspekt aus der Familientherapie, auch im Hinblick auf den Umgang mit den Elementen der Struktur in sozialen/lebenden Systemen, kann die OE ganzheitlich übernehmen.

Neue Sichtweisen für die OE liefert die Familientherapie bei der Begrenzung von Systemen bzw. bei der Bildung von Subsystemen. Subsysteme sind in diesem Sinne Substrukturen, zwischen denen im Blick auf eine wirksame Intervention Unterscheidungen getroffen werden dürfen.[46]

Es ist also möglichst genau abzugrenzen, auf welches Subsystem sich eine Intervention erstrecken soll, um überhaupt einen pragmatischen Effekt zu haben[47]. Die Bildung von Subsystemen für konkrete Interventionen hat im Hinblick auf die Handhabung von Grenzen durch die Mitglieder des Systems besondere Bedeutung, weil dadurch "Verstrickungen" und "Loslösungen" in "klare Grenzen" verändert werden können[48].

Dieser Überblick über die Familienstrukturen und ihre Bedeutung für OE-Prozesse soll im folgenden erweitert werden durch eine Konkretisierung der Struktureinheiten: Grenzen, Beziehungen, Kommunikationsmuster und Familien-Regeln.

2.3.2.2 Grenzen

"Die Grenzen eines Subsystems sind die Regeln, die darüber bestimmen, wer an einem Subsystem beteiligt ist und wie seine Beteiligung aussieht."[49] Die Grenzen haben die Funktion, die Differenzierung des Systems zu bewahren [50]; sie ermöglichen der Familie ein angemessenes Funktionieren, das heißt klare Grenzen ermöglichen den Kindern eine Entwicklung als Kind, den Eltern eine Koevolution als Paar, der Kernfamilie eine Entwicklung als eigenständige Familie usw.

46 vgl.Selvini-Palazzoli, M. et.al. "Der entzauberte Magier", a.a.O. - S. 61
47 vgl. ebenda S. 61
48 vgl. S. 163
49 Minuchin, S. "Familie und Familientherapie", a.a.O. - S.72
50 vgl. ebenda S. 73

Minuchin unterscheidet 3 Arten von Grenzen: [51]

-----------	klare Grenze	- Flexibilität
....	diffuse Grenze	- Verstrickung
_____	starre Grenze	- Rigidität

Klare Grenzen bedeuten, daß die Mitglieder eines Subsystems ihre Funktionen ohne zulässige Einmischung von außen vollziehen können und ermöglichen andererseits den Kontakt zwischen den Mitgliedern[52]. Klare Grenzen sind somit klar erkennbar, also eindeutig und sind doch gleichzeitig durchlässig. Sie ermöglichen für die Mitglieder der verschiedenen Subsysteme Selbstentwicklung, Selbst-verständnis, Selbst-ständigkeit (also Identität) im Kontakt mit anderen Subsystemen. Dabei ist die Zusammensetzung der Subsysteme einer Familie nicht annähernd so wichtig wie die Klarheit der Grenzen, die ein Subsystem umgeben[53]. Eine besondere Stellung innerhalb der Familie nimmt das Subsystem der Eltern ein, wegen der Doppelrolle seiner Mitglieder - nämlich Eltern und (Ehe-) Partner. Der Abgrenzung dieses Subsystems bzw. der Klarheit der Grenzen dieses Subsystems kommt damit für das Gesamtsystem besondere Bedeutung zu. Eine Entsprechung findet dieses Subsystem in Organisationen bei Führungsteams, deren Mitglieder sowohl Vorgesetzte ihrer Mitarbeiter sind als auch Partner im Führungsteam. Auch hier gilt es, durch eine klare Systemdifferenzierung im OE-Prozeß, die Klarheit der Grenzen für die Mitglieder des Führungsteams selbst als auch für die anderen Subsysteme klar erkennbar und gleichzeitig flexibel handhabbar zu machen.

Vorgesetzter zu sein, erfordert in der Funktion des Leitens den Einsatz von Autorität. Das heißt, entwickeln und führen von Mitarbeitern erfordert eben auch beurteilen, einschränken (=Schranken/Grenzen klar machen) und kontrollieren. Diese Tätigkeiten von Führungskräften ermöglichen für die Mitarbeiter Orientierung. Es ist eine Realität, die durch eine counterdependente Interpretation des kooperativen/partnerschaftlichen Führungsstils verwischt wurde, daß Vorgesetzte und Mitarbeiter in einer Situation mit ungleich verteilter (formaler) Macht leben. Dabei gilt es innerhalb dieser Machtverhältnisse, die Fähigkeit zu erwerben, klar und eindeutig zu leiten (vgl. die dazugehörigen Tätigkeiten S. 155), zu verhandeln und gegebenenfalls auch als Team-Mitglieder zusammenzuarbeiten. Dies wird ermöglicht durch eine möglichst klare und eindeutige Handhabung der Grenze zwischen dem Führungssystem und den anderen Subsystemen.

51 vgl. Minuchin, S. "Familie und Familientherapie", a.a.O. - S. 73
52 vgl. ebenda S. 73 f
53 vgl. ebenda S. 74

Während also klare Grenzen im System sein Funktionieren unterstützen, sind diffuse und starre Grenzen Bestandteile disfunktionaler Systeme. Diffuse Grenzen bedeuten verwischte Differenzen, unangemessene Anteilnahme unter den Systemmitgliedern und ist oft im Zusammenhang mit einer Abwendung von der Umwelt des Systems verbunden. "Ein solches (verstricktes, Anmerkung des Verfassers) System kann allmählich allzu belastet sein und wird dann nicht mehr die Ressourcen aufbringen, die notwendig sind, um sich belastenden Umständen anzupassen und sich zu wandeln."[54] In Organisationen deuten Verstrickungen auf eine unklare Handhabung der Leitungsfunktion hin und ergeben sich oft im Zusammenhang mit Kooperationsschwierigkeiten auf einer Führungsebene. Auf der anderen Seite führen starre/rigide Grenzen in Systemen zu Kooperationsschwierigkeiten zwischen verschiedenen Subsystemen.

Auch in funktionierenden Systemen kommen sowohl Verstrickungen als auch Loslösungen (= starre Grenzen) *vorübergehend* vor. "Operationen in der Nähe der Extreme (=diffuse bzw. starre Grenzen) allerdings deuten Bereiche möglichen pathologischen Geschehens an."[55]

Durch den OE-Prozeß gilt es demnach, diffuse Grenzen deutlich zu machen bzw. unangemessen starre Grenzen durchlässiger werden zu lassen. Die Handhabung der Grenzen durch die Systemmitglieder ermöglichen dem change agent einen raschen Ein-Blick in die Systemstruktur und dieser liefert wiederum Anhaltspunkte für die entsprechenden Interventionen.

2.3.3.3 (Streß-) Kommunikationsmuster

"Die Struktur einer Familie läßt sich über die Interaktion der Mitglieder erfassen."[56]

Diese Interaktionen stehen in Relation mit dem "Innenleben" der Menschen im System (Familie - Organisation), mit anderen Worten steht die Art der Kommunikationsmuster in Relation mit dem Selbstwert und dem Wachstum (der Entwicklung) der Menschen im System.

V. Satir hat 4 Kommunikationsmuster ent-deckt, die sie jeweils im Zusammenhang mit bedrohten Selbstwertgefühlen in Familien angetroffen hat. Jedem Kommunikationsmuster hat Satir eine spezifische Körperhaltung zugeordnet, die beim entwicklungsorientierten familientherapeutischen Arbeiten mit Systemen, Subsystemen bzw. Individuen eingesetzt wird, wie sich der bedrohte Selbstwert aus-drückt, welche Gefühle damit verbunden sind und wieviel Energieaufwand niedere Selbstwertgefühle für Individuen und

54 Minuchin, S. "Familie und Familientherapie", a.a.O. - S. 74
55 ebenda S. 75
56 Schlippe, A.v."Familientherapie im Überblick", a.a.O. - S. 65

Systeme erfordern. Zudem gehört zu jedem der 4 Kommunikationsmuster eine spezifische Syntax. (s. Tab. S. 166)

Die (Streß-) Kommunikationsmuster sind Verhaltensweisen, die in der Kindheit gelernt werden, um seinen Selbstwert zu finden - wobei ihre Anwendung gleichzeitig den Selbstwert verringert. Dementsprechend gilt es in einem (Organisations-) Entwicklungsprozeß, diese Kommunikationsmuster zu erweitern, indem kongruentes Kommunikationsverhalten als neue/weitere Möglichkeit der Interaktion im System erlernt wird.

"Mit diesen Formen lassen sich sowohl Individuen, Subsysteme als auch ganze Familiensysteme beschreiben. Es ist sehr wichtig zu betonen, daß es sich dabei nicht um invariante Charakterstrukturen handelt, sondern eher um Streßreaktionen. Menschen und Systeme neigen unter Anspannung mehr oder weniger stark dazu, sich einer Kommunikationsform zu bedienen."[57]

Im Rahmen von OE-Prozessen bietet das Erkennen, Offenlegen und Erweitern der Kommunikationsformen eine weitere Orientierungsmöglichkeit im System und damit Interventionsrichtung im Prozeß.

Kongruente Kommunikationsform

Diese Form der Kommunikation definiert V. Satir durch:
- "Selbstwert": hoch
- Kommunikation: direkt, klar, spezifisch, übereinstimmend, kongruent (entwicklungsfördernd)
- Regeln: offen, entsprechend, menschlich; die Regeln werden geändert, wenn es erforderlich ist; volle Freiheit zur Meinungsäußerung
- Ergebnis: Bezug zur Realität, angemessen, konstruktiv

Der Selbstwert wird ständig zuverlässiger und zuversichtlicher; er erhält immer mehr Basis in der Persönlichkeit."[58]

Diese kongruente Kommunikationsform als zunächst zusätzliche Möglichkeit zu den/der (Streß-) Kommunikationsformen zu entwickeln, ist Bestandteil aller Interventionen im OE-Prozeß. Dies erfolgt sowohl durch indirekte Interventionen durch den Entwicklungsberater als auch durch die Einführung von Strukturen im System,. die kongruentes Kommunizieren entwickeln helfen (z.B. Metakommunikation in Besprechungen).

---

57 Schlippe, A.v. "Familientherapie im Überblick". Paderborn 1984 - S. 66
58 Satir, V. "Selbstwert und Kommunikation", a.a.O. - S. 146 f

(Streß-) Kommunikations-formen	Erfahrungs-bereich 58)	Körperausdruck / Skulpturselig- 59)	Syntax 60)	Gedanken, Gefühle 60)	Erfahrungen d. bewußten Anwendu im Rollenspiel	Charakter-struktur tendenziell 61)	Interventions-richtung 62)
Beschwichtiger (placating)	S = Selbst, A = Andere, K = Kontext	- wenig Atmung - Augen geben weg von anderen - Stimme leise - ziehen sich zusammen - machen sich kleiner, gebückt - in Sitzen oft eine Hand offen im Schoß	Verwendung von - Einschränkungen wie: wenn/nur/ganz/viel-leicht/ein bißchen - Konjunktiv: könnte/würde - Gedankenlesen wollen "Was immer du willst, ist in Ordnung. Ich existiere nur, um dich glücklich zu machen."	"Ich komme mir wie ein Nichts vor: ohne ihn/sie bin ich tot. Ich bin nichts wert." - Hilflosigkeit - Wertlosigkeit - Angst, abgelehnt und verlassen zu werden	keine Lösung; ei-gene Person nicht vorhanden; Verant-wortung darf nicht sein. Ohn-macht; Schuld soll der andere sein; Frustration; kann schnell kippen zu Anklagen; Gefühl darunter: Aggres-sion; Lähmung;	Oral (Masochist)	- Differenzen hervorheben - Veränderungen anerken-nen - Entscheidungen treffen lassen - Nein-sagen - Forderungen/Wünsche formulieren - Geduld; langsames Vorg. - Verantwortung nicht übernehmen - SELBSTWERTGEFÜHLE stärken
Anklagen (blaming)		- Stimme oft fest, laut, hart, schrill - schaut den anderen an, sieht ihn jedoch nicht - aufrechte Haltung - Atmung in kleinen, engen Zügen; - schwache, zurückgehal-tene Atmung - anliegend - angespannte Muskeln, insbes. Halsmuskeln	Verwendet: - viele Verben - häufig Verallgemeine-rungen: jede/alle/vir/nie/immer/... - negative Fragen (Wa-rum tun Sie nicht!) - direkte Angriffe (Du machst alles falsch! Warum tust du das!) "Sprich die richtigen Worte; zeige kein Ge-fühl, reagiere nicht. Du bist an allem schuld!	"Ich bin einsam und erfolglos." - "Wenn Du nicht da wärst, wä-re alles in Ordnung." - innerlich angespannt - Ärger verlangen nach Anerkennung - fühlt sich nicht ge-hört, völlig unver-standen, ungerecht behandelt, ratlos - Angriff = beste Ver-teidigung	keine Lösung; Ver-hindern von Gemein-samkeit; der ande-re wird abgewertet; Thema ist Mittel zum Zweck; Thema ist "Macht". "Wer setzt sich durch?"; ich strenge mich sehr an, bekomme aber nichts;	Phalliker (Psychopath)	- Ich-Botschaften, - destruktive Abläufe unterbrechen - Negatives in Posi-tives übersetzen - Anklage übersetzen in Bedürfnisse/Wün-sche - von eigenen Gefühlen sprechen
Rationalisie-ren (computing)		- ungewegt, gespannt - Stimme oft monoton - nur der Kopf bewegt sich - oftmals die Beine übereinander geschla-gen - trockene Haut	Verwendung von - Substantiven - man/es — Verallgemei-nerungen - langen Wörtern erklärend, begründend, rechtfertigend; es geht um die Klärung von richtig und falsch	"Ich fühle mich leicht ausgeliefert." - Angst vor Gefühlen - Angst, die Kontrolle über sich und die Situation zu verlie-ren - ausgeliefert zu sein	es kann Lösungen geben; wenig Dyna-mik; viel Distanz; Kontrolle über die eigene Person; Ver-spannung; Gefühle werden eher "cool" eingebracht; Angst vor Schwäche; Re-gel: wir sind ver-nünftig; ich kann mich gut raushal-ten;	Psychopath (Phalliker)	- behutsam, langsam vorgehen - sehr viel Anerkennung geben - nicht zu schnell Gefühle ansprechen - nonverbalen Ausdruck fördern
Ablenken (Irrelevant)		- eckig, weist in ver-schiedene Richtungen - Stimme singend, paßt oft nicht zu den Wor-ten - viel Bewegung von Mund, Augen, Armen und Beinen	- die Worte haben we-nig/keine Beziehung zu dem, was er ir-gendeinen anderen sagt oder tut - keine Antwort auf direkte Fragen- reagiert aber mit einer Frage zu einem anderen Thema	- starke Gefühle von Einsamkeit und Zwecklosigkeit - hat Sehnsucht nach Kontakt und gleich-zeitig Angst davor - extreme Angst vor Gefühlen "Niemand macht sich etwas aus mir. Ich ge-höre nirgendwo hin."	Thema war nicht Thema; Wut über Desinteresse der anderen; Unsicher-heit; sehr kreativ; anstrengend; jeder und alles ist un-wichtig; Tempo; Hunger nach Aufmerksamkeit; kurzfristiger Rhythmus	Hysteriker	- klare Sprache - Thema auf den Punkt bringen (focusieren) und klar abschließen - vollständige Trans-aktionen herstellen

59 Bandler, R./Grinder, J./Satir V. "Mit Familien reden". München 1978 - S. 57 ff
60 vgl. Satir, V. "Selbstwert und Kommunikation". München 1975 - S. ??
61 Schlippe, A.v., a.a.O. - S. 68 ff
   Bandler, R. et.al., a.a.O. - S. 57 ff
62 vgl. Kuntz, R. "Körperzentrierte Psychotherapie". 2. Auflage. Essen 1986 - S. 298 ff
63 vgl. Schlippe, A.v., a.a.O. - S. 68 ff

Voraussetzung für diese Entwicklungsberatung ist,daß der Entwicklungsberater seine eigenen Streß-Kommunikationsmuster kennt und im Zuge seines persönlichen Entwicklungsprozesses kongruentes Kommunikationsverhalten anwenden lernt; zudem müssen Entwicklungsberater Gefühle und Körperreaktionen der verschiedenen Streß-Kommunikationsmuster selbst erfahren, um angemessene Interventionen durchführen zu können, bzw. um die Akzeptanz der Menschen im Klient-System zu erreichen, die für wirkungsvolle OE-Beratung bzw. professionelle Interventionen erforderlich ist.

Abschließend stellen wir jene 9 Kriterien vor, die v. Schlippe (anlehnend an Unterrichtsmaterialien des Instituts für Familientherapie Weinheim) zur Beschreibung kongruenter Systeme anführt: [64]
"1. Aufgaben und Transaktionen werden vervollständigt.
2. Die Grenzen innerhalb der Familie (des Systems, Anmerkung des Verfassers) und nach außen sind klar.
3. Offene und verdeckte Macht sind am gleichen Platz (d.h. der gleichen Person).
4. Es gibt Intimität, d.h. die ganze Breite der Gefühle ist verfügbar.
5. Konflikte werden als Chancen und als lösbar angesehen.
6. Es gibt Individualität - d.h. Unterschiede im Denken, Fühlen und Sein werden akzeptiert und werden als Bereicherung gewertet.
7. Die Mitglieder handeln überwiegend im Hier und Jetzt.
8. Es existiert der Glaube, daß die Beziehungen weitergehen, auch wenn sie sich verändern, das Wissen, daß dies Energie und Arbeit bedeutet, zugleich aber Befriedigung bringt.
9. Die Interaktionen gründen auf positiven 'Streicheleinheiten' (Wertschätzung)."

2.3.3.4 Prozeßdiagnostik im System

Das familientherapeutische Arbeiten im System erfolgt durch ständiges Aufstellen, Falsifizieren und Verifizieren von Hypothesen und dementsprechenden Interventionen durch den Therapeuten bzw. im OE-Prozeß durch den Entwicklungsberater. Die Hypothesen beziehen sich auf das Funktionieren des Systems. Die "Systemhypothese enthält meist Annahmen über die Rolle und Macht jedes Familienmitgliedes innerhalb der Familie, über die Grenzen der Subsysteme, über Konflikte und deren Umleitung, sowie über Koalitionen"[65] (Koalition = ein Bündnis von zwei Personen gegen eine dritte Person).

64 Schlippe, A.v. "Familientherapie im Überblick ...", a.a.O. - S. 77
65 Schlippe, A.v. "Familientherapie im Überblick ...", a.a.O. - S. 56

Zur Hypothesenbildung und -darstellung werden sogenannte "Landkarten" des Systems erstellt. Neben den oben angeführten Symbolen für die Grenzen zwischen den Subsystemen, werden in den Beziehungslandkarten noch folgende Symbole der Prozeßdiagnostik in sozialen Systemen verwendet:[66]

Annäherung

Koalition

übermäßiges Engagement

offener Konflikt

verdeckter Konflikt

Umleitung eines Konflikts

Im Rahmen von OE-Prozessen dienen Beziehungslandkarten zum einen in Anlehnung an die Familientherapie zur Hypothesenbildung, zur Bestimmung der Interventionsrichtung und auch zur Systemdifferenzierung im OE-Prozeß durch den Entwicklungsberater.

Zum anderen stellt die Erstellung von Beziehungslandkarten durch die Mitglieder von Systemen selbst ein pädagogisches Instrument dar, das zu neuen Sichtweisen, zu neuen Perzeptionen der Systemmitglieder führt. Dabei ist die Erstellung der Beziehungslandkarte durch die Betroffenen ein Lernprozeß, der die Selbstveränderungsfähigkeit fördert und meist zur offenen Bearbeitung disfunktionaler Beziehungen führt. In welcher Phase der Systementwicklung diese Interventionsform angebracht ist, ergibt sich aus der vom Entwicklungsberater erstellten hypothetischen Beziehungslandkarte des Systems.

Die Prozeßdiagnostik im System führt zu Informationen für die Interventionsstrategie
- bei Individuen (intrapersonalen Subsystemen)
- bei Gruppen (Diaden, Triaden 4-8er Gruppen = interpersonalen Subsystemen)
- bei Organisationen (= Gesamtsystem)
- bei Organisationen im Umfeld (= System im Kontext).

---

66 vgl. Minuchin, S. "Familie und Familientherapie", a.a.O. - S. 73

Beispiel einer Beziehungslandkarte

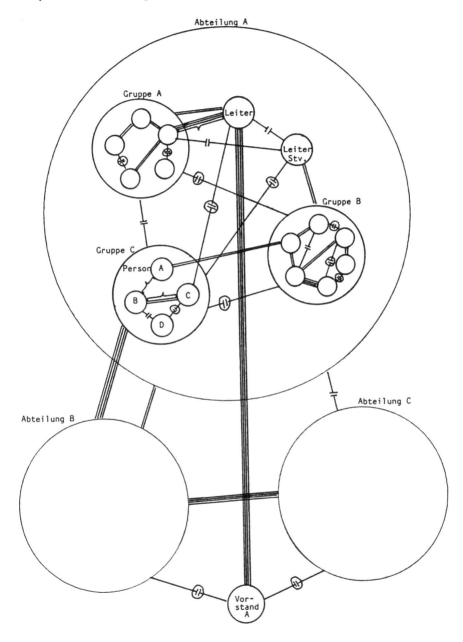

In OE-Prozessen kommt bei der Erstellung von Beziehungslandkarten der Systemdifferenzierung besondere Bedeutung zu. Die Systemdifferenzierung bezieht sich dabei auf die Differenzierung von Subsystemen, von Relationen, von Individuen, von Umwelten. Auch im Hinblick auf den Umgang mit Grenzen bzw. auf die Entwicklung der Fähigkeit, Grenzen zu handhaben, kommt der Systemdifferenzierung aufgrund einer Prozeßdiagnostik durch den Entwicklungsberater besondere Beachtung zu. Zudem erfordert die Arbeit mit der Beziehungslandkarte im Rahmen von OE-Prozessen eine tragfähige, positive Beziehung der Systemmitglieder zum Entwicklungsberater, die sich großteils davon nährt, daß der Entwicklungsberater alles, was das System anbietet gutheißt und jede leiseste Andeutung einer moralisierenden Bewertung, von Tadel und Angstmacherei unterläßt; [67] als Erweiterung des oben dargestellten Funktions- und Rollenverständnisses des Entwicklungsberaters [68] soll hier vor dem Hintergrund der familientherapeutischen Prozeßdiagnostik in OE-Prozessen das *Leitbild für Entwicklungsberater* skizziert werden, das letztendlich der Maßstab ist, durch den an der OE orientierte Beratung sich von jeder anderen Beratung in Organisationen abgrenzt: [69]

1. Wertschätzende Haltung[70] und Selbstannahme
2. Funktionsbewußtsein – Rollenbewußtsein und -flexibilität
3. Ressourcenorientierung
4. Prozeßorientierung
5. Disziplin - Aufgaben
           - Aussagen
           - Vereinbarungen
6. Zielorientiertheit
7. Reflexionsbereitschaft
8. Unterteilung der Komplexität in verschiedene Ebenen (= Ebenen einhalten oder Ebenenwechsel)
9. Instrumente (= Fertigkeiten, Fähigkeiten) bewußt und offen einsetzen, z.B. Interventionstechniken
10. Körperbewußtheit
11. Handlungsfähigkeit

---

67 vgl. Stierlin, H. Einführung in: Selvini-Palazzoli, M./Boscolo, L./Cecchin, G./Prator, G. "Paradoxon und Gegenparadoxon, ein neues Therapiemodell für die Familie mit schizophrener Störung", 5. Auflage. Stuttgart 1987 - S. 8
68 vgl. S. 153 ff
69 vgl. Pechtl, W. "Zwischen Organismus und Organisation. Linz 1989 -S. 195 ff
70 Die bedingungslose Wertschätzung der Menschen im Klient-System gehört nicht zu den Techniken; vielmehr ist sie der zentrale Teil der entwicklungsorientierten Haltung von OE-Beratern - und somit Bestandteil des Entwicklungsprozesses von Entwicklungsberatern. Die Forderung nach einer psychotherapeutischen Analyse als Voraus-

Im Zusammenhang mit der Erstellung von Landkarten des Systems ist es notwendig zu beachten, "daß die Benennung eines Phänomens noch keine Erkenntnis ist. Die Landkarte ist nicht das Gelände."[71]

"Unsere Möglichkeiten, mit unseren Gedanken eine sekundäre Realität zu erschaffen, also probezuhandeln, hat uns ungeheuren Fortschritt eingebracht. Im Gefolge dieses Fortschritts kommen aber auch dessen Fallgruben, und zwar da, wo wir die Kontrolle im gedachten Raum für eine positiv absolvierte Kontrolle, eine Bestätigung der realen Welt, halten. Es entsteht so etwas wie eine zweite, gedachte Welt neben der Realität."[72]

Diesen Konstruktivismus einerseits bei der Prozeßdiagnostik von Systemen zu akzeptieren und damit der Gefahr vorzubeugen, die Beziehungslandkarte zur Wirklichkeit erster Ordnung zu erheben, ist eine Anforderung an den Entwicklungsberater. Zum zweiten gilt es, die "Landkarte" der System-Mitglieder, vor allem auch die Verschiedenartigkeit der Landkarten desselben Geländes, sichtbar zu machen und durch den OE-Prozeß in Bewegung zu bringen, sofern sie disfunktional und damit auch lebensgefährdend ist. Damit ist *OE immer auch und ganz wesentlich eine Veränderung im Denken von Menschen und damit eine Veränderung der Wahrnehmungsweisen und Interpretationen von Ereignissen bzw. von Wirklichkeiten.*[73]

2.3.3.5 Regeln im System

Die Familie ist ein von Regeln gesteuertes System; ihre Mitglieder verhalten sich, wenn sie beisammen sind, in einer organisierten, sich wiederholenden Art und Weise und diese Verhaltensstrukturen können als ein Leitprinzip des Familienlebens abstrahiert werden.[74] Regeln sind also festgesetzte Richtlinien bzw. Vorschriften für Handlungen, Betragen, Methoden oder Anordnungen; oder etwas weiter geführt, sind Regeln vitale, dynamische und äußerst einflußreiche Kräfte in sozialen Systemen. Sie bilden also eine Art Kurzvorschrift, die wichtig wird, sobald zwei oder mehr Menschen zusammenleben.[75]

setzung für OE-Beratung von M. Hofmann soll in diesem Zusammenhang in Erinnerung gerufen werden.

71 Bateson, G. "Von den Strukturen hinter den Strukturen", in: Psychologie heute Nr. 11/1978 - S. 62

72 Schlippe, A.v. "Familientherapie im Überblick ...", a.a.O. - S. 78

73 vgl. Schlippe, A.v. "Familientherapie im Überblick ...", a.a.O. - S. 79

74 vgl. Jackson, D.D. "Das Studium der Familie", in: Watzlawick, P./Weakland, J.H. (Hrsg.) "Interaktion". Bern-Stuttgart-Wien 1980 - S. 27

75 vgl. Satir, V. "Selbstwert und Kommunikation", 5. Auflage. München 1982 - S. 123

Die Existenz von Regeln/Spielregeln im System charakterisiert auch die Selbst-Organisation von Organisationen, die sich jedem Außenstehenden mit einem strukturierten und funktionierenden Beziehungsgefüge präsentiert.[76] In Organisationen liegen also beobachtbare Muster vor, wodurch das Handeln der Akteure erwartbar wird durch regelhafte Abläufe im System (diese sind den Akteuren selbst nicht unbedingt bewußt).[77]

Solche Spiel-Regeln haben Organisationen vielfach auch im Umgang mit Beratern bzw. Außenstehenden entwickelt. Diese Regeln bzw. Normen[78] werden bereits im ersten Kontakt vom Entwicklungsberater mit Mitgliedern des Klient-Systems erfahrbar, wodurch deutlich wird, daß mit dem ersten Kontakt zwischen Entwicklungsberater und Klient-System bewußte Interventionsmöglichkeiten und Informationssammlung über das Regel-System der Organisation gegeben ist. (Vielfach bleiben diese Möglichkeiten ungenützt, indem sogennante Vor- oder Erstgespräche nicht als Bestandteil des OE-Prozesses verstanden werden).[79]

Spiel-Regeln in sozialen/lebenden Systemen beziehen sich immer auf die Kommunikation bzw. Interaktion der Akteure. Während ein soziales System (z.B. die Familie als Einheit, eine Gruppe, eine Organisation) eine Vielzahl verschiedenster Verhaltensweisen aufweist, wird das ganze System meist durch einen relativ kleinen Satz von Beziehungsregeln aufrecht erhalten. Gelingt es, diese allgemeinen Regeln, die z.B. in einer Familie angewendet werden, verläßlich zu bestimmen, dann stellt sich das ganze komplexe Verhalten der Mitglieder als strukturiert verständlich und daher sogar vorhersehbar heraus.[80]

Dies wird deutlich an der Handhabung *offener Regeln*, wie dies z.B. die Arbeitszeiten sein könnten. Schwieriger, jedoch für den Entwicklungsprozeß von sozialen/lebenden Systemen wesentlich, ist das Fassen *verdeckter Regeln*, wie z.B: dem Vorgesetzten darf man nicht widersprechen; wenn du mich nicht verstehst, bist Du schuld. Verdeckte Regeln haben mit der Freiheit zu Äußerungen zu tun, also: was von dem, was ich fühle, denke, sehe, höre, rieche, berühre, schmecke, wünsche, fordere .... kann ich bei wem an- oder

---

76 vgl. Selvini-Palazzoli, M. "Hinter den Kulissen der Organisation", a.a.O. - S 202
77 vgl. Exner, A./Königswieser, R./Titscher, S., "Systemische Unternehmensberatung", a.a.O. - S. 12
78 vgl. Jackson, D.D. "Das Studium der Familie", a.a.O. - S. 34
79 In diesem Zusammenhang wird auf drei Spiel-Regeln von Selvini-Palazzoli, M. et.al. "Hinter den Kulissen der Organisation", a.a.O. - S. 204 verwiesen, die als Meta-Regeln für Veränderungsprozesse in Organisationen mit einem Psychologen/Entwicklungsberater dargestellt werden. Meines Erachtens liefern diese 3 Meta-Organisations-Regeln als Hypothesen wertvolle Hilfestellung für Entwicklungberater in OE-Prozessen, sollen jedoch nicht als Axiome unreflektiert unterstellt werden.
80 vgl. Jackson, D.D. "Das Studium der Familie", a.a.O. - S. 35 f

aussprechen? Zu den verdeckten Regeln zählen auch Themen, über die im System nicht gesprochen werden darf (z.b. über die Diskrepanz der praktizierten und stillschweigend geforderten Kommunikation mit Kunden und der Kommunikation mit Lieferanten). Virginia Satir stellt einen unmittelbaren Zusammenhang zwischen den Regeln in Familien und Selbstwert her. "Wenn deine Regel lautet, daß alle Gefühle, die du hast, menschlich und deswegen akzeptabel sind, kann das Selbst wachsen und reifen."[81]

Hinweise für verdeckte Regeln liefern Sätze mit: ich muß immer ..., bzw. ich darf nie ... Während zum einen Regelinhalte Verhaltensweisen determinieren, bestimmt die rigide, chaotische bzw. flexible Handhabung von Regeln im System wesentlich auch seine Disfunktionalität bzw. Funktionalität.

Im Rahmen von OE-Prozessen gilt es, das Regelsystem im wesentlichen offenzulegen. Damit wird es für die Betroffenen beurteilbar bzw. bearbeitbar und kann in der Folge erweitert werden.[82] Dabei gilt jedoch dasselbe, was G. Bateson in einem seiner Metaloge über diese sagt: "Es ist wie das Leben - ein Spiel, dessen Zweck darin besteht, die Regeln herauszufinden, wobei sich die Regeln andauernd verändern und immer unentdeckbar bleiben."[83]

(Im Zusammenhang mit den Spiel-Regeln in Systemen sei hier auf die Beschreibung der Spieltheorie bei Reber, G. "Personales Verhalten im Betrieb", Stuttgart 1973 - S. 55 ff und auf die Analyse der Spielregeln im Theaterstück "Wer hat Angst vor Virginia Woolf?" von Watzlawick, P. et. al., "Menschliche Kommunikation", 6. Auflage, Bern 1982 - S. 138 ff, verwiesen).

2.3.3.6 Diagnose = Entwicklung = Prozeß

Ein wesentlicher Unterschied zwischen dem linearen Denken und Handeln und dem systemischen Denken und Handeln ist der, daß bei ersterem einzelne Schritte bzw. Einheiten differenziert nacheinander ablaufen (z.B. IST-Analyse, SOLL-Konzeption, Maßnahmen) - während systemisches Handeln und Denken die Gleichzeitigkeit im Prozeß akzeptiert. Die Gleichzeitigkeit bezieht sich

- auf die Wirkung der verschiedenen Einheiten der System-Struktur,
- auf das gleichzeitige Zusammenwirken personaler, intrapersonaler Einheiten und der Ganzheit des Systems und - bezogen auf bewußte Entwicklungsprozesse,
- auf die Einheit von Analyse, Diagnose, Lernen, Entwicklung, Reflexion und Intervention.

---

81 Satir, V. "Selbstwert und Kommunikation", 5. Auflage. Müchen 1982 - S. 129
82 vgl. S. 80 f
83 Bateson, G. "Ökologie des Geistes". Frankfurt a.M. 1985 - S. 52

Unser Denken in der westlichen Welt stößt dabei an die Grenzen der Erfahrungen aus der kulturellen, politischen, pädagogischen Geschichte, die uns transitives Denken gelehrt hat: Etwas wirkt auf etwas anderes, etwas ist dem anderen gleich oder ungleich, etwas folgt etwas anderem . Zur Bearbeitung von Situationen gehört demnach: aufspalten, Grenzen ziehen und befestigen. Dieses transitive Denken verhindert jedoch den Blick für das ganze System.[84] Diese Erkenntnis bedeutet, daß wir derzeit einen Prozeß vom transitiven (das uns geläufig ist und behindert) zum systemischen Denken und Handeln (von dem wir nur ansatzweise mehr als eine Landkarte haben und uns ganz langsam erst im Gelände zu bewegen versuchen) erleben und dabei noch viele wissenschaftliche, ökonomische, politische und humane Widerstände zu bearbeiten haben.

Bezogen auf Entwicklungsprozesse in sozialen/lebenden Systemen heißt systemisches Denken und Handeln unter anderem, mit dem ersten Kon-takt mit dem System durch den Entwicklungsberater zu akzeptieren[85], daß das System als Ganzes sich zeigt, sich bewegt, informiert ...

Vielfach bringt eine bewußte, das heißt als Intervention verstandene und durchgeführte Kontraktverhandlung bzw. Orientierungsphase, an der das Klient-System und der Entwicklungsberater beteiligt sind, die selbststeuernden Kräfte im System schon derart in Bewegung, daß der OE-Prozeß ohne weitere Interventionen durch den Entwicklungsberater in Gang kommt und Disfunktionalitäten im System von den Systemmitgliedern selbst bearbeitet werden.

Gleiches gilt für spätere Interventionen im OE-Prozeß, in denen jeweils Diagnose und Entwicklung Hand in Hand gehen.

Die folgende Struktur der Träger- und Zieldimensionen aus der entwicklungsorientierten Familientherapie stellt dementsprechend sowohl Diagnose-, Prozeß- und Interventions-Einheiten und Dimensionen dar:[86]

84 vgl. Bateson, G. "Von den Strukturen hinter den Strukturen", a.a.O. - S. 58
85 vgl. Satir, V. "Familienbehandlung - Kommunikation und Beziehung in Theorie, Erleben und Therapie", 6. Auflage. Freiburg i.B. 1987 - S. 17
86 vgl. Kärmer, B. "Träger- und Zieldimensionen im Familien-System", Seminarunterlage 1989

	Ganzheit des Systems	Interpersonale Einheit	Personale Einheit
TRÄGERDIMENSIONEN (leicht beobachtbare Zugangsdimensionen)	Raum	Energie	Zeit
	Zeit	Raum	Energie
	Energie	Zeit	Raum
ZIELDIMENSIONEN (Antriebskräfte = werden für die Lebensfähigkeit des Systems gebraucht)	Affect (Bedürfnis nach Intimität, Kontakt Beziehung)	Power	Meaning
	Power	Meaning	Affect
	Meaning (Identität)	Affect	Power

Diese Dimensionen sind zu den oben beschriebenen Einheiten der System-struktur weitere Einheiten der Homöostase und der Bewegung von einem Gleichgewichtszustand in einen neuen Gleichgewichtszustand des Systems und beachtet dabei sowohl personale und interpersonale Einheiten sowie die Ganzheit des Systems.

Trägerdimensionen sind dabei leicht beobachtbare Einheiten der gegen-wärtigen Homöostase und auch konkrete Ansätze für Interventionen.

Zieldimensionen sind für die Lebensfähigkeit des Systems notwendige Einheiten.

Bei den Interventionen durch den Entwicklungsberater finden die Struktur-elemente der Träger- und Zieldimensionen gleichzeitig Beachtung.

Hervorzuheben ist an dieser Stelle, daß die Individuen als gleichwertige Subsysteme im Rahmen des Entwiclungsprozesses Raum, Zeit und Energie bekommen sollen, da "jedes Teilchen eines Verhaltens in einem Moment das Ergebnis einer vierfachen Wechselwirkung ist, nämlich zwischen dem Zustand des Selbstwertgefühls der Person und dem Zustand ihres Körpers zu diesem Zeitpunkt, sowie zwischen ihrer Interaktion, mit einer anderen Person und der Interaktion mit ihrem System und Standort in Bezug auf Zeit, Raum und Situation."[87]

An dieser Stelle bekennt sich die systemisch-evolutionäre Organisationsentwicklung zur entwicklungsorientierten Familientherapie von V. Satir, wodurch dem die OE bestimmenden Menschenbild auch im Rahmen systemischer Prozeßgestaltung Rechnung getragen wird. Dadurch wird wiederum deutlich, daß es das Wertegebäude ist, das die OE von allen anderen Veränderungsansätzen in erster Linie unterscheidet und nicht eine reduktionistische Sichtweise der Intervention, wie dies z.B. durch Exner, Königswieser und Titscher[88] beim Vergleich verschiedener Beratungsansätze dargestellt wird. Vielmehr wird dabei deutlich, daß es offensichtlich auch einen Unterschied gibt zwischen der strukturellen (meines Erachtens in Richtung technokratisch tendierenden) Systembetrachtung und einer eindeutig entwicklungsorientierten Systembetrachtung.

Dennoch gehört es meines Erachtens zur Aufgabe der OE, Integrationsarbeit im Rahmen von Beratungs- und Veränderungsansätzen zu leisten, um damit das Selbst der OE zu entwickeln. Es gilt demnach, einerseits klar zu differenzieren, wo es um die Identität der OE geht und andererseits Relationen zu sehen und zu gestalten, wo Öffnung eine Erweiterungsmöglichkeit bedeutet. In diesem Sinne soll also auch dem Jiu-Jitsu-Prinzip[89] der Vorrang vor dem Boxer-Prinzip gegeben werden.

Diagnose (als laufende Hypothesenbildung durch den Entwicklungsberater und durch Selbstdiagnose des Klient-Systems) und Entwicklung finden in einem helixförmigen Prozeß statt, indem auch die zeitliche Dimension von Vergangenheit, Gegenwart und Zukunft integriert wird. Es ist damit der Prozeß, der in der (familientherapeutisch orientierten) systemisch-evolutionären OE selbststeuernde Kräfte in sich hat, die nach dem Prizip der Äquifinalität die Symptome, Regeln, Strukturen und auch die kritischen und aktiven Elemente[90] des Systems deutlich werden läßt.

2.3.3.7 Symptom → Problem → Lösung → Symptom ....

Die Kette Symptom → Problem → Lösung → Symptom .... stellt ein oft beobachtbares "logisches, rationales", d.h. also von der Vernunft = unserem gewohnten und geschulten Denken bestimmtes Vorgehen bei der Bearbeitung schwieriger Situationen in sozialen Systemen dar. Eindrücklich beschrieben

---

87 Satir, V. "Selbstzweck und Kommunikation", a.a.O. - S. 91
88 vgl. Exner, A./Königswieder, R./Titscher, S. "Unternehmensberatung - systemisch", a.a.O. - S. 280 ff
89 vgl. S. 127
90 vgl. S. 207

haben diese Kette P. Watzlawick, J. Weakland und R. Fisch unter dem Stichwort: Mehr desselben - oder : wenn die Lösung selbst das Problem ist[91] und belegen anhand vieler Beispiele, daß diese Kette eine Möglichkeit darstellt, den bestehenden homöostatischen Zustand aufrecht zu erhalten, mit anderen Worten verhindert diese logische bzw. reduktionistische Vorgangsweise die Lösung des Problems. Familientherapeutische Ansätze stellen das Symptom oder den IP (= identifizierter Patient) in den Zusammenhang des Systems und betrachten z.B. die Symptome eines individuellen Familienmitglieds als den Ausdruck eines Problems im Umfeld. Demzufolge konzentriert sich das familientherapeutische Vorgehen entgegen der Tendenz des Systems (Familie/Organisation) nicht auf den Symptomträger[92] bzw. das oberflächliche und deshalb deutlich sichtbare Problem. Der Ansatzpunkt von Symptomen, geht aus dem unten dargestellten Prozeß von einem bestehenden Gleichgewichtszustand zu einem neuen Gleichgewichtszustand hervor:

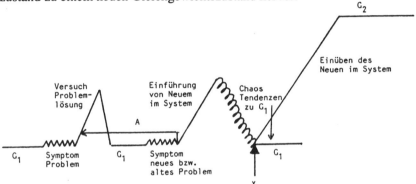

G_1 = Gleichgewichtszustand 1
G_2 = Gleichgewichtszustand 2

Zwei Beobachtungen in sozialen Systemen sollen hier hervorgehoben werden:
a) kurz bevor das System eine qualitative Änderung, also eine Lösung zweiter Ordnung[93] oder eine Veränderung zweiter Ordnung[94] einzuführen und einzuüben beginnt, taucht das alte Symptom noch einmal vehement auf (an der Stelle X im oben dargestellten Prozeß);
b) das Symptom, das "scheinbar" erfolgreich bearbeitet wurde, ohne das System zu entwickeln, taucht an anderer Stelle im System in Form eines

91 vgl. Watzlawick, P./Weakland, J./Fisch, R. "Lösungen, zur Theorie und Praxis menschlichen Wandels", 2.Auflage. Bern-Stuttgart-Wien 1979 - S. 51
92 vgl. Minuchin, S. "Familie und Familientherapie", a.a.O. - S. 191
93 vgl. Watzlawick, P. et. al. "Lösungen", a.a.O. - S. 105
94 vgl. ebenda S. 30

gleich gelagerten Problems wieder auf (z.B. diadische Konflikte zwischen einem Vorgesetzten und einem Mitarbeiter) und führt zu einer endlosen Schleife von Symptom - Problem - Lösung - Symptom - ....

Beim Umgang mit Symptomen unterscheidet Minuchin folgende, vom Therapeuten bewußt eingesetzte Interventionen:[95]
a) Konzentration auf das Symptom
b) bewußte Übertreibung des Symptoms (Systemverschärfung)
c) Herunterspielen des Symptoms (Systementschärfung)
d) Überwechseln zu einem neuen Symptom
e) Neuettikettieren des Symptoms
f) Verändern der affektiven Seite des Symptoms

Diese Interventionen im Zusammenhang mit dem Symptom in einem System sind in Relation zu den Träger- und Zieldimensionen zu sehen, woraus sich nämlich die Bedürfnisstruktur der Individuen, der interpersonalen Einheiten und der Ganzheit des Systems ergibt.

Im Rahmen von OE-Prozessen gilt es, von dem reduktionistischen Symptombekämpfungsdenken überzuleiten zu einem systemisch-evolutionären Bearbeiten der Situation bzw. Entwickeln des Systems. Dabei ist die Organisation als das System der 7 Wesenselemente jeweils in Relation mit der Systemumwelt ein System, das eine Fülle von Symptomformen aufweisen kann, die sich über das Wesenselement "Menschen" weit hinausstrecken können. In diesem Zusammenhang ist auf die Systemdifferenzierung zu verweisen, die der Komplexität des Systems zu entsprechen hat und bearbeitbare Einheiten auszudifferenzieren hat. Gefahr dabei ist, daß das Symptom ausdifferenziert wird und damit eine Dynamik für eine disfunktionale und pathologische Entwicklung in Gang gesetzt wird. Beispiele dafür sind ökonomische Kriseninterventionen, die nach einer "erfolgreichen" ökonomischen Sanierung eine rasch zunehmende Entropie im Gesamtsystem zur Folge hat. Ein weiteres negatives Beispiel ist die Bearbeitung von Symptomen beim Wesenselement "Menschen" durch Motivationsseminare, die zwar zu kurzfristigen Entlastungen, aber zu keinem Entwicklungsprozeß und damit auch nicht zu höherer Lebensfähigkeit des Systems führen.

---

95 vgl. Minuchin, S. "Familie und Familientherapie", a.a.O. - S. 191 ff

2.3.3.8 Zusammenfassung der Merkmale funktionaler und disfunktionaler Systeme

In der folgenden Aufstellung werden die familientherapeutisch relevanten Merkmale funktionaler Systeme sowie disfunktionaler (rigider und chaotischer) Systeme zusammengefaßt. (s. Tab. S. 180)

2.3.3.9 Katalog familientherapeutischer Techniken

Hier soll keine Übersicht aller familientherapeutischen Techniken gegeben werden, weil es diese nicht gibt. Vielmehr soll ein Überblick einiger unseres Erachtens wesentlicher Techniken stichwortartig dargestellt werden, auch mit der Aufforderung an Menschen, die sich um systemisch-evolutionäre OE bemühen, ihrer Kreativität bei der methodischen Arbeit in sozialen Systemen keine Grenzen zu setzen. Den Rahmen für den Einsatz all dieser Techniken steckt das dargelegte Wertesystem der OE und die wertschätzende und kongruente Haltung des Entwicklungsberaters sowie ein ökologisches = systemisches Weltbild ab.

a) Stockwerksarbeit / Polster schaffen / Kontakt herstellen

Dabei geht es um ein laufendes Aufbauen einer tragfähigen Beziehung zwischen dem Entwicklungsberater und den Mitgliedern des Klient-Systems. Wie oben dargestellt, ist diese Beziehung Voraussetzung für die Interventionen des Entwicklungsberaters und damit für den Entwicklungsprozeß des Klient-Systems. Der Entwicklungsprozeß bewegt sich im Spannungsfeld zwischen Verunsicherung und Schutz, zwischen Neuem und Gewohntem, zwischen Dynamik und Stabilität. Stockwerksarbeit umfaßt dementsprechend Beiträge zu beiden Polen dieser Spannungsfelder, umfaßt gleichzeitig Diagnose-Entwicklung und Prozeß.

Diese "Technik", die eigentlich mehr eine Haltung des Entwicklungsberaters ist, zielt auf die Stützung des Selbstwerts jedes Einzelnen ab, führt schrittweise Interaktionen auf der interpersonalen Ebene unter Beachtung klarer Grenzen ein, ist Übersetzungsarbeit und zielt auf direkte Kontakte ab und hat den Aufbau (Prozeß) der Funktionalität im System im Auge.

b) Umdefinition des Problems / Umdeutung - vom Teil zum System

Die Umdefinition des Problems geschieht im Rahmen der OE durch eine Erweiterung der Situation: (s. Abb. S. 181)

Merkmale funktionaler und disfunktionaler Systeme[96]

Systeme	Homöostase	Regeln	Rückkoppelung = Reaktion auf Abweichungen	Selbstwert	Kommunikationsmuster (Tendenz)	körperl. Symptome	Verhaltensspielräume	Grenzen	Werte/Normen
Disfunktionale Systeme — rigide Systeme	Ziel der Homöostase = Konstanz und Erhaltung des alten Zustandes	relativ starr; auf Tradition gerichtet; orientieren sich an 'richtig' und 'falsch'; "das war immer so" - "das muß so bleiben" starre Gewohnheiten	eher negativ = Stabilisierung	nieder Schuldgefühle eindeutiger, unverrückbarer Platz	anklagen beschwichtigen	Ver-, Anspannung Atemschwierigkeiten	entweder - oder keine Verhaltensspielräume	Loslösung	Bemühung um harmonische, gemeinsam getragene Werte, Normen und Erwartungen, die erhalten werden müssen
chaotische Systeme	Ziel der Homöostase = Veränderung laufend	keine vereinbarten bzw. gültigen Regeln; Regeln werden nach individuellen Bedürfnissen gesetzt, ohne Verbindlichkeiten für andere;	nur positiv → führt zu Destabilisierung	nieder (keine Sicherheit) "ich weiß nicht so recht, wo ich hingehöre"	irrelevant	verachtendenate körperl. Schwierigkeiten haltlos	entweder - oder keine Richtlinien für Verhalten ermutigen zu abweichendem Verhalten	Verstrickung	Vielfalt der Werte und Erwartungen, Wunsch der maximalen Freiheit für den Einzelnen
Funktionale Systeme	Ziel der Homöostase = Konstanz und Veränderung, Systemerhaltung und Systementwicklung	vereinbarte Regeln je nach Situation; Regeln bleiben so lange aufrecht, als sie für alle gültig/passend sind;	je nach Situation positive oder negative Rückkoppelung	hoch	Überwiegend kongruent		abweichendes Verhalten, manchmal erlaubt, manchmal behindert; das und das; Orientierung u. große Verhaltensspielräume; Freiheit; Anteile von disfunktionalen Systemen kommen jedoch vor, werden jedoch nicht fixiert	klare Grenzen	gemeinsam ausgehandelte Erwartungen, die sich situativ ändern können

96 vgl. Bosch, M. "Ansätze der entwicklunsorientierten Familientherapie". Frankfurt 1977 - S. 302

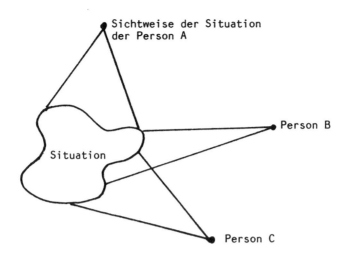

Dies erfordert eine durch die Klient-System-Mitglieder gemeinsam durchgeführte Situationsklärung, wodurch zudem die Struktur der Interaktion deutlich wird; also trägt der Prozeß der Situationsklärung selbst auch zur Erweiterung der Problemdefinition bei. Dabei geht es um die Einordnung von Bildern der Wirklichkeit in einen erweiterten Kontext, wodurch Neu- bzw. Umdeutungen der Wirklichkeit stattfinden; diese Erweiterung entsteht aus dem Prozeß die Situationsklärung, weil dadurch die Gewißheit, die unbestreitbare Stichhaltigkeit der individuellen Wahrnehmung, daß die Dinge nur so sind, wie sie der/die Einzelne sieht[97], in Bewegung kommen und damit unerwartete Alternativen auch für das Verhalten eröffnet werden.

c) Paradoxien

Der Umgang mit Paradoxien steht in direkter Relation zu den oben beschriebenen Interventionen in Bezug auf ein Symptom. Schwierige, aber notwendige (= die Not wendende) Voraussetzung ist die positive Symptombewertung.[98] Wegen der Bestrebung von sozialen Systemen, den Entwicklungsberater in ihr Spiel zu integrieren, fällt es teilweise sehr schwer, alle Verhaltensweisen der Menschen im Klient-System zu akzeptieren. "An diesem Punkt ist die Versuchung groß, in das lineare, kausale Modell zurückzufallen, indem man willkürlich interpunktiert, d.h. das Symptom mit bestimmten

---

97 vgl. Maturana, H./Varela, F. "Der Baum der Erkenntnis, die biologischen Wurzeln des menschlichen Erkennens". Bern-München-Wien 1987 - S. 20 ff
98 vgl. Selvini-Palazzoli, M. et. al. "Paradoxon und Gegenparadoxon", a.a.O. - S. 59

symptomatischen Verhaltensweisen (von Personen, Veränderung durch den Verfasser) in einen kausalen Zusammenhang bringt."[99]

Gelingt die positive Symptombewertung, kann die Intervention mit Paradoxien eine brauchbare Technik sein; sie ist jedoch in enger Beziehung mit der wertschätzenden Haltung für die Menschen im System zu sehen, erfordert eine extrem hohe Professionalität des Entwicklungsberaters und unseres Erachtens in diesem Zusammenhang auch eine familientherapeutische Supervision des Entwicklungsberaters.

d) Familienskulptur - Organisationsskulptur

Der Körper wird in verschiedenen körperzentrierten Psychotherapien (z.B. Bioenergetik, Hakomi-Therapie ...) als Ansatzpunkt für die Analyse, Therapie und Entwicklung des Selbst einbezogen.

Dabei ist der Körper ein Ausdruck von Charakter, Träger des Kernmaterials, das sich auf Anschauungen, Gefühle, Erinnerungen und Bilder bezieht und Bezugspunkt für Feedback ist und stellt damit ein Reservoir an Informationen dar.

Dementprechend ist der Körper ein Medium für den Entwicklungsberater selbst, indem Körperreaktionen Informationen für die Hypothesenbildung und damit auch für Interventionen liefern. Weiters können über den Körper Erfahrungen in Form von Erlebnissen vermittelt werden.

Letzteres geschieht im Rahmen der Familientherapie unter anderem durch die Arbeit mit Skulpturen, die durch die Anwendung auf Organisationen unmißverständlich klarstellt, daß die systemische Sichtweise, Diagnose, Veränderung, Entwicklung in verschiedenen Ausprägungen sozialer Systeme gleichen Gesetzmäßigkeiten unterliegt. Dies steht in Beziehung zur Ökologie von Ideen, die einen umfassenden, gemeinsam verständlichen Rahmen schafft für die bilaterale Symmetrie eines Tieres, der musterförmigen Anordnung von Blättern an einer Pflanze, der Eskalation eines Rüstungswettlaufs, der Prozesse des Partnerwerbens, der Natur des Spiels, der Grammatik eines Satzes, des Geheimnisses der biologischen Evolution und der zeitgenössischen Krisen in der menschlichen Beziehung zur Umwelt.[100]

Demzufolge ist die Übertragung der Familienskulptur-Arbeit auf die Arbeit mit Organisationsskulpturen eine fast triviale Handlung, die jedoch für die OE ein nicht zu unterschätzendes Potential an "Entwicklungshilfe" eröffnet. Bei der Familien- oder Organisationsskulptur werden die Beziehungen im System in Haltungen und Positionen dargestellt. "Sie 'unterläuft' auf diese

99 Selvini-Palazzoli, M. et.al. "Paradoxon und Gegenparadoxon", a.a.O. - S. 59
100 vgl. Bateson, G. "Ökologie des Geistes, anthropologische, psychologische, biologische und epistemologische Perspektiven". Frankfurt a.M. 1985 - S. 15

Weise viele an Sprache gebundene Abwehrphänomene, wie Rationalisierungen oder Intellektualisierungen."[101] Das ermöglicht ein unmittelbares Vordringen zu den Themen (Beziehungen, Gefühlen, Regeln, Distanzen, Grenzen...) des Systems und ebenso deutlich werden dadurch die Veränderungsmöglichkeiten und Veränderungsansätze, die derzeit dem System zur Verfügung stehen.

Die Skulptur kann durch den Entwicklungsberater gestellt werden im Rahmen der Supervision mit Personen, die nicht dem Klient-System angehören, um geeignete Interventionen zu erarbeiten.

Gerade dabei zeigen sich die oben angedeuteten Gesetzmäßigkeiten sozialer Systeme und die Bedeutung der Weisheit des Körpers.

Zweiter Anwendungsbereich der Organisationsskulptur ist mit den Mitgliedern des Klient-Systems, wobei die Skulptur dabei sowohl vom Entwicklungsberater als auch von verschiedenen Mitgliedern des Klient-Systems gestellt werden kann.

"Mit der Ausdrucksform der Skulptur gewinnen wir Zugang zu Prozessen, die auch in der realen Lebenswelt der Familie (der Organisation, Anmerkung des Verfassers) die Beziehungsdefinitionen bestimmen, ohne daß sie den Beteiligten bewußt (und damit über Sprache zu vermitteln) sind: Haltungen, Regulierungen von Nähe und Distanz (horizontale Ebene), Autorität und Unterordnung (vertikale Ebene), Gesichtsausdruck, Handhaltungen, - wie den drohend erhobenen oder anklagend ausgestreckten Zeigefinger, offene Hände, Fäuste usw.

Die Skulptur ist als universale Sprachform, als repräsentativ für psychologische Ereignisse und emotionale Transaktionen erkennbar."[102]

In diesem Zusammenhang sollen noch die Techniken der Darstellung von Beziehungsnetzen mit dem Seil[103] und die Parts-Party[104] erwähnt werden.

e) Hypothesenbildung, Neutralität und zirkuläres Fragen

Diese 3 Grundprinzipien systemischer Beratung wurden von M. Selvini-Palazzoli, L. Boscolo, G. Cecchin und G. Prata als Richtlinien für die therapeutische Arbeit mit Familien im Sinne der systemischen Familientherapie formuliert.[105]

---

101 Schlippe, A.v. "Familientherapie im Überblick", a.a.O. - S. 100
102 Schlippe, A.v. "Familientherapie im Überblick", a.a.O. - S. 100
103 vgl. Satir, V. "Selbstwert und Kommunikation", a.a.O. - S. 194 ff
104 Diese Technik wurde bei einem Workshop mit Virginia Satir 1987 angewendet.
105 vgl. Selvini-Palazzoli, M. et al. "Hypothetisieren-Zirkularität-Neutralität", in: Familiendynamik 6/81 - S. 123 ff

Ausgangspunkt stellt die Annahme oder Hypothese dar, daß das Handeln in der Beratung stets aufgrund von Hypothesen des Beraters geschieht. Um Interventionen bewußt zu gestalten ist es dementsprechend nützlich, daß Entwicklungsberater sich Ihre Hypothesen über das Klientsystem bewußt machen bzw. sich selbst ihre Hypothesen klar und offen geben. Damit bekommen Hypothesen im Beratungsprozeß eine organisierende Kraft und stellen selbst einen Informationswert für die beteiligten Menschen des Klientsystems dar.

Hypothesen sind weder richtig noch falsch. Vielmehr sind im Sinne der systemischen Beratung nützliche Hypthesen stets ressourcenorientiert, sind damit sinnstiftend und eröffnen neue Aus-Wege. Weiters stellen Hypothesen verschiedene Zusammenhänge her, setzen also verschiedene Phänomene in Beziehung zueinander, z.B. stattgefundene Veränderungen, die Wirkungen eines Problems und die Art und Weise, wie das Problem aufrechterhalten wird.

In Beratungsgesprächen sind Hypothesen eine Art roter Faden, wobei der Berater stets bereit sein sollte, seine Hypothesen zu verwerfen. Im OE-Prozeß geben Hypothesen Hilfestellung bei der Strukturierung des Gesamtprozesses und bei der Auswahl nützlicher Ansatzpunkte für Interventionen.

Das zweite Grundprinzip systemischer Beratung heißt "Neutralität" und bezeichnet eine (angestrebte) Haltung des Beraters. "Neutral heißt, wenn man es wörtlich übersetzt: *keins von beiden*. Als neutral läßt sich bezeichnen, was in einem *Entweder-Oder*-Muster weder der einen noch der anderen oder aber sowohl der einen als auch der anderen Seite dieser Unterscheidung zugeordnet werden kann."[106] Eine neutrale Haltung des Beraters beschreibt damit seine Allparteilichkeit allen Personen und Beziehungen gegenüber sowie die Vermeidung von Parteilichkeit bei Ideen, d.h. keiner Idee wird der Vorzug gegeben. Der Berater wird damit im Beratungsprozeß zum Anwalt der Ambivalenz, um damit eingefahrene personelle Zuordnungen von Tendenzen aufzuweichen.

Vorgehensweisen zur Neutralität in der Beratung:[107]

1. nicht berücksichtigte Seite auch als möglich einbringen
2. Vermeidung langer Dialoge, stoppen von Monologen; keine bevorzugte Beziehung eingehen, keine Koalitionen
3. splitting: der geteilte Berater – das gespaltene Beraterteam
4. zwischen den verschiedenen Tendenzen hin und herhüpfen

106 Simon, F.B. / Weber, G. "Keins von beiden Über die Nützlichkeit der Neutralität", in: Zeitschrift für Familiendynamik 3/90 - S. 257
107 vgl. Lernunterlage aus der Weiterbildung "Systemisches Arbeiten und Beraten" mit Weber, G. im Management Center Vorarlberg, 1990

5. überraschendes Überholen: wenn ein Pol sehr stark besetzt wird, diesen Pol noch mehr besetzen
6. mehrere Beschreibungen, Lösungen, Vergangenheiten, Zukünfte ... durchspielen
7. Ausgleich in der Zeit.

Zwischen 1975 und 1980 entwickelte das Mailänder Team ein Vorgehen für die Arbeit mit Familien, das geeignet ist, gleichzeitig Informationen zu gewinnen und zu geben und nannte es "Zirkuläres Fragen". Im Rahmen von OE-Prozessen sind Interventionen mit zirkulären Fragen, angefangen vom Erstkontakt bis zu sämtlichen weiteren Kontakten, im Sinne der Beratung nützlich. Denn zirkuläres Fragen zielt stets darauf ab, Unterschiede einzuführen, damit Informationen zu generieren, Hypothesen zu verifizieren oder zu falsifizieren. Damit werden bereits Erstkontakte nicht nur Informationsgespräche, die in erster Linie dem Berater dienen, sondern bewußte Beratung, bei der Entwicklung bewußt angestrebt wird.

Im Folgenden möchten wir die Zielrichtungen des zirkulären Fragens darlegen, wie sie H. Stierlin vom Heidelberger Team unter den Prinzipien der systemischen Therapie skizziert:[108]

1. Fragen zielen darauf ab, die Landkarten (= Annahmen, Perzeptionen) der Klienten kennenzulernen und diese zu relativieren
2. Fragen zielen darauf ab, jetzige und frühere Beziehungsmuster zu verdeutlichen
3. Fragen suchen zu klären, durch welche Ereignisse Beziehungsveränderungen ausgelöst wurden (und vermutlich zugleich, wie wichtig Beziehungsänderungen sein können)
4. Fragen suchen zugeschriebene Eigenschaften in Beziehungen flüssig werden zu lassen
5. Fragen suchen den Mythos zu untergraben, die Symptome träten unwillkürlich ohne das Dazutun des Symptomträgers auf
6. Fragen ermitteln Rangfolgen, anhand derer sich Beziehungsunterschiede verdeutlichen
7. Fragen ermitteln die Aufmerksamkeit auf das Positive, die Ressourcen, die Entwicklungsmöglichkeiten (weg von der Problemorientierung)
8. Fragen führen hypothetisch neue Wahlmöglichkeiten ein und erzeugen positive Erwartungen bezüglich der Zukunft
9. Fragen führen neue Zeitperspektiven ein
10. Fragen machen Unterschiede und Übereinstimmungen deutlich.

108 vgl. Stierlin, H. "Prinzipien der systemischen Therapie", in: Familiendynamik 2/81 - S. 54 ff

Unter der Annahme, daß sich Mitglieder menschlicher Systeme – und damit u.a. Mitglieder von Organisationen – jeweils in bestimmten Wirklichkeitskonstruktionen (z.b. Ideen, wie man sich verhalten soll oder darf; wie man Aufgaben wahrzunehmen hat; wozu eine bestimmte Funktion berechtigt usw. usw.) bewegen, stellt sich in OE-Prozessen die Frage, inwieweit diese Annahmen für die betroffenen Menschen im Klientsystem langfristig nützlich sind. Zudem stellt sich für den OE-Berater die Frage, wie Organisationen unter der Annahme, daß instruktive Interaktionen nicht nur nicht möglich sondern vor dem Hintergrund der Werte der Organisationsentwicklung auch nicht zu vertreten sind, zu entwickeln sind. Für beide Fragestellungen und damit für die praktische Entwicklungsberatung im Sinne der systemischen Beratung sind die Prinzipien der Hypothesenbildung, der Neutralität und des zirkulären Fragens von enormer Bedeutung.

Noch einmal wagte Anselm einen Versuch mit seiner Frage; dabei begegnete er dem liebevoll geordneten Elternhaus, dem Fräulein und dem Lehrer, die er so sehr bewundert hatte, weil sie auf alles eine scheinbar errechnete Antwort hatten – und andere Fragen ganz einfach nicht zuließen! Auch der Herr Pfarrer sprach immer wieder von Wahrheiten, von falsch und richtig, von gut und böse; der Metzger, die Zeitung, der Onkel, der Doktor und sein Chef – alle wußten immer Bescheid, nie äußerten sie irgendwelche Zweifel, Unsicherheiten, Fragen; es begegnete ihm überall Wissen, Erkenntnis und Urteil.

Dabei blieb Anselm allein mit seinen Ungewißheiten und spezialisierte sich aufs Hören: da auf einmal klingt durch das ganze Konzert der Wissenden das Thema der Widersprüche, Fragen und Vermutungen. Meist wird es überspielt und betäubt von der Angst, die dem ganzen Orchester im Gesicht steht. Ein faszinierendes Werk des Lebens, in dem das einzig gemeinsam Tragende Vermutungen und Subjektivität sind, die am Altar des Wissens und der Objektivität geopfert werden. Wie lange noch wird sich Anselm seine Fragen leisten?

2.3.4 Familientherapeutische Supervision als Qualitätssicherung von OE-Prozessen

Mit dem Selbstverständnis des Entwicklungsberaters, daß er selbst für seine Beratungsarbeit das wichtigste "Arbeitsinstrument" ist, verknüpft mit einem professionellen Selbstverständnis, fand die Supervision Eingang in den Rahmen der OE, die sich auch dadurch von technokratisch orientierten Veränderungsansätzen differenziert. Dabei geht es um eine kritische Überprüfung der

Arbeit des Entwicklungsberaters, bei der er selbst und sein Verhalten im Rahmen einer bestimmten Aufgabe nach drei Gesichtspunkten hinterfragt wird: Strategie, Verhalten und Methodik.[109]

Weitergefaßt ist Supervision "eine methodisch angelegte Beratung, die problemorientiertes Lernen ermöglicht. Ihr Ziel ist es, auf Prozesse in Berufsfeldern (in sozialen/lebenden Systemen, Anmerkung des Verfassers) einzuwirken, die sich mit Erziehung und Bildung, mit Konfliktlösungen, mit der Wiederherstellung gestörter, sozialer Beziehungen, mit Therapie und mit sozialer Planung (und/oder mit OE, Anmerkung des Verfassers) befassen. Dieser Lernprozeß ist langfristig angelegt und bezweckt eine durch Erfahrung verstärkte Verhaltensänderung auf der kognitiven, affektiven und psychomotorischen Ebene."[110] Dabei liegt der Fokus der Supervision auf dem beruflichen Handeln und nicht auf den (latent) vorhandenen eigenen Schwierigkeiten, obwohl diese das berufliche Handeln beeinträchtigen können. Dementprechend ergänzen sich Supervision und psychotherapeutische Analyse, denn die Einsicht in die eigene Psyche, ihre Abwehrhaltungen und auch die Einstellung, Konflikte nicht wahrhaben zu wollen, sind eine bessere Voraussetzung für Supervision als z.B. ein gekonnter, scheinbar problemloser Perfektionismus des eigenen Handelns.[111]

Lauterburg wählt die Gruppen-Arbeitssupervision (= wechselseitige Arbeitssupervision unter Kollegen im Rahmen einer Kleingruppe, die gegebenenfalls zeitweise einen externen Supervisor hinzuziehen kann[112]) in Anlehnung an das Modell der Management-Entwicklung "Beratungsgruppen für Führungskräfte" von Peter Müri[113] als die Supervisionsform für OE-Berater aus, wobei dies eine Mischform aus folgenden Formen der Supervision darstellt: [114]

109 vgl. Lauterburg, C. "Arbeitssupervision im Kollegenkreis", in: GOE, Zeitschrift der Gesellschaft für Organisatonsentwicklung Nr. 1/85 - S. 64
110 Strömbach, R./Koch, H.B. "Supervision, Protokolle eines Lernprozesses". Gelnhausen-Berlin 1975 - S. 3
111 vgl. ebenda, S. 3
112 vgl. Lauterburg, C. "Arbeitssupervision im Kollegenkreis", a.a.O. - S. 54 f
113 vgl. Müri, P. "Beratungsgruppen für Führungskräfte", Unterlage einer Informationstagung. Zürich 1978
114 vgl. Lauterburg, C. "Arbeitssupervision im Kollegenkreis, a.a.O. - S. 55

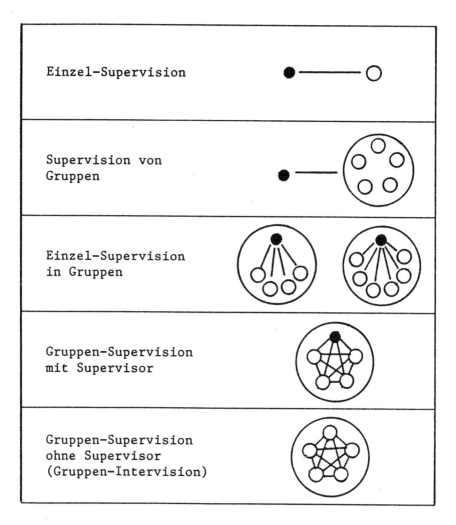

Hinter diesen Formen der Supervision stecken verschiedene "Bilder" des Entwicklungsberaters und auch verschiedene Auffassungen von Organisationen. Hält man an der systemisch-evolutionären Sichtweise von OE fest, muß die Form/Struktur und die Komplexität der Supervision an der Struktur und Komplexität sozialer Systeme orientiert sein.

Dementsprechend ergibt sich eine Gruppen-Supervision mit Supervisor (in) unter Anwendung eines systemisch-evolutionären Ansatzes, wie dies die (entwicklungsorientierte) Familientherapie darstellt, als kongruente Form der Supervision im Rahmen systemisch-evolutionärer OE.

Funktion der Supervisorin ist die Entwicklung der Personen, der interpersonalen Einheiten und der Ganzheit der Supervisionsgruppe und beinhaltet damit die Arbeit im Hier und Jetzt in Beziehung zum zu überprüfenden System. Im Laufe des Supervisionsprozesses, der zumindest drei Jahre umfassen sollte, ändern sich die Tätigkeiten der Supervisorin entsprechend dem Entwicklungsprozeß der Supervisions-Teilnehmer und der -Gruppe.

Funktion der Supervisions-Teilnehmer ist die Beratung dessen, der ein System und seine Arbeit mit diesem System einbringt - also Ergänzung der Funktion der Supervisorin - als auch die Mitarbeit bei der aktiven Rekonstruktion bzw. Planung von Zuständen bzw. Interventionen im Klient-System. (Bei Rollenspielen, Organisationsskulpturen, Beziehungsnetzen, Parts-Parties).

Zielsetzung einer familientherapeutisch orientierten Supervision von Entwicklungsberatern in Organisationen ist eine umfassende Qualitätssicherung ihrer Arbeit im Rahmen von OE-Prozessen und die Entwicklung der eigenen Person. Im einzelnen richtet sich die Supervision auf folgende Einheiten:
- *Systemerkennung* (Kommunikationsformen; Handhabung der Grenzen, Koalitionen, Triangulationen; Symptome und ihre Funktionen; Regeln; Beziehungsnetze/Prozeßdiagnose...)
- Beziehung Klient-System/einzelnen Personen darin - Entwicklungsberater
- Systemdifferenzierungen
- Selbsterkennung des Entwicklungsberaters, Wahrnehmen eigener Gefühle
- Klarheit der Funktion des Entwicklungsberaters (Beraten, Verhandeln, evtl. Leiten)
- Struktur des OE-Prozesses auf verschiedenen Rekursionsebenen
- Alternative Interventionsmöglichkeiten des Entwicklungsberaters
- *Self-Care des Entwicklungsberaters:*
  Aufgrund der Belastungen, denen ein Entwicklungsberater ausgesetzt ist, ist es besonders wichtig, daß er für sich selbst sorgen kann, d.h. daß er in der Lage ist, in belasteten Situationen in Kontakt mit sich selbst zu bleiben bzw. diesen Kontakt schnell wieder herzustellen. "Die Metapher 'in Kontakt sein' beschreibt einen Zustand der Bewußtheit der eigenen Ganzheit und des eigenen Wertes, unabhängig von Leistung bzw. äußerer Anerkennung."[115]
- Entwickeln des systemischen Denkens, Fühlens und Handelns
- Erweiterung der Wahrnehmungsfähigkeit und des Verhaltenspotentials der Entwicklungsberater
- zu lernen, Menschen und Situationen so zu akzeptieren und sie damit anzuerkennen, wie sie gerade sind bzw. ist; (denn: wie jemand sich und

---

115 Schlippe, A.v. "Familientherapie im Überblick", a.a.O. - S. 106 f

seine Situation beschreibt, hat mit seinem Selbstwert zu tun; die entwicklungsorientierte Familientherapie sieht einen hohen Selbstwert als Voraussetzung für Entwicklung; deshalb gilt es, durch diese Anerkennung den Selbstwert des Klienten zu stützten und damit Entwicklung zu ermöglichen)

- die Internalisierung prozeßhaften und systemischen Denkens und Entwickeln einer dementsprechenden Intuition bei Entwicklungsberatern
- Erkennen der (Streß-)Kommunikationsmuster des Entwicklungsberaters
- die bewußte Herbeiführung des Gleichgewichts der Träger- und Zieldimensionen bei OE-Prozessen
- das Erkennen der Beeinflussungen des Beratersystems durch das Klientsystem und damit das Erkennen von "Fallen", die dazu dienen, den Entwicklungsberater in das in Gang befindliche Spiel der Organisation einzubinden; durch die Durchbrechung der alten Organisations-Spiel-Regeln sollen Veränderungen zweiter Ordnung ermöglicht werden
- Entwickeln von Sicherheit in der Anwendung familientherapeutischer Techniken im Rahmen von OE-Prozessen
- Entwickeln der Fähigkeit systemischen Fragens.

Die Überprüfung dieser Ziele erfolgt anhand der Entwicklung der Berater-Gruppe, die die familientherapeutische Supervision macht. Dementsprechend gilt es in der familientherapeutischen Supervision, alle Prinzipien, Ziele, Werte und "Techniken" der Familientherapie anzuwenden. Daraus ergibt sich auch, daß eine familientherapeutische Supervision für OE-Berater eine Supervisionsgruppe unter Leitung eines familientherapeutisch ausgebildeten Supervisors erfordert.

Eine 3-jährige Supervision in einer 3-köpfigen Beratergruppe zeigt, daß die Zahl der Supervisanten nur teilweise die Anwendung familientherapeutischer Techniken erlaubt (z.B. die Rekonstruktion von Organisationseinheiten des Klienten), weshalb eine Teilnehmerzahl von ca. 10 bis 12 Supervisanten als erforderlich zu bezeichnen ist.

Weiters zeigte sich in diesem Supervisionsprozeß, daß das personale, interpersonale und ganzheitliche Wachstum der Berater bzw. des Beraterteams ein authentisches Anliegen sein muß; denn in der Supervision gilt es, Spannungen, Konflikte, Anerkennungen, Verletzungen ...., also alle Teile von Entwicklung zu erleben, um daran zu wachsen und damit Wachstum im Sinne von Entwicklung bei personalen, interpersonalen Einheiten und Ganzheiten des Klient-Systems zu ermöglichen bzw. zu unterstützten.

Wesensmerkmal familientherapeutischer Supervision für OE-Berater ist die Dauer des Supervisionsprozesses, die nicht unter 4 Jahren sein soll, um zum einen die oben angeführten Ziele der Supervision zu erreichen und andererseits die Prozesse in laufenden OE-Projekten über einen längeren Zeitraum verfolgen zu können. Das heißt, daß Supervisanten dieselben OE-Projekte so in die Supervision einzubringen haben, damit in der Supervisionsgruppe der OE-Prozeß nachvollzogen werden kann.

Teile familientherapeutischer Supervision in der OE

Teile der Supervision sind entsprechend den familientherapeutisch orientierten Interventionsteilen in OE-Prozessen die Träger- und Zieldimensionen, wie sei oben dargelegt wurden.

In einzelnen Supervisionssitzungen entspricht folgender Ablauf diesem Gestaltungsmuster:

1) Wetterbericht:
Austausch von Anerkennungen, Änderungwünschen/Beschwerden, Wünschen, Verwirrungen und neuen Informationen
2) Themensammlung
3) Vereinbaren der Struktur zur Themenbearbeitung
4) Themenbearbeitung
5) Reflexion der Supervisionssitzung

"Überraschungen" für Supervisor und Supervisanten in dem oben angeführten Supervisionsprozeß von 1984-1987:

a) Die am Anfang zwar vermutete, aber in ihrer Vielfalt doch immer wieder verblüffende Ähnlichkeit von Familien und Organisationen.
b) Die Häufigkeit triadischer Muster in Organisationen, worin sich die laufende Aktualisierungstendenz der Vater-Mutter-Kind Triade zeigt.
c) Die Strapazierung tragischer Idealbilder der Familien in Organisationen[116]. Darin drückt sich ein starker Wunsch nach Harmonie aus, wobei diese Idealbilder durch Differenzierung der Organisationswirklichkeit konstruiert werden bzw. zugelassen werden und jene Teile, die auch zur Entwicklung gehören, nämlich Verschiedenheit und Konflikt, verleugnet und abgewertet werden. Daraus entsteht eine oberflächliche Harmonie, unter der Depression, Aggression, Starrheit und Unlebendigkeit verborgen sind. Solche harmonischen Organisationen zeigen sich frustrierender und krankmachender als Organisationen, in denen Konflikt und Auseinandersetzung stattfinden kann. Denn mit andauernder Harmonie kann Wachstum nicht stattfinden - so wie mit permanent leidenschaftlicher Liebe kein Staat, keine Gemeinde, keine Familie, keine Organisation funktionieren kann.

116 vgl. Häfele, W. "Ist auch Ihr Betrieb 'eine große Familie'?", in: MC-Notiz, Informationen aus dem Management Center Vorarlberg, Nr. 28/1987 - S. 3

Während die Ziele familientherapeutischer Supervision von OE-Beratern in dieser Supervision zum Teil erreicht wurden und gleichzeitig weiterhin Aufforderungscharakter haben, hat sich diese Supervision als unabdingbares Merkmal der Professionalität von Entwicklungsberatern erwiesen, die sich um die Entwicklung lebender Systeme annehmen. An dieser Stelle ist zu erwähnen, daß sich die familientherapeutische Supervision und die Psychoanalyse als Forderung für die Professionalität systemisch-evolutionärer Organisationsentwicklung herausstellt.

3 Modell systemisch-evolutionärer Organisationsentwicklung

3.1 Vorbemerkungen zum verwendeten Modellbegriff

Menschliches Denken in Bezug auf die Realität ist stets ein Denken in Modellen. Modelle sind Abbilder der Realität aus der Sicht des Modellbildners und so gesehen mit dem Wandel des Erstellers und seiner Sicht der Realität und mit dem ständigen Wandel menschlicher Wertungen und Zielvorstellungen selbst einem Wandel unterworfen bzw. in Fortentwicklung.

Dieser Aspekt des stets im Wandel befindlichen Modells heißt auch, daß der Modellautor offen ist gegenüber möglichen Mängeln des Modells, aber auch gegenüber veränderten Bedingungen, die eine Fortentwicklung des Modells erfordern. Es wird im folgenden demgemäß unterstellt, daß nicht nur die im Modell abgebildeten Gegenstandsbereiche sich verändern können, sondern auch die menschlichen Kenntnisse - über das zugrunde liegende Sachgebiet, über den Umgang mit Modellen - und auch die menschlichen Wert- und Zielsysteme.[1]

Das im folgenden verwendete Modell ist ein Beschreibungsmodell, also ein formales Modell abstraktbegrifflicher Natur,[2] das heißt, das verwendete Modell wird graphisch und verbal beschrieben und dient als Rahmen für OE-Prozesse, die ob ihrer Einmaligkeit ein sehr offenes, inkrementelles (sich im Einzelfall adaptierendes) Modell erfordern.

Auch wird akzeptiert, daß das verwendete Modell nicht alle Attribute des durch es repräsentierten Originals erfaßt, sondern nur solche, die dem Modellerschaffer und auch für die Modellbenutzung relevant erscheinen.[3]

3.2 Prinzipien des systemisch-evolutionären OE-Modells

3.2.1 Darstellungform: Die spiralenförmige Helix als Symbol für den OE-Prozeß

Die Spirale ist ein wesentliches , formales Gestaltungsprinzip der stets werdenden Natur und stellt ein Symbol für ein dynamisches, evolutionäres Welt-

---

1 vgl. Gernert, D. "Instrumentelle Modellbildung und Formalismen zur Beschreibung des Strukturwandels in offenen Systemen", in: Kornwachs, K. (Hrsg.), "Offenheit - Zeitlichkeit - Komplexität, zur Theorie der offenen Systeme". Frankfurt a.M. 1984 - S. 20

2 vgl. ebenda, S. 21

3 vgl. Stachowiak, H. "allgemeine Modelltheorie". Wien- New York 1973 - S. 132

bild dar. Die Spirale hat einen evolutionären Charakter (Mittel- und Ausgangspunkt versinnbildlicht den Ursprung, das Ende weist ins Unendliche) und steht für die Geschichtlichkeit der Dinge und Lebewesen. Diese Form ist Ausdruck einer in einem fortwährenden Entwicklungsprozeß befindlichen Welt.[4]

Die Helix als Symbol deutet an, daß der Prozeß sich nicht stets um denselben Mittelpunkt drehend/ausgreifend verläuft sondern sich in kreisenden, zirkulären Bahnen auf stets neuen Ebenen fortentwickelt. Vester F. verwendet die Helix als Symbol für modernes kybernetisches Denken (Synthese aus kreisförmiger und linearer Bewegung). [5]

3.2.2 Prozeß und Struktur

Das systemisch-evolutionäre OE-Modell ist in unmittelbarer Beziehung mit dem Strukturmodell lebensfähiger Systeme, wie es oben als Strukturmodell für den OE-Prozeß beschrieben wird, zu sehen. Das systemisch-evolutionäre OE-Modell bringt vor allem die Zeitlichkeit des Prozesses im Phasenablauf zum Ausdruck; es steht gedanklich vom Beginn des OE-Prozesses mit dem Strukturmodell in Relation; für das Klient-System muß durch den Prozeß erst eine Nachfrage bzw. Chaos im Prozeß entstehen, weil dann durch das Verdeutlichen des vorhandenen Strukturmodells Klarheit und Dynamik in den Prozeß kommt.

Dennoch ist jede Phase im Modell in Relation mit den Projektmanagementsystemen 1, 2 und 3 aus dem Strukturmodell für OE-Prozesse.

3.2.3 Rekursionsprinzip [6]

Wie beim Strukturmodell lebensfähiger Systeme ist auch dem systemisch-evolutionären Modell des OE-Prozesses das Rekursionsprinzip immanent. Das heißt, die Phasen des OE-Prozesses wiederholen sich (zwar in unterschiedlicher Reihenfolge) auf den fortlaufend entstehenden Ebenen der Helix immer wieder, wobei dies nie eine Rückkehr zu einer Phase ist, sondern eine Phasenwiederholung mit einer wirkenden Prozeßgeschichte, einem Informations- und Erfahrungszuwachs im System ...

---

4 vgl. George, U. "Die Spirale", in: GEO - Das neue Bild der Erde, Nr. 8/87 - S. 54 f
5 vgl. Vester, F. "Neuland des Denkes, vom technokratischen bis zum kybernetischen Zeitalter". Stuttgart 1980 - S. 52
6 vgl. S. 125 ff

3.2.4 Äquifinalität [7]

Entsprechend der Äquifinalität sind im systemisch-evolutionären Modell des OE-Prozesses die verschiedenen Phasen nicht in ihrer Reihenfolge vorherbestimmt. Zwar zeigt sich in vielen OE-Prozessen, daß die Phasen 1 - 6 einem anlaufenden Prozeß in dieser Reihenfolge gerecht werden; ebenso finden sich jedoch Beispiele, bei denen sich in der Orientierungsphase herausstellt, daß als nächster Schritt ein Prozeßverständnis und eine Struktur des Prozesses zu entwickeln sind, um bestehende Teilprojekte in einen Entwicklungsprozeß des Systems überzuführen.

Bei der Darstellung eines systemisch-evolutionären OE-Modells sind dementsprechend die Phasen 1 - 6 am Beginn des Prozesses in einer idealtypischen Reihenfolge angeführt; in weiterer Folge sind die Reihenfolge und die Verknüpfungen der Phasen beispielhaft in der Modelldarstellung.

An dieser Stelle wird die Erweiterung bestehender Modelle der Organisationsentwicklung[8] durch das systemisch-evolutionäre Modell des OE-Prozesses deutlich, indem der Prozeßablauf eben nicht analytisch und nicht linear abläuft, sondern durch die Anwendung und Beachtung der Prinzipien der Rekursion, der Gleichzeitigkeit von Diagnose - Entwicklung - Prozeß - Struktur innerhalb einzelner Modell-Phasen und durch das Prinzip der Äquifinalität eben systemisch-evolutionären Prinzipien sozialer/lebender Systeme entspricht.

---

7 vgl. S. 107
8 vgl. Rehn, G. "Modelle der Organisationentwicklung", a.a.O. - S. 46 ff

3.3 Systemisch-evolutionäres Modell des OE-Prozesses: graphische Darstellung

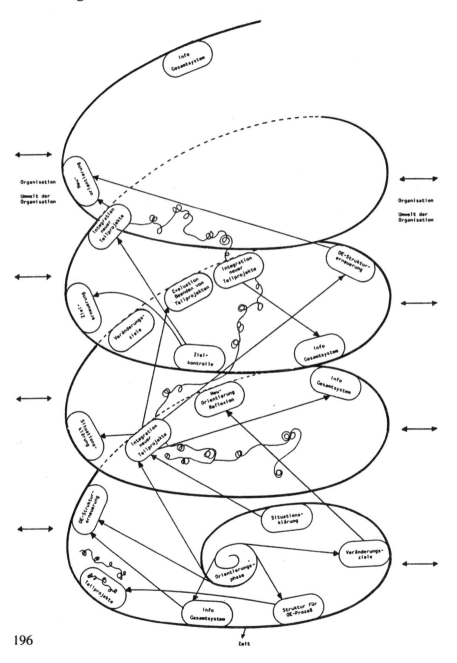

3.4 Beschreibung des systemisch-evolutionären Modells

3.4.1 Orientierungsphase

Die Orientierungsphase beginnt aus der Sicht des Entwicklungsberaters beim ersten Kontakt mit dem Klient-System. Wie oben erwähnt, zeigt sich dabei das System mit seiner Struktur, seinen Regeln, Kommunikationsmustern und auch mit seinen Machtverhältnissen usw. und liefert dadurch mit dem ersten Kontakt viele Informationen für die Gestaltung des Prozesses.

Beachtung beim ersten Kontakt soll die Hypothese von Selvini-Palazzoli, Mara et.al. finden, daß der Entwicklungsberater auf Initiative des "Verlierers" in die Organisation gerufen und implizit zu einer "Koalition gegen ..." aufgefordert wird.[9] "Verlierer" heißt dabei, daß eine Person oder Gruppe Verstärkung für sich sucht, für das in Gang befindliche Spiel der Organisation.

Wie der Begriff "Orientierung" andeutet, geht es in dieser Phase darum, daß sich das Klient-System und das Berater-System orientieren, im Sinne von: sich zurecht finden, sich erkunden, umsehen, unterrichten; sich / etwas auf etwas einstellen, nach etwas ausrichten; (geistige Einstellung, Ausrichtung).[10] Zudem sind die Kontakte zwischen den Personen im Klientsystem und dem Entwicklungsberater im Rahmen der Orientierungsphase jeweils Beratungssituationen. Dementsprechend nützt der Entwicklungsberater bereits die Orientierungsphase für bewußte Interventionen.

Ziele der Orientierungsphase sind:
a) die Entwicklung der Sensibilität und des Bewußtseins im Klient-System, daß Veränderungen/Entwicklungen notwendig geworden sind[11]; mit anderen Worten geht es darum, eine Stimmung des Aufbruchs zu entwickeln, wobei Auf-bruch hindeutet auf:
- den Ab-bruch mit gewissen bestehenden Gegebenheiten (= Bestandteil in der derzeitigen Homöostase);
- das Auf-brechen gegebener systemischer Strukturen;
- das Aus-brechen aus gewohnten Normen und Regeln;
- den Um-bruch als Entwicklungsprozeß zu verstehen.
b) das Erkennen im Klient-System und beim Berater-System von konkreten Ansätzen für einen OE-Prozeß[11]; dabei geht es um das Erkennen sinnvol-

---

9 vgl. Selvini-Palazzoli, M. et.al. "Hinter den Kulissen der Organisation", a.a.O. - S. 204
10 vgl. "Der große Duden", Fremdwörterbuch, Band 5, 2. Auflage. Mannheim 1966 - S. 498
11 vgl. Schwarz, M. "Organisationsentwicklungsprozesse initiieren und steuern", Dokumentation zu einem Informationstag im MCV, Dornbirn 1987 - S. 35

ler Systemdifferenzierungen (z.B. personale, interpersonale Einheiten und Ganzheit; Wesensmerkmale der Organisation ...);

c) Suche und Entwicklung eines Weges, der die angestrebten Veränderungen ermöglichen bzw. fördern sollte[12];

d) Erarbeiten erster Hypothesen im Beratersystem;

e) Erarbeiten der Voraussetzungen für einen Entscheidungsprozeß im Klient-System und im Berater-System für eine Kooperation bzw. für oder gegen einen gemeinsam zu tragenden OE-Prozeß.

Neben diesen Zielen geht es in der Orientierungsphase um den Aufbau eines Spannungsfeldes zwischen der bestehenden Homöostase und einer anzustrebenden Homöostase im Klient-System, mit andern Worten, um die Mobilisierung von Steuerungsenergie für einen OE-Prozeß. Zudem gilt es, neben systemverändernden Kräften und diese unterstützenden Rahmenbedingungen bzw. Strukturen, Bedürfnisse der Systemerhaltung zu sehen und zu akzeptieren.

Wesentlicher Teil der Orientierungsphase ist neben strategischen Fragen des Managements, operationalen Fragen des Projektmanagements auch die Frage des normativen Managements des Klient-Systems und die Relation zum Normensystem des Beratersystems, weil gerade auf dieser Systemebene Organisationsentwicklung ermöglich bzw. verhindert wird.

Damit wird die Verbindung der Orientierungsphase des systemisch-evolutionären OE-Modells mit dem Strukturmodell lebensfähiger Systeme für den OE-Prozeß erkennbar:

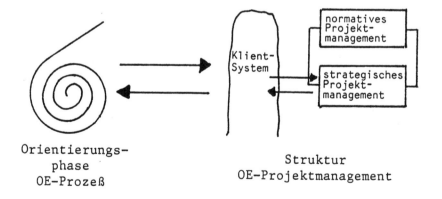

Orientierungs-
phase
OE-Prozeß

Struktur
OE-Projektmanagement

12 vgl. Schwarz, M. "Organisationsentwicklungsprozesse initiieren und steuern", Dokumentation zu einem Informationstag im MCV, Dornbirn 1987 - S. 35

Zudem müssen auf der operativen Ebene Möglichkeiten der internen und externen Projektleitung geklärt werden und erforderliche Ressourcen (Zeit, Geld, Raum, Energie) diskutiert werden. Dabei kommt bei systemischen OE-Prozessen das Prinzip der systemischen Kontextklärung zur Anwendung. Die Kontextklärung hat zwei gleichrangige (!) Ziele: sich als Berater eine erste Orientierung zu verschaffen und bei den Betroffenen selbst durch entsprechende Fragen eine Orientierung und Auseinandersetzung in Gang zu bringen.

Am Ende der Orientierungsphase steht die Entscheidung für/gegen weitere Schritte im OE-Prozeß. Falls es zu einer Entscheidung für einen OE-Prozeß kommt, sind dann alle Führungskräfte und Mitarbeiter des ausdifferenzierten Systems über die Ausgangssituation, die Ziele, den vorgesehenen Ablauf und über die normativen Prinzipien zu informieren, wobei in dieser Informationsveranstaltung auch die Befürchtungen, Hoffnungen und Erwartungen, die Ziele und die verschiedenen Formen der Beteiligung aller Betroffenen diskutiert werden. Die Dauer der Orientierungsphase ist ein Hinweis für das Tempo, die Regeln, die Energie und die Widerstände, die im Zusammenhang mit dem Entwicklungsprozeß der Organisation stehen. Ein praktischer Ablauf der Orientierungsphase umfasste in einer Produkt-Organisation mit ca. 60 Mitarbeitern folgende formale Schritte, wobei das Führungssystem mit 6 Führungskräften als erste Einheit für den OE-Prozeß ausdifferenziert wurde:

1) Erstgespräch mit dem Geschäftsführer   Nov. 1981
2) Grobbeschreibung der Ausgangssituation, Zielsetzung und Ablauf für den
    OE-Prozeß   Feb. 1982
3) 1. Orientierungssitzung im Führungsteam   Nov. 1982
4) 2. Orientierungssitzung im Führungsteam   Apr. 1983
5) Entscheidung für den OE-Prozeß   Apr. 1983

Das Tempo dieser Orientierungsphase sowie die Regeln des Entscheidungsprozesses zeigten sich sowohl bei der Umsetzung von vereinbarten Aktivitäten im Rahmen des weiteren Prozesses, als auch im Alltag der Organisation bei der Erweiterung des OE-Prozesses auf andere Ebenen, bei der Installation der Entwicklungsgruppe, bei der Bearbeitung von Konflikten ... und war insofern weder langsam noch schnell, sondern im Einklang mit der Vorstellung und Praxis des Tempos von Veränderungen jeder Art in dieser Organisation.

Kennzeichnend für die Orientierungsphase im Sinne der systemisch-evolutionären OE ist, daß alle Beteiligten im ausdifferenzierten Prozeß aktiv in dieser Phase mitwirken, wobei in den Orientierungssitzungen Regeln des Systems deutlich werden und auch die Streß-Kommunikationsmuster, wodurch Anhaltspunkte für Interventionen im weiteren Prozeß deutlich werden.

Die Orientierungsphase eines OE-Prozesse in einer Dienstleistungsorganisation mit ca. 600 Mitarbeitern umfasste folgende formale Schritte:
1) Gespräch mit der Leiterin einer Stabsabteilung, die direkt dem 2-köpfigen
   Vorstand unterstellt ist und unter dem Titel "Vorstands-Sekretariat" neben
   formellen Funktionen wie Werbung und Verkaufsschulung "Löcher" der
   Organisation füllt   Dez. 1983
2) Analyse von Geschäftsberichten   Dez. 1983
3) Grobbeschreibung der Ausgangssituation, Zielsetzung und Ablauf für den
   OE-Prozeß   Jan. 1984
4) Einzel-Interviews mit den 2 Vorständen und 2 von der Stabsabteilungslei-
   terin als "wichtig" eingestuften Führungskräften   Sep. 1984
5) Schriftliches Feedback über die Interviews und Diskussion der Interview-
   auswertung   Okt. 1984
6) Entscheidung für den OE-Prozeß Okt. 1984
7) Information an alle Führungskräfte im Rahmen gegebener Informationsstrukturen   Nov. 1984

Auch in diesem Beispiel einer Orientierungsphase zeigten sich Regeln der
Organisation, die im weiteren Prozeß immer wieder auftauchten und teil-
weise als Veränderungsschwellen deutlich wurden; ein Beispiel dafür sind
Konflikte zwischen zwei Führungskräften: solche diadische Konflikte sind
Bestandteil der Homöostase in diesem System und werden geschaffen bzw.
akut, sobald an einer Stelle ein Konflikt geklärt wird.

Bestätigt hat sich in dieser Organisation die von Selvini-Palazzoli redundante Spiel-Regel, daß eine Uneinigkeit an der Spitze einer Organisation
dafür sorgt, die Kontrolle der Spitze über alle Vorgänge zu behalten.

Die Uhr ist der mißglückte Versuch
die Zeit zu ordnen
die Zeit zu messen
die Zeit zu beherrschen.

Ein reizvoller Gedanke, der Menschheit die Uhr zu nehmen;
es führte zu Chaos und zum Leben in der Zeit
die selbst darüber unberührt lächelte.

3.4.2 Phase der Situationsklärung

Die Phase der Situationsklärung entspricht im engeren Sinne dem strategischen Management, also dem System 4 im Strukturmodell lebensfähiger
Systeme. Das System 4 kann sich jedoch auf verschiedenen Rekursionsebe-

nen befinden. Bezogen auf ein entsprechend den Entscheidungen der Orientierungsphase ausdifferenziertes System bzw. Subsystem werden dabei zum einen die Faktoren der IST-Situation (Stärken und Schwächen) und zum anderen die Visionen über die Zukunft erarbeitet. Entsprechend dem Prinzip der Organisationsentwicklung, daß möglichst viele Betroffene aktiv am Entwicklungsprozeß beteiligt werden, geht es bei der Situationsklärung um
- das Erarbeiten eines gemeinsamen "Bildes" der Situation des Systems;

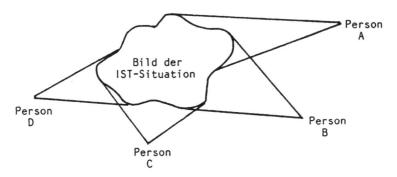

- Selbstdiagnose durch die Menschen des Klient-Systems;

- Situationsklärung im Hinblick auf

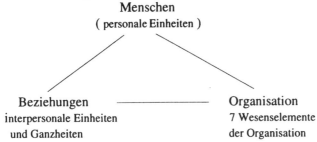

- Erarbeiten von Zukunfsbildern;
- Erarbeiten von Veränderungszielen, die sich aus der Selbstdiagnose und aus der gemeinsamen Entwicklung von Zukunftsbildern ergeben;
- eine Erfahrung, wie Entwicklungsprozesse unter Beteiligung von Betroffenen ablaufen;
- die Einheit von Diagnose-Entwicklung und Prozeß;
- das Erkennen erweiterter Verhaltensmöglichkeiten für einzelne, für interpersonale Einheiten und für die Ganzheit der Organisation;

- Stockwerksarbeit und Joining im Hinblick auf den Aufbau eine tragfähigen = interventionsfähigen Beziehung zwischen dem Entwicklungsberater und den beteiligten Menschen im Klient-System.

Die Situationsklärung findet jeweils für ein ausdifferenziertes System (mit den 7 Wesenselementen der Organisation) und seine ausdifferenzierten Umweltbeziehungen statt.

Methoden der Situationsklärung bzw. Interventionsformen der Situationsklärung sind in der systemisch-evolutionären OE Interviews, Einzelgespräche, teilnehmende Beobachtung, (Fragebogen - nur sehr beschränkt einsetzbar) und Arbeitsklausuren. Letztere sind im Rahmen systemisch orientierter Prozesse in jedem Fall Bestandteil der Situationsklärung - vereinzelt in Kombination mit anderen erwähnten Formen.

Einheiten von Arbeitsklausuren zur Situationsklärung sind:

a) Situationslandkarten - förderliche und hinderliche Faktoren, die nach innen im System und/oder in Beziehung zur Umwelt des Systems wirken;
b) Beziehungslandkarten;
c) *Entwicklungsphasen der Organisation*[13] (Kurzbeschreibung):

1. Die Pionierphase

Merkmale
- Im Mittelpunkt steht die Persönlichkeit des Gründers.
- Ziel und Sinn des Unternehmens sind für alle unmittelbar deutlich erlebbar
- Die Organisation ist sehr beweglich, gekennzeichnet durch Improvisation
- Die Führung ist autokratisch-patriarchalisch, aber Vertrauen und Ansehen bei den Mitarbeitern stützen dies.
- Aufgabenabgrenzungen ergeben sich aufgrund persönlicher Neigungen und Begabungen und ändern sich mit den Personen. (für loyale, engagierte Mitarbeiter große Entwicklungsspielräume)
- Funktionen wachsen um Mitarbeiter.
- Das Unternehmen ist sehr handlungs- und outputorientiert.
- Charakteristisch ist die unmittelbare, direkte Beziehung zu Kunden und auch zum Kapital (Einzelunternehmen oder Personengesellschaft)

---

13 vgl. Lievegoed, B.C.J. "Organisationen im Wandel". Bern 1974 - S. 43 ff

Wann hat sich die Pionierphase überlebt?
* durch Emanzipation der Mitarbeiter
* bei Kapitalmangel und Planungsbedarf
* durch starkes Wachstum (der Mitarbeiter, des Produktionsumfanges oder des Marktes)
* bei Nachfolge in der zweiten oder dritten Generation

Krisenerscheinungen der Pionierphase
– Entscheidungen werden aufgeschoben, es zeigen sich die Auswirkungen mancher falschen intuitiven Entscheidung-
die Übersicht geht verloren, Mitarbeiter erleben, daß der Pionier das Geschäft nicht mehr im Griff hat
– direkte Führung ist nicht mehr wirksam (komplexe Themen)
– "Wer ist für was zuständig?" ist immer öfter die Frage
– Konflikte und Reibungen bleiben dem Pionier verborgen
– Der Pionier vermag es nicht mehr, den gewachsenen Betrieb kraft seiner Persönlichkeit zusammenzuhalten

2. Die Organisations- oder Differenzierungsphase

Merkmale
• rationales Menschen- Organisationsbild;
• Grundauffassung: eine Organisation ist ein geschlossenes System, das steuerbar, beherrschbar, kontrollierbar und logisch ist
• Mechanisierung – Standardisierung (technisch, menschlich, sozial) und Spezialisierung (funktional, in Führungsebenen, in Arbeitsphasen)
• Hierarchie ist das vorherrschende Ordnungsmuster
• Koordination über den Dienstweg; begrenzte Kontrollspannen
• starke Innenorientierung

Krisenerscheinungen der Differenzierungsphase
– Abteilungsdenken
– Eine Parallelorganisation entsteht.
– Der Ruf nach stärkerer zentraler Führung wird laut.
– Motivationsprobleme treten auf.
– Der Kontakt nach außen, zu Markt, Kunden, Mitbewerbern, geht verloren
– Der hierarchisch reglementierte Informationsfluß stockt oft
– Die Kosten der funktionalen Differenzierung überwiegen gegenüber dem Nutzen

3. Die Integrationsphase

Merkmale
- Leitmotiv ist es, Situationen und Bedingungen zu schaffen, in denen es dem einzelnen und Gruppen möglich ist, selbständig und intelligent im Sinne eines größeren Ganzen zu handeln.
- Orientierung an Kunden und am Markt
- Der Mensch rückt (wieder) in den Mittelpunkt
- Abflachung der Hierarchie – hin zu Heterarchie und zu Netzwerken
- die selbständige Einheit das Grundmuster der Strukturierung
- Anregung zur Selbststeuerung ersetzt traditionelle Steuerungsbemühungen
- Koordination entsteht durch Selbst-Koordination
- Kontrolle wird durch das Prinzip der Selbstkontrolle erweitert bzw. vielfach ersetzt

Wichtigste Bedingungen
- Gliederung in autonome Einheiten mit eigener Zielsetzung, eigenem Markt, eigenen Produkten ...
- Bildung einer Konzeption, Zielsetzung und Policy an der Spitze (wiederkehrend)
- Leitidee und Leitbild werden unter starker Beteiligung der Führungskräfte und Mitarbeiter erarbeitet und dienen als verpflichtender Rahmen für die selbständige Arbeit in den autonomen Einheiten
- Entflechtung von Lohn und Leistung
- Persönliche Freiheit, Menschenwürde und Wertschätzung und Selbstbestimmung sind lebendige Grundprinzipien in der Integrationsphase
- die Bedingungen der Integrationsphase sind eine permanente Herausforderung und bedürfen einer bewußten Entwicklungsphilosphie in der Organisation
- Ergebnis der gelebten Integrationsphase ist eine ausgeprägte Identität und Profilierung der Organisation

4. Die Assoziationsphase

Merkmale
- Organisation geht *verpflichtende* Schicksalsgemeinschaften *mit anderen* Organisationen ein
- durchlässige Grenzen (intern + extern) der Organisation
- Selbst-Steuerung selbst-ständiger Bereiche + Organisationen
- PE + OE auf das Netzwerk ausgerichtet (z.B. QS, Beratung)
- explizite Strukturen tragen das Netzwerk

- Teamarbeit in der Organisation und im Netzwerk unternehmerische teamorientierte Führung
- Bewußtsein der Identität der beteiligten Organisationen (also die Bedingungen der Integrationsphase).

Voraussetzungen für funktionierende Assoziationen
* Identität, Selbst-wert, SELBST-Annahme der an der Assoziation beteiligten Organisationen
* Interesse am gemeinsamen Überleben –> an der langfristigen Lebensfähigkeit der Netzwerkpartner
* Globales Bewußtsein im operativen Tun

Die ausführliche Beschreibung der hier kurz dargestellten Entwicklungsphasen von Organisationen – das aus meiner Sicht eines der wesentlichen Modelle für die praktische Gestaltung von OE-Prozessen ist – finden Sie bei F. Glasl, Dynamische Unternehmensentwicklung, wie Pionierbetriebe und Bürokration zu schlanken Unternehmen werden, Stuttgart 1993.

d) Klären der Bedingungen des Organisationstyps;
e) Veränderungsstrategien (Veränderungen durch Macht und Zwang, durch Experten - rationale Strategien, durch Entwicklung - Mentalitätsveränderungs-Strategien[14];
f) Erarbeiten von Veränderungszielen;
g) anwesende interpersonale Einheiten: Beziehungen klären;
h) erste individuelle, interpersonale und gruppenspezifische Maßnahmen erarbeiten;
i) Klärung der nächsten Schritte im OE-Prozeß
Diese Klausuren in der Phase der Situationsklärung sind Einheiten des OE-Prozesses, in denen eine Vielzahl der Teile, Prinzipien, Prozesse, Strukturen ... des gesamten OE-Prozesses integriert sind und somit unmittelbar erfahrbar sind, mit anderen Worten sind diese Arbeitsklausuren eine Rekursionsebene im OE-Prozeß.

---

14 vgl. Glasl, F. "Verwaltungsreform durch Organisationsentwicklung", a.a.O. - S. 19 ff

3.4.4 Phase der Zielfindung

Bei der Phase der Zielfindung geht es darum, aus den in der Situationsklärung erarbeiteten Veränderungszielen in Abstimmung mit dem formalen Management des Systems jene Entwicklungsschwerpunkte zu bestimmen, die im weiteren Prozeß mit Priorität bearbeitet werden sollen.[15]

In Kleinbetrieben oder bei kleinen ausdifferenzierten Systemen für den OE-Prozeß bzw. für den Beginn des OE-Prozesses, ist die Phase der Zielfindung verkürzt bzw. bereits Bestandteil der Situationsklärung, bei der die für die Lebensfähigkeit des Systems zentralsten Veränderungsziele herausgearbeitet werden.

Findet die Situationsklärung dagegen verteilt statt, ist die Phase der Zielfindung eine eigene Einheit im OE-Prozeß, an der die interne Projektleitung, der Entwicklungsberater und das formale Management des Systems teilnehmen. Das formale Management deshalb, weil es in dieser Phase um eine Entscheidung geht, die nicht durch die Veränderungsstruktur, sondern durch die Systemerhaltungsstruktur (= formale, bestehende Struktur der Organisation) getroffen werden muß. Dabei ist wiederum der Prozeß dieser Phase der Zielfindung das Entscheidende, um deutlich zu machen, wie funktionsfähig bzw. disfunktional das formale Managementsystem ist. Diese Zielsetzung im Hintergrund soll auch durch eine bewußte Handhabung der Grenzen im System unterstützt werden, wodurch ein Rahmen für die Bearbeitung von disfunktionalen Merkmalen im Führungssystem geschaffen wird.

Die Phase der Zielfindung kann je nach der Situation des Management-Systems in mehreren Interventionsschritten erfolgen - also eine längere Prozeßeinheit sein, oder in einer Klausur stattfinden. Das "Tempo" wird dabei von den Systembedingungen bzw. von den Menschen im System bestimmt - und nicht vom Erfolgszwang des Entwicklungsberaters.

Die Phase der Zielfindung im systemisch-evolutionären Modell des OE-Prozesses steht wiederum in Relation mit dem System 4 des Strukturmodells des OE-Projekts.

Die Phase der Zielfindung umfaßt:

a) das Herstellen eines umfassenden Informationsstandes über die Inhalte und den Prozeß der Situationsklärung;

b) das Erarbeiten einer Entscheidungsbasis für die Entwicklungsschwerpunkte und die Bereitschaft zur Unterstützung des OE-Prozesses durch das Management. Dabei geht es in besonderem Maße um die Beachtung der systemerhaltenden Kräfte, um die Entwicklung eines kritischen Situationsbe-

15 vgl. Schwarz, M. "OE-Prozesse initiieren und steuern", a.a.O. - S. 40

wußtseins und einer Veränderungsbereitschaft, d.h. um die Entwicklung systemverändernder Kräfte. In Anlehnung an F. Glasl[16] geht es also um die Verarbeitung von Schattenbildern im Zusammenhang mit den Veränderungszielen und um die Entwicklung einer Zukunftsvorstellung. Es gilt demnach, jedes Veränderungsthema nach folgenden Gesichtspunkten zu bearbeiten:

| wir wollen weg von | — | wir wollen hin zu |

Für diese Entscheidungsbasis sind weiters Entscheidungskriterien für die Auswahl von Zielen zu erarbeiten. Neben Kriterien, die aus dem Prozeß entstehen, eignet sich dazu der von F. Vester entwickelte Papier-Computer, den er im Rahmen eines biokybernetischen Planungsprojekts für bedrohte Lebensräume[17] anwendet: dadurch können alle Themen/Ziele verknüpft und in weiterer Folge im Hinblick auf ihre Wirkung im Gesamtsystem herausgearbeitet werden.

Die Vorgangsweise mit dem Papier-Computer:
1) Horizontale und vertikale Eintragung der Ziele in den Papier-Computer.
2) Für jedes Ziel wird seine Wirkung nach dem Schlüssel
   0 = keine Einwirkung
   1 = schwache Einwirkung
   2 = mittlere Einwirkung
   3 = starke Einwirkung
auf jedes andere Ziel erarbeitet. Dies ist ein umfassender Lernprozeß im Management, weil dabei ein intensiver Austausch von Wirklichkeiten zweiter Ordnung über das System in der Vergangenheit, Gegenwart und Zukunft stattfindet. Es soll hier hervorgehoben werden, daß der Papier-Computer *kein* Versuch ist, Logik in den Prozeß an vorderste Stelle zu rücken; vielmehr stellt der Papier-Computer ein pädagogisches Instrument dar, das einen Prozeß im Management ermöglicht - im Hinblick auf die Ziele/Themen, die für die Lebensfähigkeit des Systems unterschiedliche Relevanz haben.
3) "Errechnen" der Ziele mit aktiver, passiver, kritischer und puffernder Wirkung im System:
Aktive Wirkung haben Ziele, die andere Ziele sehr stark beeinflussen, von anderen jedoch nur schwach oder überhaupt nicht beeinflußt werden.
Passive Wirkung haben Ziele, die von anderen Zielen stark beeinflußt werden, die anderen selbst jedoch nur schwach oder gar nicht beeinflussen.

16 vgl. Glasl, F. "Ein Leitbild verdichtet sich", in: Trigon Themen 1/87 - S. 5 ff
17 vgl. Vester, F. "Ballungsgebiete in der Krise, eine Anleitung zum Verstehen und Planen menschlicher Lebensräume mit Hilfe der Biokybernetik", eine Studie der Studiengruppe für Biologie und Umwelt. München 1976 - S. 61 ff

Wirkung von →
auf ↓

Ziele → z.B.	A	B	C	D	E	F		AS	Q
A Strat. Planung							A		
B PE							B		
C Mitarbeiter-Führung							C		
D Konflikt Abt. X							D		
E Organisations-struktur							E		
F Marketing und Verkauf							F		
	A	B	C	D	E	F		AS	Q
PS							PS		
P							P		

Kritische Wirkung haben Ziele, die andere Ziele sowohl stark beeinflussen, als auch von diesen stark beeinflußt werden.

Puffernde Wirkung haben Ziele, die andere Ziele weder nennenwert beeinflussen, noch beeinflußt werden.

Errechnet werden die aktiven und passiven Ziele im Hinblick auf ihre Wirkung im Gesamtsystem durch den Quotienten aus der Aktivsumme (AS) und der Passivsumme (PS) jedes Zieles aus dem Papier-Computer, also AS : PS = Q, wobei

aktive Ziele	einen	*hohen Quotienten* und
passive Ziele	einen	*niederen Quotienten*

haben;

kritische und puffernde Ziele werden aus dem Produkt der Aktivsumme (AS) eines Zieles mit der Passivsumme (PS) desselben Zieles errechnet, also AS x PS = P, wobei

kritische Ziele	ein	*hohes Produkt* (P) und
puffernde Ziele	ein	*niederes Produkt* (P)

haben.

208

Obwohl für dieses Computer-Spiel (so bezeichnet Frederic Vester den Papier-Computer) durch die Situationsklärung schon eine Auswahl der wesentlichsten Ziele stattgefunden hat und obwohl die Wechselwirkung der Ziele durch subjektive Bewertungen zustande kommt, wird zum einen eine vernetzte, systemische Betrachtung des Zielsystems ermöglicht und zum anderen wird durch den Prozeß der Erarbeitung von Wirkungsgraden ein Verständnis für die fluktuierenden Zusammenhänge und das Wechselspiel eines sozialen/lebenden Systems ermöglicht.

c) Entscheidung über die primär zu verfolgenden Ziele und Absicherung im formalen Management, also Festlegen der Schwerpunkte als Teilprojekte im weiteren OE-Prozeß und die Beantwortung der Fragen: Was benötigt das Management, um den OE-Prozeß weiter zu unterstützen? - und: Welche Ressourcen sind für den Prozeß erforderlich bzw. werden zur Verfügung gestellt?

Mit der Phase der Zielfindung bekommt der OE-Prozeß für die jeweils nächste Zukunft seine inhaltliche Richtung.

3.4.4 Formieren der system-internen Steuerungsstruktur für den OE-Prozeß

Die Steuerungsstruktur für den OE-Prozeß umfaßt
a) das Strukturmodell lebensfähiger Systeme als Gesamtstruktur für den OE-Prozeß,
b) die Entwicklungsgruppe,
c) die interne Projektleitung,
und ist als systemverändernde Struktur eine Ergänzung zum bestehenden oder auch zu entwickelnden Organigramm als systemerhaltende Struktur. Es geht dabei nicht um einen Strukturersatz; sondern eben um eine Strukturerweiterung. Dabei ist die Steuerungsstruktur des OE-Prozesses nicht innerhalb der systemerhaltenden Struktur anzusiedeln, sondern gedanklich außerhalb derselben, weil nur durch das "Heraustreten" ein Entwicklungsprozeß des Gesamtsystems möglich wird. Da die personelle Besetzung beider Strukturen (systemerhaltende und systemverändernde Struktur) in kleinen und mittleren Organisationen vielfach ident ist, bedarf es besonderer Übung zur Handhabung der Grenzen zwischen den Strukturen - und unseres Erachtens die zumindest vorübergehende Unterstützung durch einen externen OE-Berater, der als externer Punkt deutlich für das System erkennbar ist. Eine erkennbare Struktur für den OE-Prozeß ist Voraussetzung für einen ganzheitlichen Entwicklungsprozeß in Organisationen in dem Sinne, daß einzelne Organisationsentwicklungsmaßnahmen/-schritte als Koevolution des Gesamtsystems integriert stattfinden können und als "Konzert" erlebbar werden.

Den Gesamtrahmen der Steuerungsstruktur des OE-Prozesses bildet das Strukturmodell lebensfähiger Systeme von Stafford Beer, wie es für OE-Prozesse auf S. 101 ff beschrieben ist. Strukturelemente innerhalb dieses Rahmens sind die Entwicklunggruppe (bei Organisationen, die mehr als 10 Mitglieder haben) und die interne Projektleitung (= ein bis zwei Personen). Die Entwicklungsgruppe als Struktur-element systemisch-evolutionärer Organisationsentwicklung knüpft an die Initiativ-Gruppe von Schein[18] und an die Steuerungsgruppe im NPI-Modell von Fritz Glasl und Leopold de la Houssaye[19] an.

Aufgaben der Entwicklunggruppe:

Im Rahmen des OE-Prozesses ermöglicht die Entwicklungsgruppe das operationale Projektmanagement und die Koordination der verschiedenen Teilprojekte.
Die Entwicklungsgruppe
- ermöglicht weiters einen an Werten und Zielen orientierten OE-Prozeß, weil diese in ihr laufend reflektiert, diskutiert, überprüft und angewendet werden;
- schafft die Verbindung (auch über den internen Projektleiter) zum formalen Management und dem OE-Prozeß (= Kommunikation zwischen der systemerhaltenden und der systemverändernden Struktur).

Im einzelnen sind die Aufgaben der Entwicklungsgruppe
- Koordination der Teilprojekte,
- Umsetzen (durch Initiieren von Prozessen) der strategischen Richtlinien in Aktivitäten bzw. Teilprojekte,
- Unterstützen der Teilprojektleiter/innen,
- Kontrolle des laufenden OE-Prozesses,
- Ressourcenverwaltung und -überwachung,
- Zielvereinbarungen und -überwachung,
- Unterstützung des Managements im Rahmen der Organisationsentwicklung.

Die Entwicklungsgruppe umfaßt 4-6 Mitglieder; in ihr soll sich das ausdifferenzierte System des OE-Prozesses widerspiegeln.

18 vgl. Schein, E. "Process consultation: its role in organization development". London 1969 - S. 84
19 vgl. Glasl, F./de la Houssaye, L. "Organisationentwicklung, das Modell des Instituts für Organisationsentwicklung (NPI) und seine praktische Bewährung". Bern 1975 - S. 26

Für einen in der Organisation integrierten OE-Prozeß, der langfristig die Fähigkeit zur Selbsterneuerung der Organisation ermöglichen soll, ist eine *interne Projektleitung* unbedingt erforderlich (ein bis zwei Personen). Diese personenbezogene Zuordnung des OE-Projektes ist eine Schlüsselfrage, ob ein Schein-Prozeß, der für die Lebensfähigkeit des Systems wenig Bedeutung hat, stattfindet oder ob dem OE-Prozeß die für jeden Entwicklungsprozeß erforderlichen Trägerdimensionen (Raum - Zeit - Energie) und Zieldimensionen (Affect - Meaning - Power) zugesprochen werden und dementsprechende Erwartungen und Entwicklungsbereitschaft daran geknüpft sind.

Die interne Projektleitung soll in dieser Funktion direkt dem Top-Management der Organisation unterstellt sein. Falls externe Entwicklungsberater vorübergehend in den OE-Prozeß integriert sind, ist die Kooperationsfähigkeit zwischen interner Projektleitung und externem Entwicklungsberater Voraussetzung für einen OE-Prozeß, der sich an den Meta-Zielen der Organisationsentwicklung orientiert. Sowohl die interne Projektleitung als auch die Entwicklungsgruppe müssen im Rahmen des OE-Prozesses bewußte Entwicklungsprozesse durchlaufen, wodurch interne Projektleitung und die Entwicklungsgruppe auch Lernstrukturen sind.

3.4.5 Information des Gesamtsystems (= jenes ausdifferenzierte System, auf das sich der OE-Prozeß bezieht)

Die Information des Gesamtsystems ist jene Phase, durch die gewährleistet ist, daß möglichst viele Mitglieder des Systems über alle laufenden Aktivitäten im OE-Prozeß informiert sind, sich damit beteiligen können, weil Information immer auch Diskussion beinhaltet. Damit wird es einzelnen Menschen im System auch ermöglicht, selbst abzuschätzen, an welchen Teilprojekten bzw. Prozeßschritten sie aktiv teilnehmen wollen bzw. sollten. In evolutionären Prozessen gehen Bewegungen, Veränderungen oft sehr kraftvoll, aber leise vor sich, wodurch die nicht unmittelbar Betroffenen und/oder Beteiligten vielfach die Beziehung zum Geschehen verlieren. Die Informationsphase ermöglicht allen Organisationsmitgliedern die Teilnahme (geistig, emotional und handelnd) am (Gesamt-) OE-Prozeß.

Vorbereitet und durchgeführt wird diese Information des Gesamtsystems durch die Entwicklungsgruppe.Damit wird für die Mitglieder der Entwicklungsgruppe und für das Gesamtsystem die Struktur des OE-Prozesses deutlich erkennbar. Zudem hat bei dieser Information das Top-Management jeweils die Aufgabe, den Stellenwert des OE-Prozesses auch damit erlebbar zu machen, daß Raum, Zeit und Energie durch die Management-Mitglieder investiert werden. (Denn dies ist durch ein wohlwollendes Gewähren von OE-Maßnahmen nicht zu leisten.) Dies wird in all jenen OE-Prozessen authentisch sein, in denen die Ziele und Werte der OE in der Organisation gelebt und angestrebt werden.

Inhalte dieser Information des betroffenen Gesamtsystems sind beispielsweise:

- Was geschah bisher im OE-Prozeß?
- Welche Kriterien/Prozesse haben zur Auswahl von Veränderungszielen und in weiterer Folge zu Teilprojekten geführt?
- Offenlegung der Struktur des OE-Prozesses (Funktionen der Entwicklungsgruppe, der/des Entwicklungsberater(s)).
- Wer wird/soll in welcher Funktion in den Prozeß einbezogen werden?
- Wie stehen Betroffene zum Prozeß? (Fragen, Erwartungen, Befürchtungen)

3.4.6 Arbeit in Teilprojekten

Teilprojekte sind Systeme 1 im Strukturmodell lebensfähiger Systeme für den OE-Prozeß[20] und beinhalten dem Rekursionsprinzip entsprechend die Systeme 1-5 in sich.

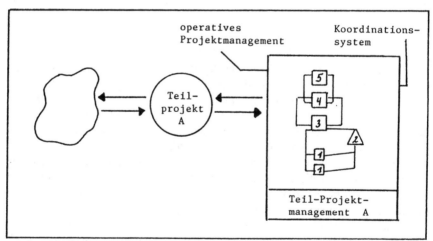

Entsprechend dem Selbststeuerungs-Paradigma geschieht der Entwicklungsprozeß bei verschiedenen Subsystemen (Menschen, interpersonale Einheiten, Gruppen, Abteilungen) ohne bewußte Eingriffe. Durch die Struktur der Teilprojekte soll nicht der Anschein erweckt werden, daß diese selbstevolvierenden Kräfte kein Teil des OE-Prozesses sind.

20 vgl. S. 131 ff

Vielmehr stellen Teilprojekte eine Ergänzung bestehender und Ermöglichung neuer Selbststeuerungsprozesse dar. Sie sind Ausdruck des formalen OE-Prozesses.
Jedes Teilprojekt muß in der Entwicklungsgruppe verankert sein: (s. Abb. S. 193)

Das heißt, daß jedes Teilprojekt in der Entwicklungsgruppe einen Paten hat. Zudem wird jedes Teilprojekt von einem Teil-Projektleiter gemanagt. Der Projekt-Pate in der Entwicklungsgruppe kann, muß jedoch nicht, Teil-Projektleiter sein.

Funktionen des Teilprojektleiters:[21]

- Organisatorische Leitung und Koordination des Teilprojekts;
- Sicherstellen, daß die Strategie der Veränderung durch Entwicklung durchgängig angewendet wird;
- Einbeziehen, Informieren der Umwelt des Teilprojekt-Systems und relevater Subsysteme;
- methodische Unterstützung und Moderation der Teilprojektgruppe;

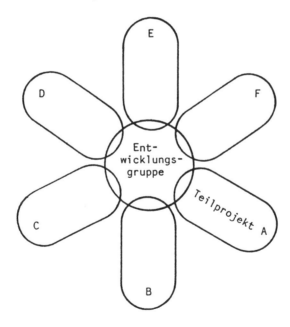

21 vgl. Schwarz, M. "OE-Prozesse initiieren und steuern", a.a.O. - S. 50

- Abstimmen, Vereinbaren und Reflektieren der Ziele, Inhalte und Vorgangsweisen mit dem Paten in der bzw. mit der Entwicklungsgruppe.

Die vielfältigen Prozesse in den Teilprojekten bringen die eigentliche Dynamik in den Gesamt-OE-Prozeß, weil dabei im Laufe der Zeit sehr viele Subsysteme der Organisation beteiligt werden und diese Beteiligung die eigentliche Möglichkeit der Entwicklung darstellt. Zum Teil sind die Teilprojekte auch eine Art Stockwerksarbeit, das heißt, durch den Prozeß verschiedener Teilprojekte werden jene Erfahrungen mit OE gemacht, die die Bearbeitung kritischer (im Sinne des Papier-Computers von F. Vester) Veränderungsziele erst ermöglichen.

In dem bereits angesprochenen OE-Prozeß der Produkt-Organisation wurde die ersten zwei Jahre in einem Teilprojekt gearbeitet, das die Menschen, Gruppen und die Organisation befähigte, weitere, eher kritische Veränderungsziele im Rahmen des Prozesses zu bearbeiten. Dieses Teilprojekt hieß "Teamentwicklung und Entwicklung der Management-Fähigkeiten bei den Führungskräften". Mit diesem Teilprojekt war die Entwicklunggruppe (noch) nicht erforderlich und die interne Projektleitung wurde vom Geschäftsführer wahrgenommen. Entsprechend dem bei der Orientierungsphase erwähnten vor-sichtigen Vorgehen bei Veränderungen, waren zwei Jahre notwendig, um durch die Entwicklungsgruppe den OE-Prozeß auszuwerten und auf eine breitere Basis zu stellen. Die Installierung der Entwicklungsgruppe wurde deshalb durch mehrere Prozeßschritte eingeleitet und war dann in Kombination mit einem internen Projektleiter auf der dritten hierarchischen Ebene eine Befreiung für die Führungskräfte. Teilprojekte waren dann: Neustrukturierung des formalen Organigramms, Gesamtplanung (unter diesem Begriff verstand diese Organisation Logistik, Gebäude, Hardware in der Produktion), Personalentwicklung, Verkaufsorganisation. Teilprojekt im Rahmen des OE-Projekts in der Dienstleistungs-Organisation sind bzw. waren: Verkaufsstrategien, Leitbildformulierung, Mitarbeiterführung, verkaufsorientierte Organisationsstruktur, Nachfolgeplanung, Personalentwicklung, Prozeß in einer Abteilung, Kosteneinsparung - Ertragssteigerung.

3.4.7 Weitere Phasen im systemisch-evolutionären Modell des OE-Prozesses

So wie der OE-Prozeß von Anfang an nicht an irgendeinem Modell ausgerichtet wird, sondern an der jeweiligen Organisation, laufen - wie oben erwähnt - die Phasen des systemisch-evolutionären OE-Modells nicht linear programmiert ab. Vielmehr zeigen die Phasen Prozeßeinheiten innerhalb eines OE-Prozesses an, die einen Entwicklungsprozeß ermöglichen, der den Prinzipien bzw. dem Wertesystem der systemisch-evolutionären Organisationsentwicklung gerecht wird, die Meta-Ziele der OE anstrebt und die Entwicklung der Gesamtorganisation als soziales/lebendes System der 7 Wesenselemente und damit seine Lebensfähigkeit ermöglicht.

Dementsprechend bewegt sich der OE-Prozeß im systemisch-evolutionären Modell spiral- bzw. helixförmig auf jeweils neuen Systemebenen weiter, wobei der Prozeß selbst durch geplante Interventionen und durch die selbststeuernden Kräfte die Anordnung der Phasen hervorbringt.

Zudem ist die Komplexität des OE-Prozesses durch eine vorwiegend sich selbst steuernde Vernetzung der vielfältigen Prozesse/Phasen ein Leben erhaltender Faktor.

Zu beachten ist, daß der OE-Prozeß rechtzeitig zur Gänze durch Mitglieder der Organisation getragen wird - also ohne externe Entwicklungshilfe.

Dazu ist eine Professionalisierung interner OE-Verantwortlicher durch Supervision der Projektleitung und der Entwicklungsgruppe unterstützend. Im Rahmen systemisch-evolutionärer Organisationsentwicklung wird auch den personalen Einheiten, also den einzelnen Menschen im System, für die Entwicklung des Gesamtsystems Beachtung geschenkt; dementsprechend gilt es, den Stellenwert individueller Entwicklungsprozesse von Führungskräften und Multiplikatoren im System (= aktive Subsysteme/Elemente) zu akzeptieren und zu unterstützen.

Die Reflexion und Evaluation des OE-Prozesses ist zum einen durch die Arbeit der Entwicklungsgruppe gewährleistet und zum anderen durch die Systeme 4 und 5 = strategisches und normatives Projektmanagement des OE-Prozesses verankert, an dem sowohl das (Top-)Management als auch die interne Projektleitung (vorübergehend auch externe Entwicklungsberater) - also systemerhaltende und systemverändernde Kräfte - beteiligt sind.

"Man darf nie an die ganze Straße auf einmal denken, verstehst Du? Man muß nur an den nächsten Schritt denken, an den nächsten Atemzug, an den nächsten Besenstrich. Und immer wieder nur an den nächsten ... Dann macht es Freude; das ist wichtig, dann macht man seine Sache gut. Und so soll es sein .... auf einmal merkt man, daß man Schritt für Schritt die ganze Straße gemacht hat. Man hat gar nicht gemerkt wie und man ist nicht aus der Puste .... Das ist wichtig."
(Lebensweisheit des Straßenkehrers Beppo aus: Michael Ende, "Momo", 23. Auflage, Wien 1973-S. 37)

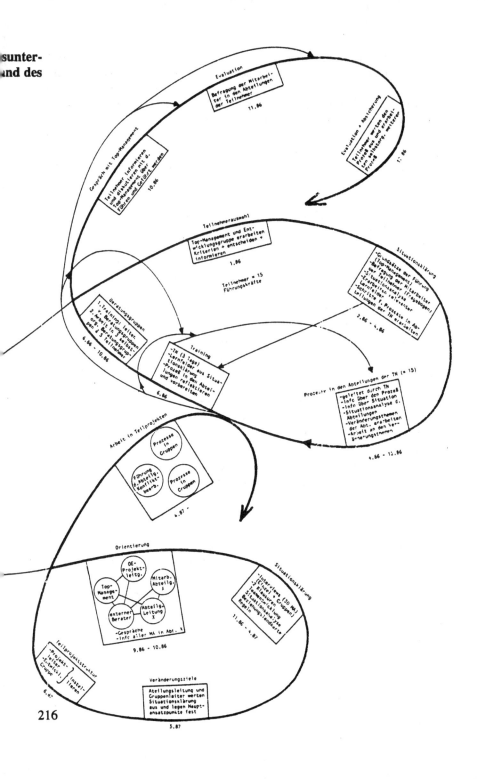

3.5 Grobdarstellung eines OE-Prozesses in einem Dienstleistung nehmen mit ca. 600 Mitarbeitern von Oktober 1983 bis 1988 anh systemisch-evolutionären OE-Modells:

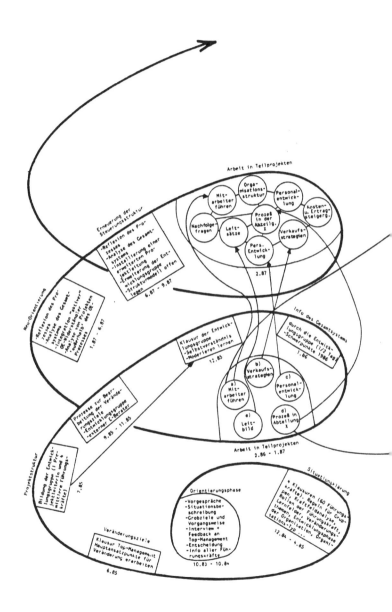

4 Epilog

Aus einer makroskopischen Systembetrachtung der Welt bietet sich eine umfassende Krisensituation, die sich in ökonomischen, sozialen, humanen, technologischen, kulturellen und auch unübersehbaren ökologischen Katastrophen zeigt.

Bestandteil dieser Situation ist, daß in der praxeologischen Problembewältigung und auch in den Wissenschaften zwei Paradigmen aufeinanderprallen. Auf der einen Seite stehen: Maximierung einzelner Variablen, Hedonismus, Zerstückelung, uneingeschränkter Fortschrittsglaube, Vereinfachung, Konzentration auf das Detail, Analytik und Ratio, "alles ist machbar", quantitatives Wachstum als Ideal, Erfahrung, scharfe Konturen, Konzentration auf Relata, Denken in Gedankengebäuden, Betonung des Inhalts; auf der anderen Seite stehen: Optimierung von Ganzheiten, die Einheit von Person - Gruppe - Gemeinschaft, Integration, Bescheidenheit, denken-fühlen-handeln in Einheiten/Ganzheiten, Konzentration auf das Ganze, Akzeptanz von Selbstorganisation, qualitatives Wachstum, Unsicherheit, verschwommene Bilder, Konzentration auf Relationen, Netzwerksdenken, Betonung der Form und der Prozesse.

Damit sollen das mechanistische Paradigma und das systemisch-evolutionäre oder ökologische Paradigma angedeutet werden. Die Spannung zwischen diesen Paradigmen zeigt sich in den unterschiedlichsten Wissenschaften, wodurch einerseits der Paradigmenwechsel unterstrichen wird und andererseits die Forderung nach einer Integration der Wissenschaft als Ganzheit deutlich wird. "Die Wissenschaft der Zukunft könnte durchaus aus einem Mosaik von ineinander übergreifenden Theorien und Modellen ... bestehen. Keines dieser Modelle wäre fundamentaler als die anderen und alle müßten folgerichtig miteinander übereinstimmen. Sie würden auch die konventionellen Abgrenzungen zwischen Disziplinen überwinden und sich jeweils derjenigen Sprache bedienen, die für die Beschreibung verschiedener Aspekte des vielschichtigen und vielfach vernetzten Gewebes der Wirklichkeit am geeignetsten ist."[1]

Unterstützt wird der Prozeß des Paradigmenwechsels durch die Anzahl und das bisher nicht dagewesene Ausmaß von Krisen, die sich als Überforderung in einer Reihe von Lebensbereichen äußern: z.B. als Überforderung der

---

1 Capra, F. Vorwort in: Lutz, R. "Die sanfte Wende", a.a.O. - S. 9

natürlichen Umwelt, als Überforderung des Menschen und als Überforderung gesellschaftlicher Institutionen.[2]

Diese angedeuteten vielfältigen Krisen- und Wandelsituationen zeigen sich sowohl in den Umwelten von Organisationen als auch in ihnen selbst. Dementsprechend stellt sich für Organisationen die Frage, wie sie selbst ihre Veränderungsprozesse so gestalten, daß ihre Lebensfähigkeit (also die Lebensfähigkeit von Organisationen) erhalten bleiben kann. Auch bei dieser Frage nach den lebenserhaltenden Veränderungsstrategien zeigt sich die Spannung vom mechanistischen zum systemisch-evolutionären Paradigma; und zwar in den Veränderungsstrategien durch Macht und Experten auf der einen Seite und der Veränderung durch Entwicklung auf der anderen Seite.

Organisationsentwicklung deutet bereits durch ihren Namen als Identitätsmerkmal ihre Orientierung an der Veränderung durch Entwicklung und damit am systemisch-evolutionären Paradigma an. In diesem Sinne erschüttert die Organisationsentwicklung das mechanistische Paradigma, hat jedoch selbst den Paradigmenwechsel, also den Prozeß zum systemisch-evolutionären Paradigma, zu bewältigen . Dabei zeigen sich - wie dies evolutionären Prozessen entspricht - Widerstände, deren Stärke jedoch ein Hinweis auf die derzeitige Chance des Durchbruchs der Organisationsentwicklung und ihres Wertesystems ist. Diese Widerstände kommen aus den mechanistisch orientierten Wissenschaften, aus dem Tun von Experten-Beratern und aus dem stattfindenden Paradigmenwechsel in Organisationen, wo diese Spannung aktuell auftritt.

In dieser Arbeit wurde versucht, einen Beitrag zum Integrationsprozeß der Organisationsentwicklung zu leisten, dessen Zielrichtung durch den Begriff "systemisch-evolutionäre OE" deutlich werden soll. Zum zweiten war es Anliegen dieser Arbeit, einen Beitrag zur praxeologischen OE in kleinen und mittleren Organisationen zu leisten, weshalb immer wieder Erfahrungen aus durchgeführten OE-Prozessen angeführt wurden und schlußendlich auch das systemisch-evolutionäre Phasenmodell von OE-Prozessen anhand eines praktischen OE-Prozesses verdeutlicht wurde.

Bei diesen angestrebten Anliegen tauchten verschiedene, nur teilweise bewältigte, Herausforderungen systemischen Arbeitens auf:

2 vgl. Dyllick, T. "Gesellschaftliche Instabilität und Unternehmensführung", a.a.O - S. 362

a) Die Herausforderung der Komplexität

Das Phänomen der Komplexität stellte sich dabei vielfältig. Einmal bei der Bearbeitung der Organisationstheorie, Systemtheorie und Familientherapie als Subsysteme der Organisationsentwicklung. Jedes dieser Subsysteme weist einen Grad der Komplexität bzw. eine Varietät auf, die eine Ausdifferenzierung von Einheiten erforderte, ohne dabei die Varietät des Subsystems zu zerstören. Dem Komplexitätgrad entsprechend wurden einzelne Einheiten an verschiedener Stelle redundant verwendet, um nicht den Eindruck entstehen zu lassen, daß sie hintereinander, voneinander losgelöst stehen, sondern vielmehr dem Prinzip der Gleichzeitigkeit und der Vernetzung entsprechen.

Zum zweiten trat das Problem der Komplexität deutlich auf, wenn der Versuch unternommen wurde, der Varietät von Organisationen oder der Varietät von durchgeführten OE-Prozessen durch eine dementsprechende Varietät der Beschreibung dieser Phänomene gerecht zu werden (entsprechend dem Gesetz der erforderlichen Varietät, daß nur Varietät Varietät absorbieren kann).

Dabei wurde der Selektionszwang deutlich spürbar und erfordert gemäß systemischen Denkens, Empfindens und Handelns festzuhalten, daß eine Arbeit über systemisch-evolutionäre OE keinen Abschluß haben kann, sondern vielmehr das Arbeitsende eine gewählte Interpunktion darstellt, die sich nicht aus der Vollständigkeit der Bearbeitung ergibt. Dennoch sollten hier grobe Landkarten von Organisationsentwicklung und Organisationen erstellt werden, die selbst nicht OE bzw. Organisationen sind, jedoch Orientierung in der Wirklichkeit von OE-Prozessen und Organisationen ermöglichen; dies ist gleichzeitig ein Bekenntnis als auch eine Forderung sozialwissenschaftlichen Arbeitens.[3]

b) Die Herausforderung der Differenzierung

Als Teil des Problems der Komplexität ergab sich die Herausforderung der Differenzierung auf unterschiedlichen Arbeits- und Betrachtungsebenen: bei der Abgrenzung bzw. Ausgrenzung von Einheiten verschiedener Theorien, bei der Selektion von Erfahrungen aus praxeologischen OE-Prozessen, bei der Differenzierung von Relationen zwischen den verschiedenen Einheiten dieser Arbeit, bei der Auswahl von Methoden und Werkzeugen der Entwicklungsarbeit. Anspruch dabei muß entsprechend systemischen Arbeitens sein, durch Differenzierung Einheiten zu bilden, die die Ganzheit nicht zerstören, sondern Abbilder der Ganzheit sind.

3 vgl. Bateson, G. "Ökologie des Geistes", a.a.O. - S. 226

Das Problem der Differenzierung ist der systemisch-evolutionären OE-Arbeit immanent, wobei sich durch den Prozeß und die Struktur der Differenzierung von Organisationen bzw. von Veränderungsprozessen in Organisationen wiederum das mechanistische und das systemische Paradigma zeigen. Systemische Differenzierung gründet sich auf die Bildung von Einheiten und bildet weder zur Gänze offene, noch rigide Grenzen; und ist sich zudem - und das ist von zentraler Bedeutung - der Differenzierung in der Ganzheit bewußt.

Bewußte Ausdifferenzierung von Subsystemen für Interventionen im OE-Prozeß zielt mehr und mehr darauf ab, kritische und aktive Einheiten in der Organisation zu finden - mit anderen Worten, die "Akupunktur-Punkte" und deren Vernetzung für die Gestaltung der Organisation zu finden . Dies sind personale Einheiten, kleine interpersonale Einheiten oder Subsysteme, die die 7 Wesenselemente der Organisation in sich haben.

c) Das Problem der Worte

Das Medium für die Darstellung der Gedanken, Erkenntnisse, Erfahrungen und Empfindungen in dieser Arbeit sind geschriebene Worte und gezeichnete Bilder. Immer wieder zeigte sich dabei, daß es vieles in Organisationen und in OE-Prozessen gibt, wofür geschriebene Worte und gezeichnete Bilder kein Äquivalent sind. Es gilt also anzuerkennen, daß geistige und intellektuelle Beschreibung von Organisationsentwicklung eine Einheit in der Entwicklung von Organisationen sind, die gleichzeitig eine Meta-Ebene für OE darstellt. Zudem bedarf Organisationsentwicklung des Handelns, des Erlebens und des Erfahrens, denn ein Verharren auf der Meta-Ebene ist noch keine Entwicklung von Organisationen; so wie die Mitteilung "spielen wir Schach" und die Beschreibung des Schach-Spiels noch kein Zug im Schachspiel sind und dennoch erforderlich sind, damit ein Schachspiel in Gang kommt.[4]

Daraus geht zudem hervor, daß OE auch der Kommunikation bedarf, die darauf abzielt, Wirklichkeiten zu schaffen, zu verändern, zu gestalten - bei Personen, Gruppen, Organisationen, in der Gesellschaft und auch in der Wissenschaft.

Durch Kommunikation über Organisationsentwicklung und praxeologische OE-Prozesse ist systemisch-evolutionäre OE Teil eines Entwicklungsprozesses in den Wissenschaften, bei Entwicklungsberatern, bei Führungskräften ... bei Menschen in und um Organisationen.

---

4   vgl. Bateson, G. "Ökologie des Geistes", a.a.O. - S. 610

Durch diesen Entwicklungsprozeß kann systemisches Denken, Fühlen und Handeln entstehen und damit die Lebensfähigkeit von Menschen, Gruppen, Organisationen und der Gesellschaft notwendige Kräfte erhalten. Dabei stellt sich die Frage, ob angesichts unserer ökologischen, also ganzheitlichen Krisen, genügend Zeit für diesen Entwicklungsprozeß besteht.

Gerade deshalb sollten wir jedoch mit Geist, Disziplin, Willen, Voraussicht, Bescheidenheit und der Achtsamkeit des Herzens diese Aufgabe erfüllen, die darin besteht, in der neuen = systemisch-evolutionären Weise denken, fühlen und handeln zu lernen.

Immer kleiner wurde die bekannte Welt während Anselm federleicht abhob und sich von unbekannten, aber tragenden Kräften in schwindelerregende Höhen tragen ließ. Schon war alles Bekannte nur noch schemenhaft, da richtete sich sein Blick auf märchenhafte Farbenspiele und Anselm sah sich selbst im Spiel der Schwerelosigkeit taumeln. Jetzt galt es, alle Kraft dafür zu verwenden, den Durchbruch vom "alles bekannt, alles klar" zum "schön aber unvorstellbar" geschehen zu lassen. Da sah Anselm im Spiegel der Selbstbetrachtung den Richter-Anselm; er hatte die Hand auf unverrückbare Gesetzes- und Handlungsbücher gestützt, und wies darauf hin, daß die in jedem Fall in die neue, unbekannte, schöne Welt mitzunehmen und dort auch anzuwenden sind. In dem Moment erschien Pragmatiker-Anselm, unterstrich den Stellenwert der Gesetzes- und Handlungsbücher und deren Anwendung und stellte die Frage, ob sich das Wesentliche nicht der Einfachheit halber in der bekannten Welt leichter realisieren ließe. Ein neuer Spiegel zeigte Spieler-Anselm, der von dem Geschehen hingerissen war und gleich einen Vortrag über den Ernst des Spiels hielt, an den er selbst nicht glaubte. Da tauchte die Fee-Anselm auf und verteilte Fernrohre, mit denen Richter-, Pragmatiker- und Spieler-Anselm kurze Einblicke in die Reize, die Schönheit und die Lebendigkeit des Unbekannten nehmen konnten; im Hintergrund spielten Zauberin-Anselm und Göttin-Anselm mit ganzem Herzen die Zauberflöte.

Der Wanderer-Anselm schaute von drüben den anderen Anselms zuversichtlich in die Augen, deutete mit dem Zeigefinger langsam aber unmißverständlich an, daß jeder Schritt ein Abschied, ein Ziel und ein Aufbruch ist und daß Schritt für Schritt der Durchbruch unaufhaltbar ist. Dabei machte er keine großartigen Versprechen; aber die Kraft der Zuversicht war unbesiegbar.

Als Anselm aufwachte, hatte sich nichts verändert und doch ging er mit (Fort-)Schritten ins Bad zum Zähneputzen.

5 Literaturverzeichnis

Bandler, R./Grinder, J./Satir, V.: Mit Familien reden. München 1978

Bateson, G.: Von den Strukturen hinter den Strukturen. In: Psychologie heute Nr. 11/1978

Bateson, G.: Ökologie des Geistes. Frankfurt a.m. 1985

Baumgartner, I./Häfele, W./Schwarz, M./Sohm, K.: OE-Prozesse systemisch initiieren und gestalten. 2. Auflage. Dornbirn 1992

Beer, S.: Kybernetische Führungslehre. Frankfurt/New York 1973

Beer, S.: The Heart of Enterprise. New York 1979

Bennis, W.: A New Role for the Behavioral Science; Effective Organizational Change, Administrative Science Quartely. vol. 8 pp 125-165. 1963

Bertalanffy, C.: General System Theory. Panguin 1973
  In: Dyllik, T.: Gesellschaftliche Instabilität und Unternehmensführung. Bern/Stuttgart 1982

Block, P.: Der autonome Manager. Frankfurt a.m. 1992

Bos, A.H.: Organisationstypologie bei: Glasl, F.: Konfliktmanagement, Diagnose und Behandlung von Konflikten in Organisationen. Bern 1980

Bosch, M.: Ansätze der entwicklungsorientierten Familientherapie. Frankfurt 1977

Bosch, M./Kohaus, M.: Die therapeutische Beziehung - Funktion und Rolle des Therapeuten in der Familientherapie. In: Petzold Hilarion (Hrsg.): Die Rolle des Therapeuten und die therapeutische Beziehung. Paderborn 1980

Boulding, K.: General Systems Theory - The Skeleton of Science, Management Science. Vol. 2, 1956

Briefs, U.: OE im Spannungsfeld von Systembedingungen und Humanisierungsanspruch. In: Trebesch, K.: OE in Europa, Bd. 1A. Bern/Stuttgart 1980

Brüll, D.: Sociaal en onsociaal. In: Glasl, F.: Das Homo-Mensura Prinzip und die Gestaltung von Organisationen. Wuppertal 1980

Burnham, D.: Motivationsstilarten des Managers. In: Krug, S.: Seminarunterlage im Management Center Voralberg: Motivation, Führungsverhalten und Betriebsklima. Dornbirn 1982

Campbell, J.P. et al.: Managerial behavior, performance and effectiveness. New York 1970

Cassel and Company Ltd.: German and English Dictionary. 12. Auflage 1970

Cyert, R.M./March, J.G.: A behavioral Theory of the Firm. Zeitschrift für Führung und Organisation 2/84

Der Große Duden. Fremdwörterbuch. Bd. 5. 2. Auflage. Mannheim 1966

Dyllick, T.: Organisationstheorie 1. In: Management Zeitschrift 10, Nr. 9/1981

Dyllick, T.: Gesellschaftliche Instabilität und Unternehmensführung. Bern/Stuttgart 1982

Ebers, M.: Warum Organisationskultur. In: GOE, Zeitschrift der Gesellschaft für OE. 4/1985

Ende, M.: Momo. 23. Auflage. Wien 1973

Exner, A./Königswieser, R./Titscher, S.: Unternehmensberatung - systemisch. In: DBW, Die Betriebswirtschaft 3/87

Fischer, R.: Management By Bye? In: Schmitz, C. et al. Managerie - Jahrbuch für systemisches Denken und Handeln. Heidelberg 1992

French, W.L./Bell, C.H. jr.: OE - Sozialwissenschaftliche Strategien zur Organisationsveränderung. 2. Auflage. Bern/Stuttgart 1982

Friedberg, E.: Zur Politologie von Organisationen: Prämissen einer strategischen Organisationsanalyse. Berlin. JJM-Paper 77-14

Friedberg, E.: Zentrale Begriffe einer strategischen Organisationsanalyse. Paper im Management Center Vorarlberg. Dornbirn 1985

Gebert, D.: OE. Stuttgart/Berlin/Köln/Mainz 1974

George, U.: Spirale. In: GEO Nr. 8/87

Gernert, D.: Inkrementelle Modellbildung und Formalismen zur Beschreibung des Strukturwandels in offenen Systemen. In: Kornwachs, K. (Hrsg.): Offenheit - Zeitlichkeit - Komplexität, zur Theorie der offenen Systeme. Frankfurt 1984

Glasl, F./de la Houssaye, L.: Organisationsentwicklung, das Modell des Instituts für Organisationsentwicklung (NPI) und seine praktische Bewährung. Bern 1975

Glasl, F.: Das Homo-Mensura Prinzip und die Gestaltung von Organisationen. In: Sievers, B./Slesina, W.: OE in der Diskussion, Arbeitspapier des Fachbereichs Wirtschaftswissenschaft der Gesamthochschule Wuppertal. 1980

Glasl, F.: Konfliktmanagement- Diagnose und Behandlung von Konflikten in Organisationen. Bern 1980

Glasl, F.: Thesen zur Organisationsentwicklung. In: Schäkel, U./Scholz, J.: Neue Wege der Leistungsgesellschaft. Essen 1982

Glasl, F.: Verwaltungsreform durch OE. Bern/Stuttgart 1983

Glasl, F.: Ein Leitbild verdichtet sich. In: Trigon Themen 1/87

Glasl, F.: Dynamische Unternehmensentwicklung, wie Pionierbetriebe zu schlanken Unternehmen werden, Stuttgart 1993

Grochla, E.: Entwicklungstendenzen der Organisationstheorie. In: Bleicher, K.: Organisation als System. Wiesbaden 1972

Häfele, W.: Moderation - Pinwandmotorik oder ein Handwerk, eine Kunst, das Gespräch zwischen Menschen sinnvoll und ergebnisreich zu machen. In: Schwalbacher Blätter, Zeitschrift für Gruppenpädagogik, 36 Jhrg. Heft 4/85

Häfele, W.: Anpassung oder Entwicklung. In: Quellen für Menschen, Gruppen und Organisationen. Dornbirn 1987

Häfele, W.: Ist auch Ihr Betrieb eine große Familie? In: MC-Notiz, Informationen aus dem Management Center Vorarlberg, Nr. 28/1987

Heckhausen, H.: Motivation der Anspruchsniveausetzung. In: Thomae, H.: Die Motivation menschlichen Handelns. 5. Auflage. Köln/Berlin 1969

Herzberg, F./Mausner, B./Bloch-Snydermann, B.: The Motivation to Work. 6. Auflage. New York 1967

Hesse, H.: Das Glasperlenspiel, Küsnacht 1971

Hesse, H.: Die drei Lebensläufe - Der Regenmacher. In: Das Glasperlenspiel. Küsnacht 1971

Hill, W./Fehlbaum, R./Ulrich, R.: Organisationslehre 2. 2. Auflage. Bern 1981

Hoffmann, L.: Grundlagen der Familientherapie. Hamburg 1982

Hofmann, M.: Die 12 Kriterien gelingender Kooperation (Teamfähigkeit). In: Management forum, Zeitschrift für Wirtschafts- und Verwaltungsführung 1/82, S. 14-17

Jackson, D.D.: Das Studium der Familie. In: Watzlawick, P./Weakland, J.H. (Hrsg.): Interaktion. Bern/Stuttgart/Wien 1980

Jantsch, E.: Die Selbstorganisation des Universums - Vom Urknall zum menschlichen Geist. Basel 1981

Kaspar, W.: Organisationskultur, über den Stand der Forschung. Wien 1987

Klein, L.: In: Trebesch, K.: OE in Europa. Bd. 1B. Bern/Stuttgart 1980

Kieser, A./Kubinek, H.: Organisation. In: Stähle, W.: Management. München 1980

Kirsch, W./Esser, W.M./Gabele, E.: Aktionforschung und Echtzeitwissenschaft. In: Bierfelder, W.: Handwörterbuch des öffentlichen Dienstes - Personalwesen. Berlin 1976

Kirsch, W./Esser, W.M./Gabele, E.: Das Management des geplanten Wandels. Stuttgart 1979

Kosiol, E.: Organisation der Unternehmensführung. In: Löffelholz, J.: Repetitorium der BWL. 3. Auflage. Wiesbaden 1970

Krämer, B.: Träger- und Zieldimensionen im Familiensystem, Seminarunterlage im Management Center Vorarlberg. Dornbirn 1987

Kurtz, R.: Körperzentrierte Psychotherapie. 2. Auflage. Essen 1986

Lauterburg, Ch.: Vor dem Ende der Hierarchie. 2. Auflage. Düsseldorf/Wien 1980

Lauterburg, Ch.: Arbeitssupervision im Kollegenkreis. In: GOE - Zeitschrift der Gesellschaft für OE, 1/85

Leavitt, H.J.: Applied organizational change in industry, structural, technological and humanistic approaches. In: March, J.: Handbook of organizations. Chicago 1965

Leavitt, H.J.: Managerial psychology. Bei: Weinert, A.: Menschenbilder als Grundlage von Führungstheorien. In zfo, Zeitschrift Führung und Organisation, 2/84

Lievegoed, B.C.J.: Organisationen im Wandel. Bern 1974

Lindner, T.: Das monarchistisch-aristokratische Organisationsmodell, Seminarunterlage zum Seminar 'Gruppendynamik' des Hernstein Instituts. Wien 1979

Lippit, R./Lippit, G.: Der Beratungsprozeß in der Praxis. In: Sievers, B.: Organisationsentwicklung als Problem. Stuttgart 1977

Lowen, A.: Bioenergetik, Therapie der Seele durch die Arbeit mit dem Körper. Hamburg 1979

Lowen, A.: Depression: Unsere Zeitkrankheit, Ursachen und Wege der Heilung. München 1984

Luhmann, N.: Soziologische Aufklärung 3, Opladen 1981

Luhmann, N.: Soziale Systeme. Frankfurt a.M. 1984

Lutz, R.: Die sanfte Wende. München 1984

Malik, F./Probst, G.J.: Evolutionäres Management. In: Die Unternehmemung 2/81

Malik, F.: OE im Spannungsfeld von Klein- und Großsystemen. Manuskript. St. Gallen 1982

Malik, F.: Zwei Arten von Managementtheorien: Konstruktion und Evolution. In: Siegwart, H./Probst, G.J.: Mitarbeiterführung und gesellschaftlicher Wandel. Bern 1983

Malik, F.: Strategie des Managements komplexer Systeme. Ein Beitrag zur Managementkybernetik evolutionärer Systeme. Bern/Stuttgart 1984

Manella, J.: Führung und Kommunikation. In: Siegwart, H./Probst, G.: Mitarbeiterführung und gesellschaftlicher Wandel. Bern/Stuttgart 1983

Marrow, A.J.: Kurt Lewin - Leben und Werk. Stuttgart 1977

Marshall, C.Y./Scott, C.: Self-Organization Systems. Oxford 1960

Maslow, A.: Motivation und Persönlichkeit. Olten 1977

Maturana, H.: Erkennen: Die Organisation und Verkörperung von Wirklichkeit. 2. Auflage. Wiesbaden 1985

Maturana, H./Varela, F.: Der Baum der Erkenntnis, die biologischen Wurzeln des menschlichen Erkennens. Bern/München/Wien 1987

McClelland, D.: Leistungsmotivation läßt sich entwickeln. Abdruck aus der Harvard Business Review, 11 + 12/1965, Second revision

McClelland, D.: Die Leistungsgesellschaft. Stuttgart 1966

McClelland, D.: Macht als Motiv. Stuttgart 1978

McGregor, D.: Der Mensch im Unternehmen. 3. Auflage. Düsseldorf/Wien 1973

Miles, R.E. et al.: Leadership attitudes among public health officials. American Journal of Public Health 1966

Miller, A.: Am Anfang war Erziehung. Frankfurt a.m. 1983

Miller, A.: Du sollst nicht merken. Frankfurt a.m. 1983

Minuchin, S.: Familie und Familientherapie. 5. Auflage. Freiburg i.B. 1983

Müri, P.: Beratungsgruppen für Führungkräfte. Unterlage einer Informationstagung. Zürich 1978

Neuberger, O.: Das Mitarbeitergespräch. München 1973

Obmann, A.: Partizipation und Erfolgsbeteiligung am Beispiel des Lins-Modells. Diplomarbeit bei Univ. Prof. Laske. Universität Innsbruck 1984

Pechtl, W.: Zwischen Organismus und Organisation. Wegweiser und Modelle für Berater und Führungskräfte. Linz 1989

Pesendorfer, B.: Organisationsdynamik. Arbeitspapier des Hernstein Instituts Wien. St. Gallen 1983

Probst, G.J./Scheuss, R.W.: Die Ordnung von sozialen Systemen: Resultat von Organisieren und Selbstorganisation. In: zfo 8/1984

Probst, G.J./Siegwart, H.: Integriertes Management. Bausteine des systemorientieren Managements. Bern 1985

Reber, G.: Individuelle Voraussetzung von Kooperation und Konflikt. In: Grunwald, W./Lilge, H.G.: Kooperation und Konkurrenz in Organisationen. Bern/Stuttgart 1981

Rehn, G.: Modelle der OE. Bern/Stuttgart 1979

Rehn, G.: Grundlagen und Problemstellungen der OE. In: Koch, U./Meuers, H./Schuh, M.: OE in Theorie und Praxis. Frankfurt a.M./Bern/Cirencester U.K. 1980

Rice, A.K.: The Enterprise and its Environment. London 1963

Rosenstiel, L./Molt, W./Rüttinger, B.: Organisationspsychologie. Stuttgart/Berlin/Köln 1972

Rosnay, J. de: das Makroskop: neues Weltverständnis durch Biologie, Ökologie und Kybernetik, Stuttgart 1977

Russel, P.: Die erwachende Erde. München 1984

Satir, V.: Selbstwert und Kommunikation. München 1975

Satir, V.: In: Gester, P.: Im Zentrum ist die Gesundheit - Interview mit Virginia Satir. In: Kontext 6, 1982

Satir, V.: Familienbehandlung, Kommunikation und Beziehung in Theorie, Erleben und Therapie, Freiburg i.B. 6. Auflage 1987

Schein, E.: Process consulting: its role in organization development. London 1969

Schein, E.: Organizational psychology, zitiert bei: Weinert, A.: Menschenbilder als Grundlage von Führungstheorien. In: zfo Heft 2/1984

Schein, E.H.: Soll und kann man eine Organisationskultur verändern? - Organisationsentwicklung vor neuen Fragestellungen, In: GDI-Impuls 2/1984

Schlippe, A.v.: Familientherapie im Überblick, Basiskonzept, Formen, Anwendungsmöglichkeiten. Paderborn 1984

Schmäing, E.: Kybernetik von Sozialsystemen. Bd. III. Ludwigshafen 1984

Schneider, D.J.: Implicit Personality Theory: A review, Phychological Bulletin 1973, Heft 5

Schröter, G.: Psychologische Grundlagen der Didaktik - Die Theorie der kognitiven Entwicklung nach Piaget. Düsseldorf 1975

Schwarz, M.: Organisationsentwicklungsprozesse initiieren und steuern. Dokumentation zu einem Informationstag im Management Center Vorarlberg. Dornbirn 1987

Selvini-Palazzoli, M. et al.: Der entzauberte Magier. Stuttgart 1978

Selvini-Palazzoli, M. et al.: Hypothetisieren-Zirkularität-Neutralität. In: Familiendynamik 6/81

Selvini-Palazzoli, M. et al.: Hinter den Kulissen der Organisation. 2. Auflage. Stuttgart 1985

Selvini-Palazzoli, M. et al.: Paradoxon und Gegenparadoxon, ein neues Therapiemodell für die Familie mit schizophrener Störung. 5. Auflage. Stuttgart 1987

Sievers, B.: Organisationsentwicklung als Problem, Stuttgart 1977

Sievers, B.: Vom Sinn und Unsinn der Motivation. In: GOE, Zeitschrift der Gesellschaft für OE 3/84

Simon, F.B./Weber, G.: Keins von beiden. Über die Nützlichkeit der Neutralität. In: Zeitschrift für Familiendynamik 3/90

Stachowiak, H.: Allgemeine Modelltheorie. Wien/New York 1973

Stähle, W.: Management. München 1983

Stierlin, H. et al.: Das erste Familiengespräch. Theorie - Praxis - Beispiele. 3. Auflage. Stuttgart 1985

Stierlin, H.: Prinzipien der systemischen Therapie. In: Familiendynamik 2/81

Stierlin, H.: Einführung in: Selvini-Palazzoli, M. et al.: Paradoxon und Gegenparadoxon, ein neues Therapiemodell für die Familie mit schizophrener Störung. 5. Auflage. Stuttgart 1987

Strömbach, R./Koch, H.B.: Supervision, Protokolle eines Lernprozesses. Gelnhausen/Berlin 1975

Trebesch, K.: OE in Europa. Bd. 1B. Bern/Stuttgart 1980

Ulich, E.: Gestaltung, Arbeitsfähigkeit und Führung von Mitarbeitern. In: Schäkel, U./Scholz, J.: Neue Wege der Leistungsgesellschaft. Essen 1982

Ulrich, H.: Die Unternehmung als produktives soziales System. Bern 1968

Ulrich, H.: Unternehmenspolitik. Bern 1978

Ulrich, H./Probst, G.J.: Self-Organization and Management of Social Systems. Berlin 1984

Ulrich, H.: Organisation und Organisieren in der Sicht der systemorientierten Managementlehre. In zfo 1/1985

Vester, F.: Ballungsgebiete in der Krise, eine Anleitung zum Verstehen und Planen menschlicher Lebensräume mit Hilfe der Biokybernetik, eine Studie der Studiengruppe für Biologie und Umwelt. München 1976

Vester, F.: Neuland des Denkens, vom technokratischen bis zum kybernetischen Zeitalter. Stuttgart 1980

Vester, F.: Neuland des Planens und Wirtschaftens. In: Die Krise als Chance, 13. Internationales Managementgespräch an der Hochschule. St. Gallen 1983

Watzlawick, P.: Wie wirklich ist die Wirklichkeit?. München 1976

Watzlawick, P./Weakland, J.H./Fisch, R.: Lösungen, zur Theorie und Praxis menschlichen Wandels. 2. Auflage. Bern/Stuttgart/Wien 1979

Watzlawick, P.: Die erfundene Wirklichkeit. München 1981

Watzlawick, P.: Bausteine ideologischer Wirklichkeiten. In: Watzlawick, P.: Die erfundene Wirklichkeit. München 1981

Watzlawick, P.: Menschliche Kommunikation, Formen, Störungen, Paradoxien. 6. Auflage. Wien 1982

Watzlawick, P.: Management oder - Konstruktion von Wirklichkeiten. In: Probst, G.J.B./Siegwart, H. (Hrsg.): Integriertes Management (Bausteine des systemorientierten Managements). Bern/Stuttgart 1985

Weinert, A.B.: Menschenbilder als Grundlage von Führungstheorien, In: zfo 2/1984

Westerlund, G./Sjöstrand, S.: Organisationsmythen. Stuttgart 1981

Wherry, R.J.: Factor analysis of morale data. In: Glasl, F.: Das Homo-Mensura Prinzip und die Gestaltung von Organisationen. Wuppertal 1980

Wiesmann, M.: Organisation nach Menschenmaß. In: Agogik - Zeitschrift für Fragen sozialer Gestaltung. Oberwil 1983

Willi, J.: Koevolution - die Kunst gemeinsamen Wachsens. Hamburg 1985

Willke, H.: Systemtheorie. 2. erw. und 3. Auflage. Stuttgart 1987/1991

Wimmer, R.: Der systemische Ansatz. In: Schmitz, C. et al. Managerie - Jahrbuch für systemisches Denken und Handeln. Heidelberg 1992

Sabine Oberscheider

Individuum und Organisation
Zum Ansatz einer
organisationsorientierten Weiterbildung

Frankfurt/M., Berlin, Bern, New York, Paris, Wien, 1996. 193 S.
Betriebspädagogik. Herausgegeben von Gerhard Pongratz. Bd. 1
ISBN 3-631-49194-8   br. DM 65.--*

Die Erhöhung von Eigenverantwortlichkeit und Selbstbestimmung des Menschen sind Ziele jeglicher Form von Weiterbildung. Die Aufgabe betrieblicher Weiterbildung besteht darüber hinaus in der Lösung unternehmensspezifischer Probleme. Im Rahmen dieser Untersuchung wird Weiterbildung im betrieblichen Rahmen als Medium zur Annäherung von Mitarbeiter- und Unternehmensinteressen dargelegt. In diesem Zusammenhang wird die Eingebundenheit betrieblicher Weiterbildung in das Konzept der Organisationsentwicklung berücksichtigt. Die Zusammenhänge von individuellem Lernen und Lernprozessen auf Organisationsebene werden transparent gemacht. Durch die detaillierte Darstellung einer Weiterbildungskonzeption wird schließlich veranschaulicht, daß systematische Weiterbildungsplanung, -durchführung und -evaluation den Lern- wie auch Anwendungserfolg betrieblicher Weiterbildungsmaßnahmen steigert und damit Nutzen für den einzelnen und die Organisation mit sich bringt.
Aus dem Inhalt: Grundlagen betrieblicher Weiterbildung · Betriebliche Weiterbildung als Instrument der Organisationsentwicklung · Optimierung betrieblicher Weiterbildung durch Einsatz einer Weiterbildungskonzeption

Peter Lang **Europäischer Verlag der Wissenschaften**
Frankfurt a.M. • Berlin • Bern • New York • Paris • Wien
Auslieferung: Verlag Peter Lang AG, Jupiterstr. 15, CH-3000 Bern 15
Telefon (004131) 9402121, Telefax (004131) 9402131
- Preisänderungen vorbehalten - *inklusive Mehrwertsteuer